奎文萃珍

易圖丹鏡

［明］張星餘 輯

文物出版社

圖書在版編目（CIP）數據

易圖丹鏡 / (明) 張星餘輯. -- 北京 : 文物出版社, 2024. 9. -- (奎文萃珍 / 鄧占平主編). -- ISBN 978-7-5010-8510-1

Ⅰ. B221.5

中國國家版本館CIP數據核字第20248343ZM號

奎文萃珍

易圖丹鏡　〔明〕張星餘　輯

主　　編：鄧占平
策　　劃：尚論聰　楊麗麗
責任編輯：李子裔
責任印製：王　芳

出版發行：文物出版社
社　　址：北京市東城區東直門内北小街2號樓
郵　　編：100007
網　　址：http://www.wenwu.com
郵　　箱：wenwu1957@126.com
經　　銷：新華書店
印　　刷：藝堂印刷（天津）有限公司
開　　本：710mm × 1000mm　1/16
印　　張：31.5
版　　次：2024年9月第1版
印　　次：2024年9月第1次印刷
書　　號：ISBN 978-7-5010-8510-1
定　　價：180.00圓

序言

《易圖丹鏡》五卷，明張星餘輯。

張星餘，生平無考。此書卷端題『天都張星餘澹初甫著集』，自題籍貫爲『天都』，或是安徽黄山人。書前有作者自序，云『適苗將軍機緣輻輳，爲余刻《身鏡》一書，閱于六無道人，异之，乃訪余技量，延覽是集』，其中《身鏡》所指當是張氏另一著作《節穴身鏡》。按《節穴身鏡》，今有鈔本藏于國家圖書館，系針灸學著作，其書名之『節穴』所指當爲人體之關節與穴位。張氏二書均以『鏡』爲名，其中應有關係。《易圖丹鏡》之『易圖』，所指顯然爲與《周易》相關之圖表。至于『丹鏡』，考其書中頗多爐鼎修煉之圖，此處之『丹』所指當爲道教修煉之内丹。因此張氏《節穴身鏡》和《易圖丹鏡》實爲相關著作，前者主題爲醫學，後者主題爲修煉。

以圖説經，其來有自，而各經中又以《周易》之圖較早。究其原因，當是《周易》中的陰陽、消息、變卦等概念，僅靠經文和注疏文字闡釋，極爲繁瑣，而借助圖表，則較爲直觀顯明。因此，在宋初的學術傳承中，即有『易圖』一項。傳説陳摶傳《先天八卦圖》，數傳而至邵雍。朱熹作《周易本義》等書，多用圖表來歸納經文、闡發經義。直至清人整理易學，如惠棟《易漢學》著作，亦據漢儒易説繪製《六日七分圖》《卦氣七十二候圖》等。可見，圖表在易學的傳承與發展中具有重要的作用，同時，各類圖表亦是易學的著作形式之一。

此書分爲五卷，以金、木、水、火、土五行爲次，輯録與《周易》相關的各類圖表及道教修煉文獻，有些圖還附有作者的解説。卷一内容主要與傳統天文學河圖、洛書、六十四卦等内容有關；卷二則多與人事相關，收録《黄帝内經》所載《上古天真論》及《陰符經》《清靜經》等文獻，并節《道德經》《周易·繫辭》等書，甚至《心經》《壇經》等佛教文獻亦全文收録；卷三内容主要爲道教修煉之術，收録《至道源流》《上丹田直指明心見性圖注》等文獻；卷四亦主要爲道教修煉之書，與卷三相類，但此卷中收録修煉歌訣甚多；卷五則主要與道教修煉中的内丹之術相關。全書鎸雕精美，版畫生動精細，係晚明刻書佳作。

按道教修煉之術，自東漢張角五斗米教以來，篤信者多，至其修煉方法，有外丹與内丹之别。所謂外丹，即燒煉鉛汞及各類礦石，服食丹藥，以求長生。在歷史上享有大名的五石散，即其流亞。唯鍛煉礦石，所得丹藥毒性猛烈，其毒害生命，顯而易見，有鑒于此，故有内丹之説。所謂内丹修煉之法，大致謂《抱樸子》等書中所説爐鼎、鉛汞，均非實指，而是隱含了呼吸吐納之法的修煉方式。如果能夠按書中的暗示，順應時間、方位來呼吸吐納、吞津飲水，則身體裏自然能夠煉出内丹，以達到延年長生的效果。《易圖丹鏡》中所載修煉方式，即此種内丹修煉法。

道教之内丹修煉法，看似無稽，但其中的呼吸吐納及一些運動健身的内容，有其合理性。其中對人體及氣脈的認識，亦具有醫學史、思想史價值。《易圖丹鏡》一書雖以内丹修煉爲核心，但内容駁雜，至將《心經》《壇經》等無關内容一并抄入，殊無别擇。至移録《黄帝内經》，則顯然與作者之醫學知識背景有關。雖然編纂未精，但此書反映出的晚明民間信仰情況仍有其研究價值。今據明刻本影印，以供研究者參考。

編者

二〇二四年六月

易圖丹鏡序

仙佛見諸史冊釋誌及得之耳聽言傳者未可數計必定親見者實無其人真耶謬耶總不可知然吾輩所信者理理不謬雖僞亦作真觀況三代已上未有

仙佛時亦以文字人爲業
乘或不死而登天者終乎
非乎今人去古日遠離道
日踈一點本來天性亦隨
時變遷世緣攢簇日鑿
一竅七日而混沌死關此
儘識神僭篡擅爲妄作

務快其心不知持滿逆於生
樂色勢利名膠漆不解間或
聞道不惟不信抑且嫚而笑
之甚於墮落不自知也大智
出而隱之欲溥度群品不
得已有千經萬卷之言
揣摸類替強分無名曰聖曰

佛曰仙究竟歸於道也如
儒聖止於至善曳杖歌逝
釋佛不離這箇背痛涅槃
道老綿綿若存騎牛西去
總謂之三家之學一而已矣
蓋清心思慎言語節飲食
寡嗜欲斷妄念行善果古

德謂三歲孩子也能說得八十歲老兒行不得行之不驗始謂其誣不行而誣以為妄誣亦未之信也古之論丹者首推陰符道德參同悟真其餘如龍虎經玄奧集及金丹四百字等書加之以謎辭昧

謂充棟盈笥如瀚海荒山莫
涯窮際大約與晦玄深僭
題鉛佛與夫孾兒姹女木母
金公交梨火棗黃芽白雪
及藥火鼎爐之類標目異
名以眩亂人視聽致令學者
目迷五花無門可入余於此等

書之暇亦常究心此道竟以
指南乏人疑信莫決憑誰
得是辛巳筮仕津門訪遇仙
侶張澹翁得參微旨因問
所未聞徹生死關頭另有
不死之身携所註易圖丹
鏡授余披帷詳閱家天極

地該萬象於一體畢竟超
絕究茲研合統三教於中
華無能泯滅蚝是删於繼啓
婆心怙乎私開大大鴻濛細
細蠢書蓋不一一條晳獨恐
淺進未能幸悟繪圖揭諭
至於搜擇隱諱蔑洩冒名

謝焰妖之寶鏡悉露本形秋毫無所隱疑余書甚簡明直遂開示來學下手有實著火候尋頓漸工夫有次第直指築基煉己性命雙修之捷徑焉上天梯之路程圖也謬爲點綴一一於篇末

拜序梗槩以弁其首云爾

崇禎十五年歲在壬午中秋日

長白居士李化熙書於

海津兵署之惟月堂

篇內筆意無張而學乃全新之法要通章

之序賜學者正失註體自見其仍一道人閱讚

易圖丹鏡本序

衛生不易知遇難逢余有詩代刺云冊韞天然協道成莫因圖幅便崢嶸箇中自有真消息就裏應無悟不明玄俗隱身憑薄藝禪那戴髮任餘生携琴訪友頻寰宇孰是知音結聖盟今幾及三十載而無一人相與言者嗚呼痛哉大道之無聞奚以天地爲哉將聽之惟有入山而已矣適苗將軍機緣輻輳爲余刻身鏡一書閱於六無道人異之乃訪余技量延覽是集披帷講究懽若平生蓋已在道有年遂互相參閱成刻益求玄妙一片婆心欲人人見道成果獨問天文何深丹旨余曰爻人乃一小天地天地以人爲肖子之心人心當以天地之心爲心務宜闡明天地之

微理第微理與義不出乎七政諸星日月之範圍總之天地之大六合之中事文理數悉歸於易易者乃天地之形象也乃天地之道理也乃天地之神靈也未有易易在乎天地人未淂而易知也既有易天地在乎易人可淂而盡知也是以聖人測圖書畫奇偶列卦象布方位分陰陽合造化原始要終者也包犧氏之易設圖無文者從太極中生兩儀兩儀生四象四象生八卦天開於子地闢於丑人生於寅一而二二而三三而萌於萬矣文周孔之易移圖立文者從八卦中分六十四卦六十四卦中分三百八十四爻生息日衆動作日繁變化日廣一而二二而三三而遍於萬矣夫奇者陽也陽者輕清之氣包於外上浮

爲天○而其體圓○圓者動也○動不能止○自然流行而健也○偶者陰也○陰者重濁之質○王於內○下沉爲地○而其德方○方者靜也○靜不能專○自然承順而柔也○陰既分而地○地不自偶○元合天而偶○偶者二而一也○即陰中之陽也○陽既分而天○天不自奇○元合地而奇○奇者一而二也○即陽中之陰也○二而一○一而二○陰陽相合○而夫婦之道成矣○二而三○陰陽相化○而子道生矣○生生不息○自生萬矣○夫坎離者水火也○即乾坤之門戶也陰陽之對代也○日月之體用也○秉太極中正精粹之體○爲周天晝夜循環之用○乃乾坤酷肖至貴之嫡子○而高明在天○其震巽艮兌○皆偏氣所鍾○沉可在地○所以後天八卦○乾坤推位○坎離行事○故衛生之士○獨取

坎離效用。皆後天之天。使人慎於動作。而體天地之情。以天地之行爲行。是爲眞人。是爲至人。逐乎先天之天。使人知其本來。而合天地之性。以天地之心爲心。還乎太虛。是爲得道。是爲至道。六無道人雎雎曰。是刻當名易圖丹鏡。

易圖丹鏡一卷金集

天都張星餘澹初甫著集
河汾亢孟檜青卿甫叅刻

天道

天有九重。一月。二水。三金。四日。五火。六木。七土。八經。九週天。週天以三百六十五度四之一者。原天道寥廓。無從演測。借日爲則。計日每日行一度。行完三百六十五度則爲一年。故强名週天有三百六十五度四分度之一也。繼月每日行十三度有奇。行完三百六十五度則爲一月。至於各星行度。其本體各秉鉅微。離週天各因遠近。故遲速各有殊異。抑理勢之必然。自皆右旋。總爲週天動極。譬如千里駒人馬自東往西疾行。其餘聯絡衣袂帶動。不得不飛揚於後。而東向者也。又如水流急極則两旁自有廻旋。又如舞水碗然勢飛碗旋水急不得溢出也。所以天行健則氣流不得泄外也。造物因之生生不息無刻少停耳

九重天圖并說於後

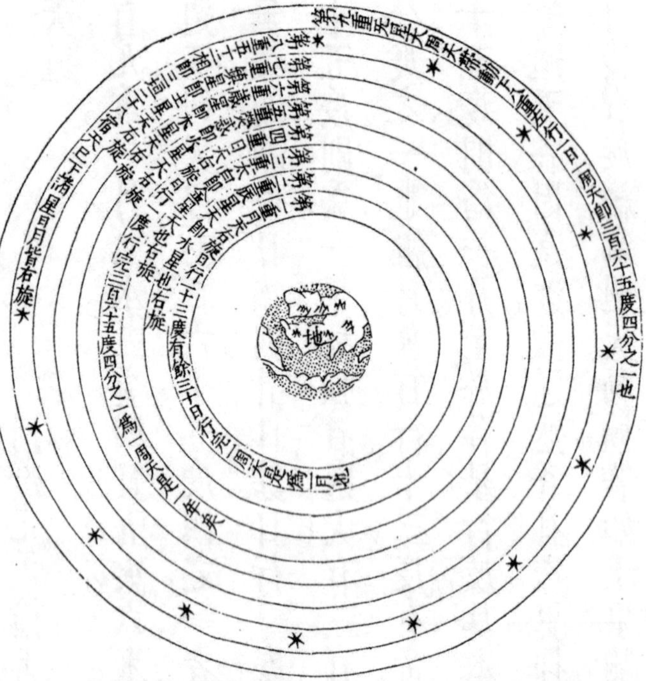

地心在天當中。周九萬里。半徑一萬四千三百一十

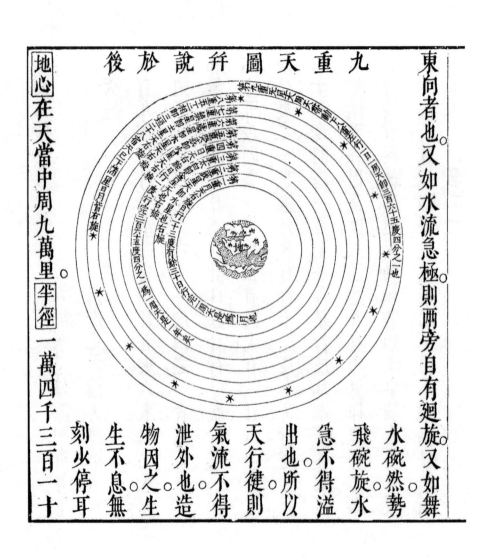

八里九分里之二。為地面人所測處。月離地中心四十八萬二千五百二十二里有餘。行度。一月一週天。大約差一二度而已。辰星離地中九十一萬八千七百五十里餘。行度。一年零一週天。常一日行二三度。或一日一度。或兩日一度。太白離地中二百四十萬零六百八十一里餘。行度。與辰星相似。大抵不遠太陽之前後。不出三宮之內外。日離地中一千六百零五萬五千六百九十里餘。行度一年一週天。所差不過一二度而已。熒惑離地中二千七百四十一萬二千一百里餘。行度。兩日行一度。遲留則四五日矣。或五十日行一宮。或六七十日行一宮。或三箇月行一宮或二年一週天歲星離地中一萬二千六百七十六萬九千五百八十四里餘行度疾則四日或五日行一度留伏則六日行一度或七日行一度一年行一宫十二年總一週天**填星**離地中二萬零五百七十七萬零五百六十四里餘行度一箇多月行一度有二十八箇月行一宫或退度三年過一宫二十九年一週天凡五星各有遲留伏匿不易取齊也**經星**離地中三萬二千二百七十六萬九千八百四十五里餘行度以四萬九千歲一周天是爲歲差亦時有移動但其移也容百年之內所差未多故可以定議取之**大周天**離地中六萬四千七百三十三萬八千六百九十里有餘行度左旋一日一週天包絡轉運右旋之日月諸星於內其餘細星古稱萬有一千五

百二十。可名者中外星官三百六十。未易悉列。然品其光耀。約有數等。凡經星之體分爲六等。上等全經大於地全經一百零六倍又六分之一。次等大於地八十九倍又八分之一。三等大於地七十一倍又三分之一。四等大於地五十三倍又十二分之十一。五等大於地三十五倍又八之一。六等大於地一十七倍十之一。七曜形體。塡星全經大於地全經九十倍又八之一。歲星大於地九十四倍半。熒惑大於地半倍。日經大於地一百六十五倍八之三。地大於金星三十六倍二十七之一。地大於辰星二萬一千九百五十一。地大於月三十八倍又三之一。大凡人目所睹近者雖小亦大。遠者雖大亦小。不可以井窺泥之

甲乙爲赤道左旋周天之中丙丁爲赤道南北二極巳戊爲黃道右旋日天之中庚辛爲黃道南北二極日天庚辛二極離周天丙丁二極各二十三度半日天巳戊黃道離周天甲乙赤道二十三

赤道黃道之圖

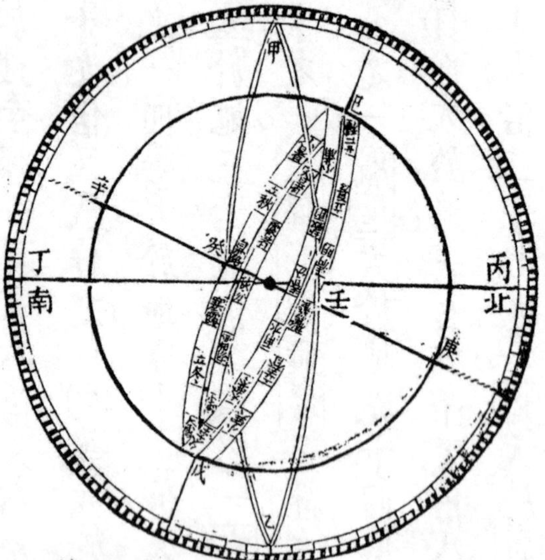

度半而爲冬夏至黃道赤道相交於壬癸而爲春秋分赤道則第九重左旋周天之分中也周天三百六十度去南極九十度去北極亦九十度爲赤道所謂周天之中而其南北二極天之極也黃道則第四重右旋日天之分中也周天三百六十度南北亦各距九十度爲黃道所謂日天之中也日天本動自西而東其南北二極離周天赤道之極二十三度半黃道以南以北離赤道二十三度半爲冬夏至黃道以東以西與赤道相交爲春秋分也

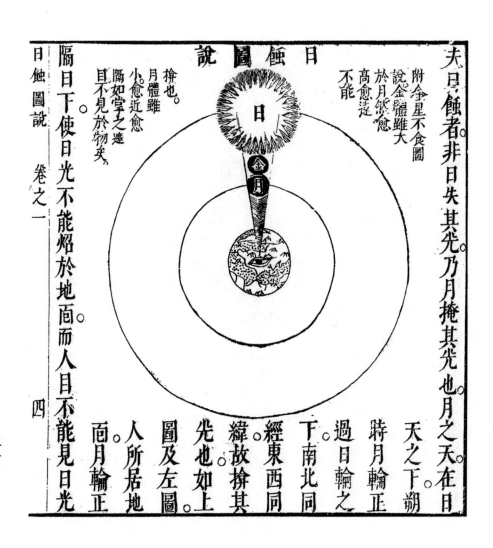

日蝕圖說

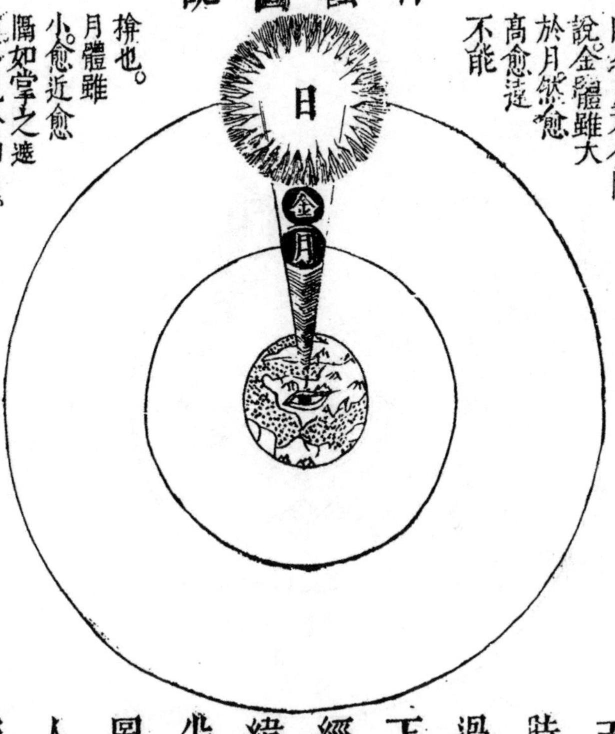

附金星不食圖說。金體雖大於月。然愈高愈遠。不能揜也。月體雖小。愈近愈隔。如掌之遮目。不見於物矣。

夫日蝕者。非日失其光。乃月掩其光也。月之天。在日天之下。朔時月輪正過日輪之下。南北同經。東西同緯。故揜其光也。如上圖及左圖。人所居地面。月輪正隔日下。使日光不能炤於地面。而人目不能見日光也。是爲日食矣。因知日食非各處共有之也。或一處見食。別處不食。或一處全食。別處半食。皆日隨地異也。如上圖居於右者全食。居頂者小食。居左則無食矣。譬房中燈以照四方。若近處物障。則遠處無光矣。

日蝕圖說

附晝夜圖說地毬上下四旁皆人。如日在頂爲午。居右爲卯。居下爲子。居左爲酉。隨日而行朝昏晝夜也。

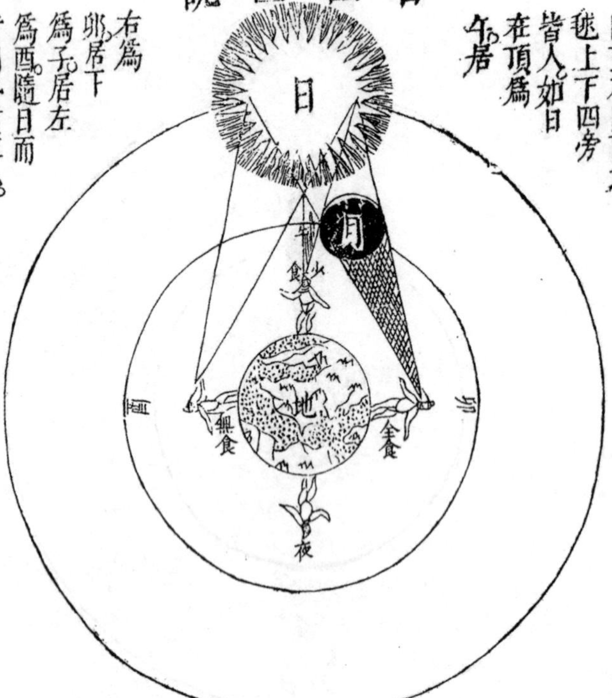

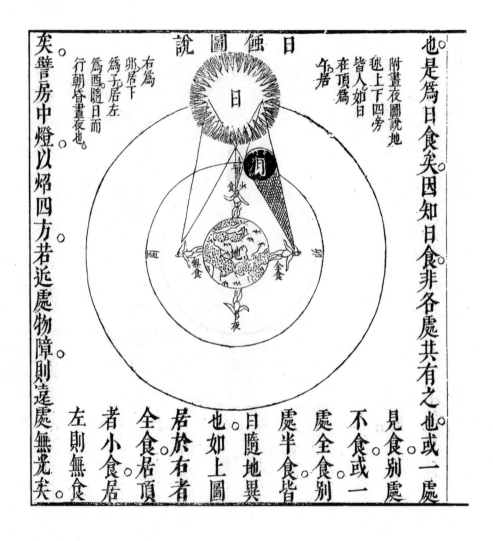

月蝕圖說

日月値望。月必過地影。所不食者。地形影小。非恰當頂鍼。正度不能食也。

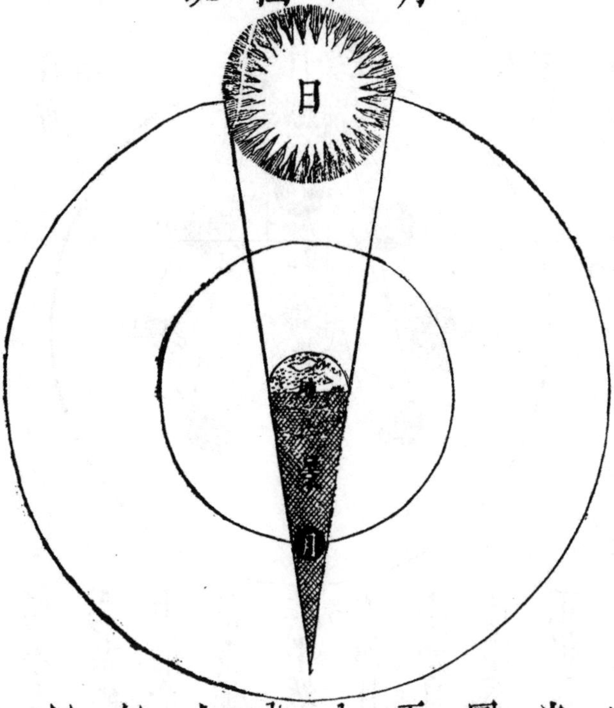

月蝕者。乃地影揜其光也。如上圖。月行速至望時。漸入地影之內而居地上。人視月無光。則為蝕也。漸出地影。則復原光矣。

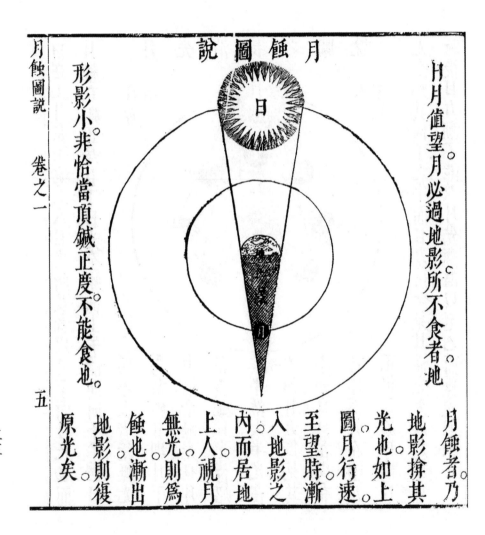

日在上月在下。地上人目之所及者。以見下面月光也。而月輪在朔。正居日下。日光全熖向上半體。而向下半體日所不及者絕無光焉。故朔日則月下半體全無光也。月在庚。雖日光皆熖其半。然大半光在上面。而目力獨見其小分也。月在戊在巳亦然。月在甲。乃正相對於日輪。日光全熖其向下之半。而目力得全見其滿光矣。故爲望也。過後目力漸不能及月光。漸消以至乙而無光明矣。

月光消長之圖說

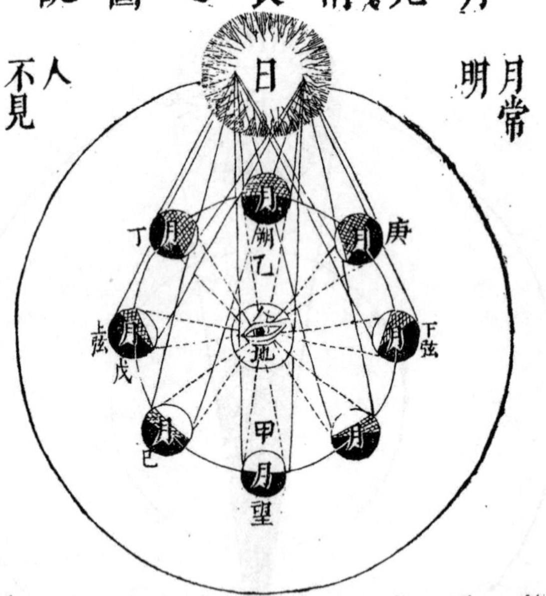

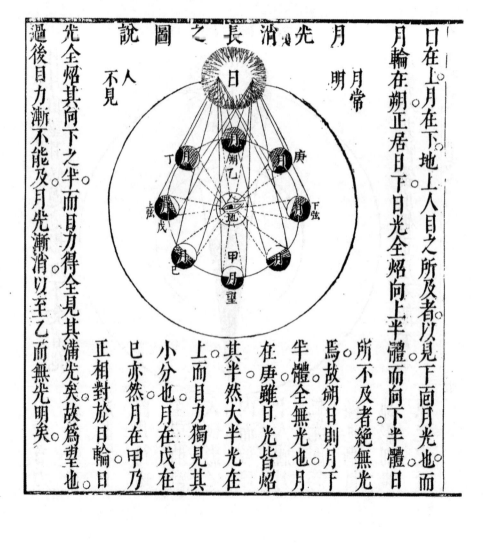

問月借日光光有消長乃諸星之光恒見滿圓而無消長何也曰諸星與月其借日光不同也月天在日天之下月受其光近遠一

諸星恒光之圖說

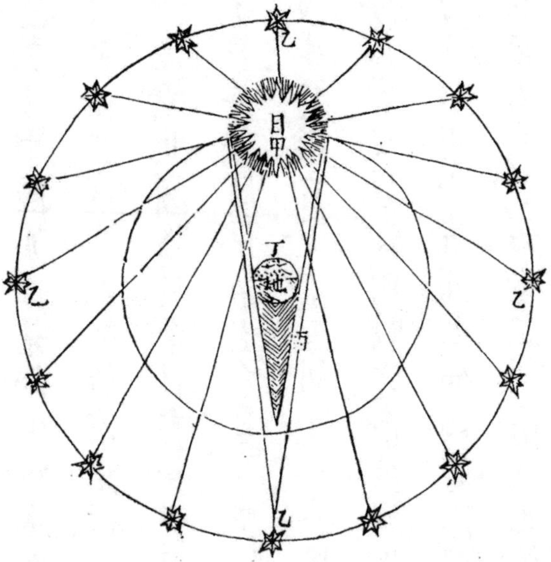

異消長不同諸星之天居日天之上日光炤星恒炤其下面雖或近或遠於日而其下面恒有光故居地上者視星恒有光也如上圖甲爲日輪乙爲諸星之天居日天之上丁爲地形丙爲地影卽見日光恒炤諸星下面而居地上者恒見其下面有光且月食由於地影地影之銳有盡不及諸星之天故諸星之光常也

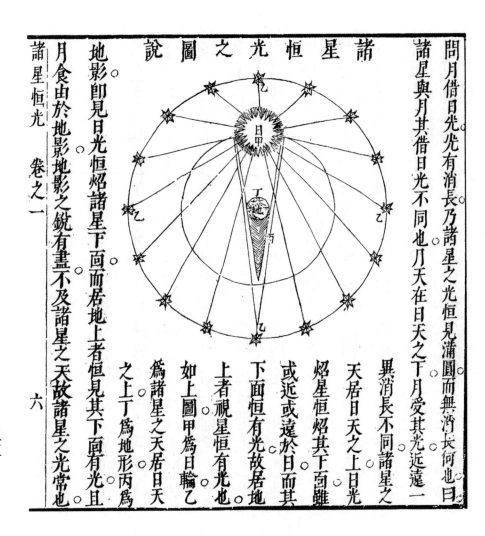

晝夜長短說

晝夜長短日出入時刻朦朧影刻分皆以北極出地多寡試于中國亦可見焉中國本境自南十八度起至北四十二度止人從最南北行每二百五十里必更一度漸北漸移夏至日晝長夜短而京師北土之夏至日長於廣東南土之夏至廣州北極出地二十三度半夏至日五十三刻十一分爲晝餘四十二刻四分爲夜又以江西較之南昌府北極出地二十九度夏至日五十五刻七分爲晝餘四十刻八分爲夜視廣東晝夜長短差二刻南京北極出地三十二度半夏至日五十六刻六分爲晝餘三十九刻九分爲夜視廣東晝夜長短差三刻視江西差一刻山東濟

南府北極出地三十七度晝長五十八刻四分餘爲夜卽晝長於廣東五刻於江西三刻於南京二刻京師北極出地四十度其晝夜長短所差愈多從此可推自十八度以至四十二度各處不同又推知自四十二度至九十度晝夜漸長漸短要之其愈近北極者夏至日晝愈長夜愈短夏至日有全十二時爲晝有全三十日爲晝全六十日爲晝全六月爲晝而半年爲晝半年爲夜卽依渾天儀論之其理不得不然也明矣生人在世毫不識盖壤事豈非枉耶是以姑舉巳上數圖畧陳梗槩使知人爲一小天地而體用之私弗越乎斯也至於精微奥義不差絲忽今巳備悉載於崇禎曆書矣茲不復多及耳

龍馬負圖出河之數

一馬出河包羅宇宙無非原始要終之理數

圖數星餘註

六龍御世整飭陰陽總是開天闢地之文章

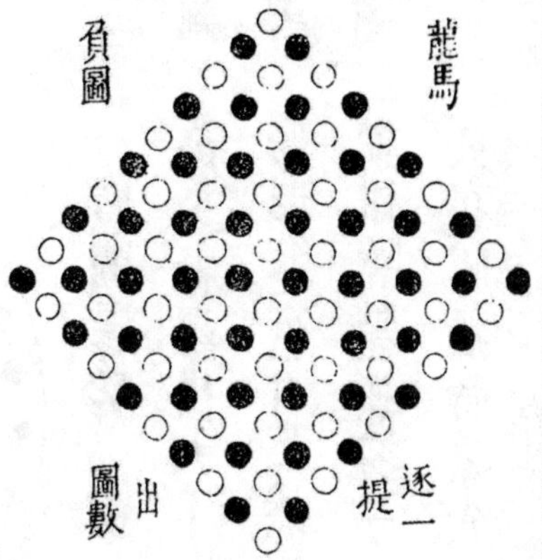

龍馬圖鈐

龍馬開天闢地圖
不將一點萬千無
念頭毋著其中數
○外閒看宇宙符

逐一提出鈐

造物寧無司物官
先天先地玅如丸
其中要識眞頭靣
試摘河圖逐一看

○衍龍馬圖理數就一百箇旋羅紋內逐一提出之奇者陽也耦者陰也陰爲地陽爲天先取生數次取成數然後合而交互則生成之數乃大衍之數矣○

伏羲衍圖

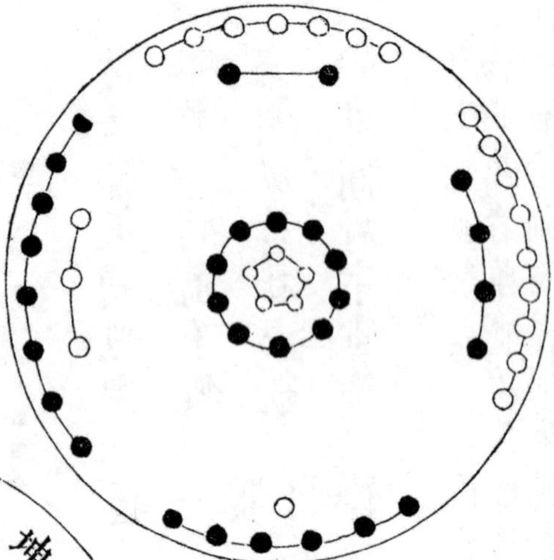

衍河圖鈐

七八情同九六殷
水方生木火來云
不因五十乘坤位
管取金兌火內焚

廣圖書圖

廣圖書鈐

萬象森羅出大千
形形色色自然然
誰知點點無多子
只在虛無帝象先

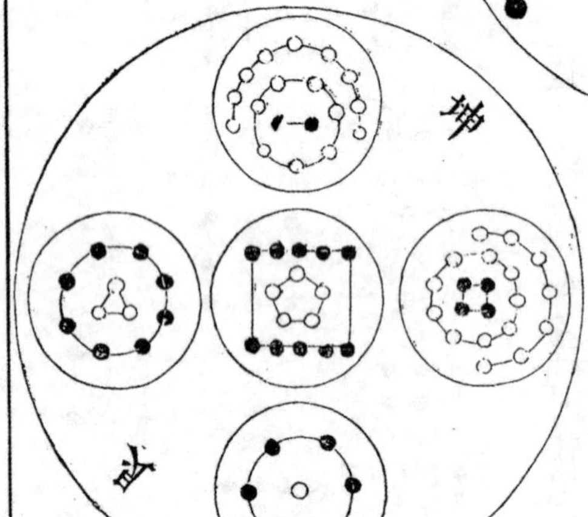

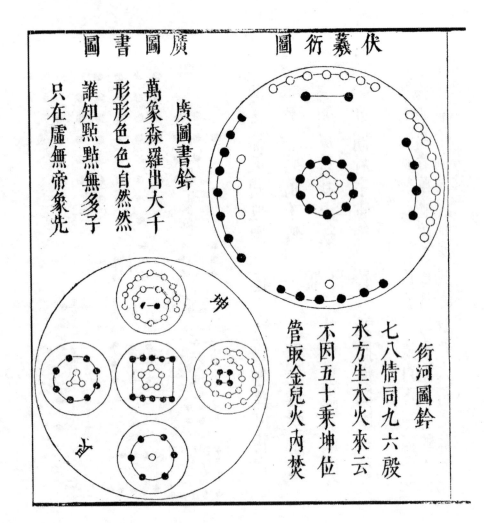

悟衍龍馬負圖理數

星餘註

古有龍馬負圖出河圖則一百箇旋羅圓圈紋應合著艸之叢生一百莖也聖人因之明奇偶分陰陽生五行畫八卦譯天地闡萬物易之書本於此數予因思人為一小天地叅究有年一朝豁悟遂作易圖丹鏡以陳其說云這一百箇圓圈者乃原始要終之理數也要知萬物莫逃乎數盡出於此數人壽亦總不逾此數豈非今之遺文者今之遺文乃伏羲氏測演而出之也然以原圈閱之如浮氣玩看則錯綜駁雜散瞀漸細心推究則條理洞達分明夫數者始於一

成於十雖百千萬億兆衆總莫能逃乎一而能
成始成終者也這一百箇圈子橫看竪看使不
得聰明用不得巧法放下再看只見四方無不
自一以成於十整整十行而不參差矣又從角
上再悟再看夫陽奇陰耦則一爲陽二爲陰三
爲陽四爲陰五爲陽六爲陰七爲陽八爲陰九
爲陽十爲陰而止於中也凡四角看來都如是
便從中分斷看則陽自五而陰自五五皆居其
中矣乃以一三五七九之陽數歸於天則天數
五五五二十五矣又以二四六八十之陰數歸
於地則地數五五六得三十矣合大衍之數五

十有五矣一者始生之數也十者成終之數也既從中止則五之前陽生之數也五之後陰成之數也一二三四五水火木金土總之生成之數不離於五今以圖觀之天一生水也是必待地六而後成以至天五生土必待地十而後成者蓋天生五行以氣地成五行以質一者天也五者地也天地生成萬物總不能離乎中五之土以成形質也故天一生水矣水非土則何以寄體故一得五成六是地六成之也地二生火矣火非土則歸宿於何所故二得五成七是天七成之也天三生木矣木非土亦無所培植故

三得五成八是地八成之也地四生金矣金固
土之所滋長故四得五成九是天九成之也天
五生土矣生而必成則積之深厚故五得五成
十是地十成之也一二三四五生之之序也六
七八九十成之之序也成之序皆因五而得非
眞藉六七八九十之數以成之也要之一二三
四五生之序皆天也六七八九十成之序皆地
也天地間無非這箇太極生成這箇五行散之
萬物則萬物各具這箇太極生成這箇五行是
以天有五星地有五嶽人有五臟事有五常歲
有四時位有四方而五亦在其中矣五行之質

具於地五行之氣行於天以氣言則曰木火土金水取春夏秋冬運行之序也以質言則曰水火木金土取天地生成之序也或曰金木水火土何獨以水先之蓋天地間三山六水一分田惟水爲多且萬物皆以氣生氣化而氣生於水而歸於水氣之輕者爲露重者爲雨故水當首承也至地二生火天七成之則陰陽自相對待剛柔自相摩盪皆自然而然昭昭具於一定之理無容絲忽之假借也又從中看出則中心無一物惟四傍一層是四數至外第二層是十二數又至外第三層是二十數又至外第四層是

二十八數又至外第五層是三十六數而止共五層每層增加八數五八得四十易數加倍縮歸本原正合四數所以四時總合四數也五行層合五數也八卦加合八數也盡本於此而是數之前定雖物之萬殊皆莫能逃之於一也一也者何爲者也卽先天之太極也卽太極之中一點也其理大也無物不該也然之數也虛也無也各也雖有其名而實無其形虛空立體必著物而附用然後爲之一也者以其積二至千萬億兆之衆管束其物之終始莫不由乎其一者也故曰萬物莫逃乎數乃以從無入有之太

極爲一一生二二生三三生萬卽兩儀三才四象五行八卦萬物無所不該在其中矣蓋無形之中而具有形之實有形之實而體無形之用自故理者太虛之實義也數者太虛之定分也天地人物古往今來萬事萬變與夫鬼神情狀皆莫不由是數之包羅雖云太極理能越數之外而實卽是始一之數而包乎無窮之數也若夫至人超出乎理數之中復還乎形迹之外旣無形迹何拘理數故曰若問先天一也無是爲清靜無爲則鬼神莫測其微一點靈明光透純陽之體至道止於至善者矣

無極者從無入有如上初圖似有似無漸而凝第二圖之有形漸而凝第三圖之有象即無極而太極者也圖中分黑白者陰陽也陰陽各含一點者陰中陽

無極而太極圖理數

恍恍惚惚似無似有之元虛

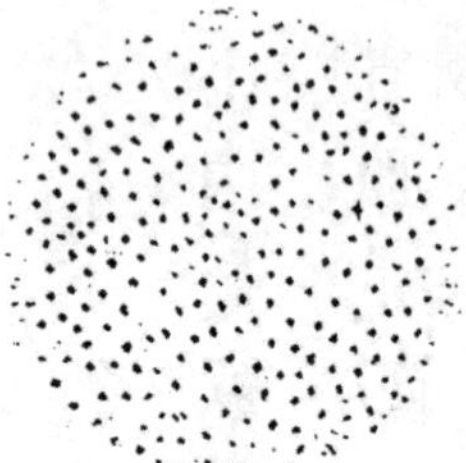

窈窈冥冥漸凝漸成之太極

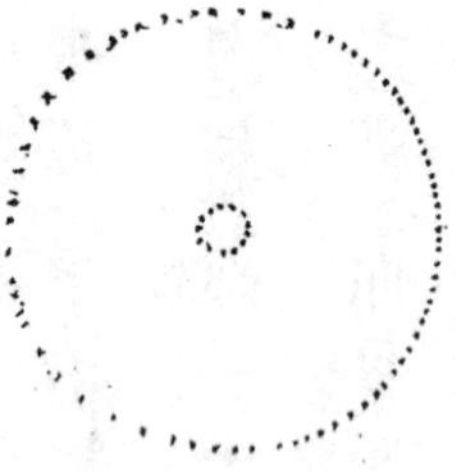

陽中陰也陰陽交互而各包陰陽者已萌生生不息陰陽之義也陽之左上起處已似有似無隱然有復之一陽馴至乾之純陽者爲陰之右下起處亦似有

似無隱然有始之一陰馴至坤之純陰者焉其中混沌幾微已似乎具備四正四隅陰陽對待卦象在位不假安排之體矣盖外圈總爲陰陽而設也先儒有言天如卵白地如卵黄能無外圈之卵殼乎夫圈之外邵聖人尚云六合之外存而不論是無可思議也只這箇圈子初無後有恍恍惚惚漸凝成一强名之曰太極惟一者始生之數太極者將成之理理數一而已矣但是這個太極乃先天之先天胎孕後天之先天又要明白這個大道理無非總是氣之凝結而已矣得氣者聚而成形爲物失氣者散而歸空爲虚虚亦是氣但未凝成這箇有像之太極耳見道者當知氣之清濁令其不散常凝於善處則是矣

悟龍馬負圖衍八卦理數

張星餘註

因觀龍馬負圖旋羅紋四角。無不自○以至十。
生成之數。卽是天○生水。這箇圓圈爲太極。從
太極中。以數生數。則自然而然。一定之陰陽。一
定之太少。一定之次序。一定之動靜。一定之剛
柔。聖人輕輕撥轉關捩子。則又是一定之位向。
一定之對待。一定之摩盪。一定之體用。一定之
男女。一定之配合。一定之順逆。一定之生息。不
假之安排者也。盖聞一生二。二生三。三生萬。不
曰三生四。其理明矣。○一生矣。◎二生矣。
◎三生矣。已上一生外爲天。二生內爲地。三

生中爲人。與萬物皆在天地之中。徑一圍三之義矣。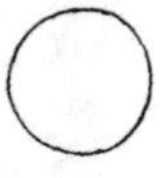此太極從中一分即兩儀矣。二分即四象矣。三分即萬物與人。在天地之中矣。然不得停勻所以缺陷世界物有不齊人有善惡矣。四分

即八卦矣。則乾一。兌二。離三。震四。巽五。坎六。艮七。坤八。易數逆行之次序矣。乾坤大父母居上。震巽長男女居外。坎離中男女居中。艮兌少男女居近。親親長幼之義矣。然是先天混沌未分之卦象。聖人從◎中◎分◎闢◎揭◎轉◎一看即乾南坤北天地定位矣。離東坎西水火不相射矣。此四正卦居四正位矣。

震東北。巽西南。雷風相薄矣。艮西北。兌東南。山澤通氣矣。此四變卦居四隅位矣。合而言之。天位乎上。地位乎下。日升於東。月明於西。雷動東北。風起西南。山峙西北。澤注東南。其位則乾一坤八。震四巽五。坎六離三。艮七兌二。各各相配。合成九數矣。其畫則乾三坤六。震五巽四。坎五離四。艮五兌四。亦各各相配。合成九數矣。九爲老陽乾之象。故陽爻曰。初九上九。而無所不包矣。六爲老陰坤之象。故陰爻曰。初六上六。而無所不載矣。乾統三女於東南。坤統三男於西北。乾兌離震。應日月星辰。麗乎天矣。坤艮坎巽。應水火土石麗乎地矣日午中而氣熱故爲暑矣月子中而氣冷故爲寒矣十干之星爲陽而主晝矣十二支之辰爲陰而主夜矣皆天之氣也水降而爲雨地氣上騰矣火熾而生風地氣旁達矣地氣夜升而爲露矣星殞有聲而主雷矣皆地之氣也日月星辰自相交度而爲天之變變應於卦卦應於氣氣凝而生物生物則有質有質則有數數也者盡天下之物則也物之則事之理無不在焉大統天地陰陽細包事物理數運行消息造化無窮不明乎數不明乎善矣不誠乎數不誠乎身矣

六十四卦。即以八卦爲內卦，上加一八卦是爲外卦。共成六爻也。每卦勻分四畫，共三十二畫。則八八六十四卦，陰陽各相對待矣。如前從中分闢，將陰儀三十二卦揭轉，則姤南接乾，坤北

畫六十四卦圖

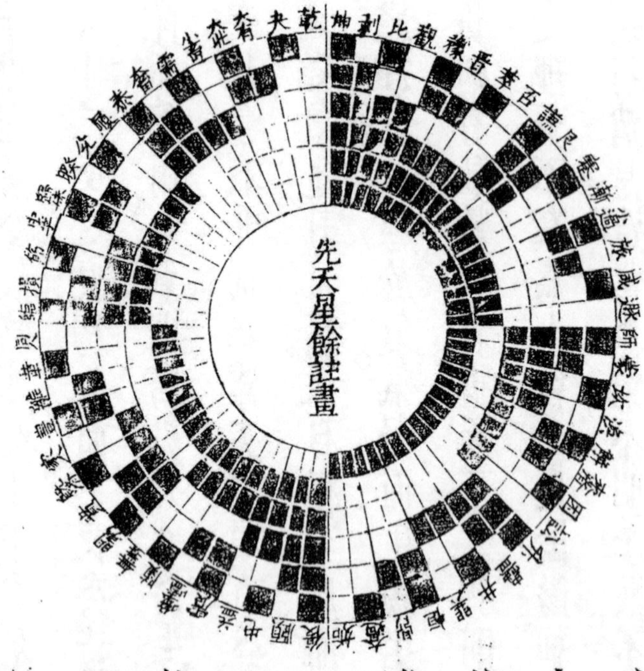

接復。而坤復之間。爲冬至子中矣。同人臨間。爲

揭六十四卦圖

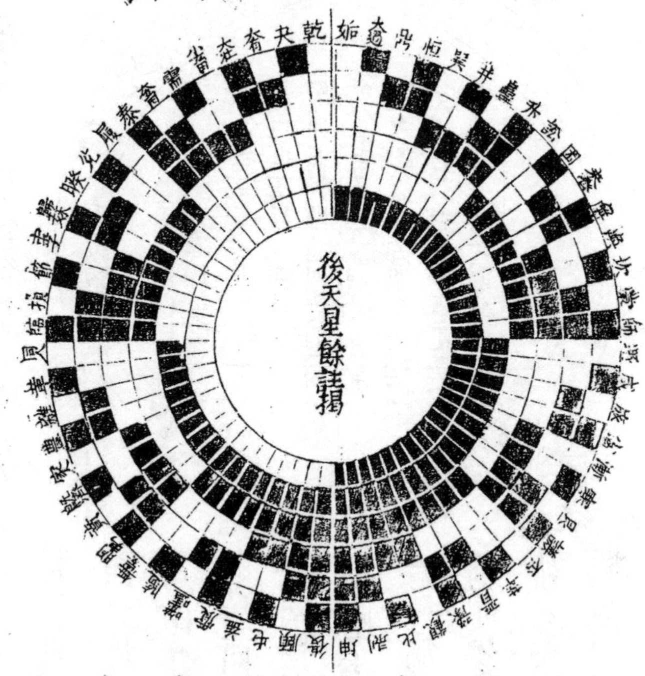

春分卯中
矣。乾姤之
間。爲夏至
午中矣。師
遯之間。爲
秋分酉中
矣。自與天
地合其德。
日月合其
明。四時合其序。鬼神合其吉凶。而該載溥矣

即乾一兌二離三震四巽五坎六艮七坤八之位數交相重而爲六十四卦之數焉乾兌離震在天爲陽在地爲剛在天則居東南在地則居西北坤艮坎巽在天爲陰在地爲柔在天則居西北在地則居東南陰陽相錯天文也剛柔相交地理也一一爲乾以至八八爲坤參伍錯綜無不備也圓者爲天方者爲地是借意爲方以配天也地非眞方也一二三四爲陽五六七八爲陰即先天圖也一一起於南八八終於北者以少爲息多爲消也

先天六十四卦圖數

按是圖乃生物變化之祖其卦亦從中起也自中起則震巽之一陰一陽然後有坎離艮兌之二陰二陽又然後成乾坤之三陰三陽其序皆自內而外內四卦四震四巽相配而近有雷風相薄之象震巽之外十二卦縱橫有坎離有水火不相射之象坎離之外二十卦縱橫有艮兌有山澤通氣之象艮兌之外二十八卦縱橫有乾坤有天地定位之象四

六十四卦方圖

歸藏

陽順陰逆

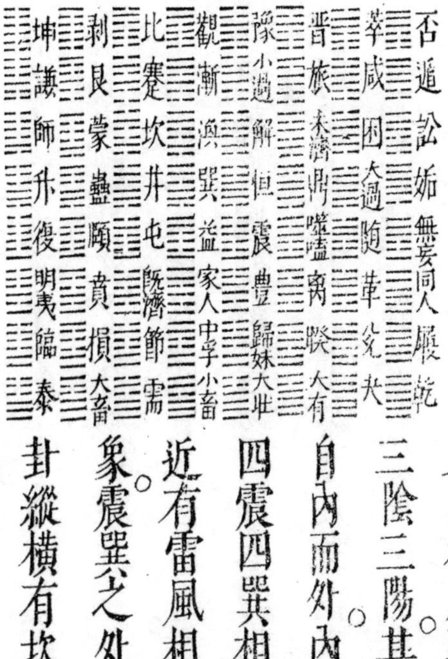

而十二十二而二十二十而二十八皆有隔八相生之妙又其中爲震巽者各四自是而爲坎離者各八而坎離之上下四震四巽復存焉自震巽坎離之外而爲艮兌者各十二而艮兌之上下爲震巽坎離者各四又自震巽坎離艮兌之外爲乾坤者各十六而乾坤之上下爲震巽坎離艮兌者又各四焉此天地始終數圖律呂聲音圖旣濟陰陽圖皆本於此陰陽二氣交乎震巽象坎離會於黄庭故陰至巽而伏亦自巽而止陽至震而休亦自震而生也自終始言之則爲化機隱伏自始終言之則爲中虚待用隱伏則無爲待用則善應是以氣至東北而物開氣至西北而物閉也

內一截三十二陽卦西北角乾東北角泰外一截三十二陰卦東南角坤西南角否亦四其十六而爲六十四卦又以元會運世分之各四其六十四以爲二百五十六位之卦體以生物於地四四立體四九爲用以見律呂聲音之倡和動植走飛之生死坎離主之屬乎地道之剛柔總之承天時行以生萬物焉

先天自坤生者始於姤皆在天地之中復卦居中爲冬至自復至無妄得二十八陰爻二十陽爻則陰漸消而陽漸長爲立春自明夷至同人得二十陰爻二十八陽爻則日漸長而氣漸溫爲春分自臨至履得二十陰爻二十八陽爻日已長而氣已熱爲立夏自泰至乾得十二陰爻三十六陽爻則日極長而氣極

熱爲夏至自姤至升得二十陰爻二十八陽爻則陰漸長陽漸消爲立秋自訟至師得二十八陰爻二十陽爻日漸短而氣漸凉爲秋分自遯至謙得二十八陰爻二十陽爻日已短而氣已寒爲立冬自否至坤三十二陰爻日極短而氣極寒復交冬至也此日月星辰寒暑晝夜謂之流行之易言其與天地四時流行不息也左邊三十二陽卦卽春以發生夏以長養右邊三十二陰卦卽秋以收斂冬以包藏共四其十六而六十四卦又以春夏秋冬分之各四其六十四而爲一千五百三十六爻之卦氣以運行於天乾旋坤轉而屬乎天道之陰陽也此造化生息盛衰之理流通於循環無端者總一健而生自然無窮之妙矣

動而運行靜而藏凝惟神巳矣人身與天地日月同流覩圖合三才之妙丹家所謂赤龍黑虎者東方蒼

先天乾坤圖

乾坤坎離圖

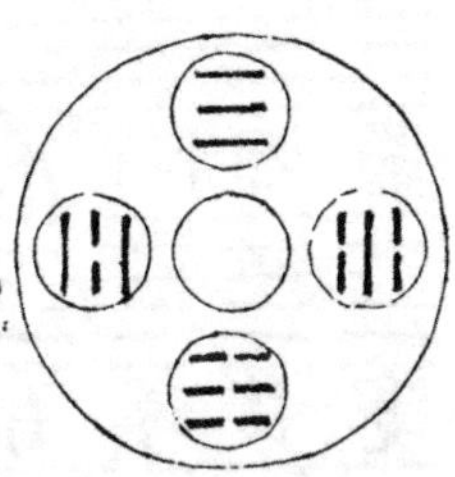

八七九六圖

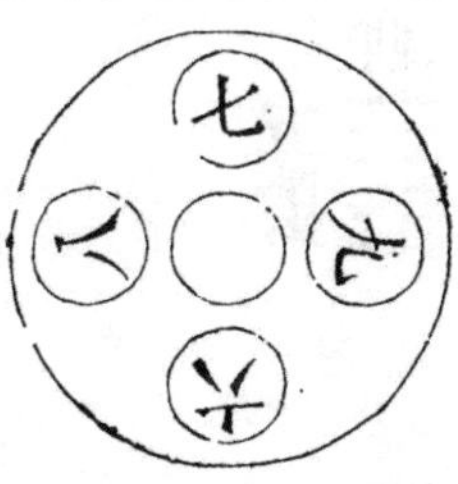

龍七宿運而之南則爲赤龍西方白虎七宿運而之

後天坎離圖

天地日月圖

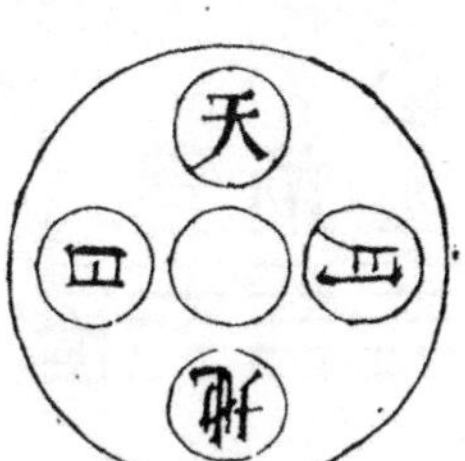

木火金水圖

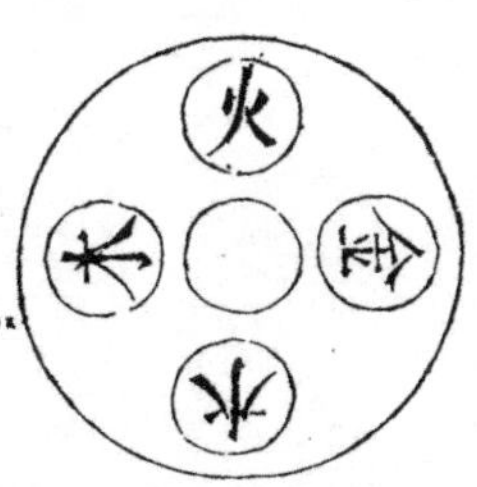

北則爲黒虎無非譬喻身中之呼吸窕而言之何龍虎之有何金水木火之有何九還七返八歸六居之

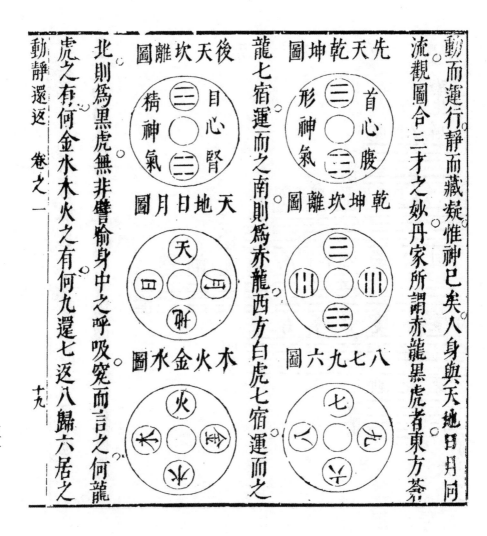

有。皆譬喻也。居者水也。腎也。故聚於北之地也。

蓋乾坤乃陰陽之純。坎離乃陰陽之交。乾純陽爲天。

先天六十

卦直圖

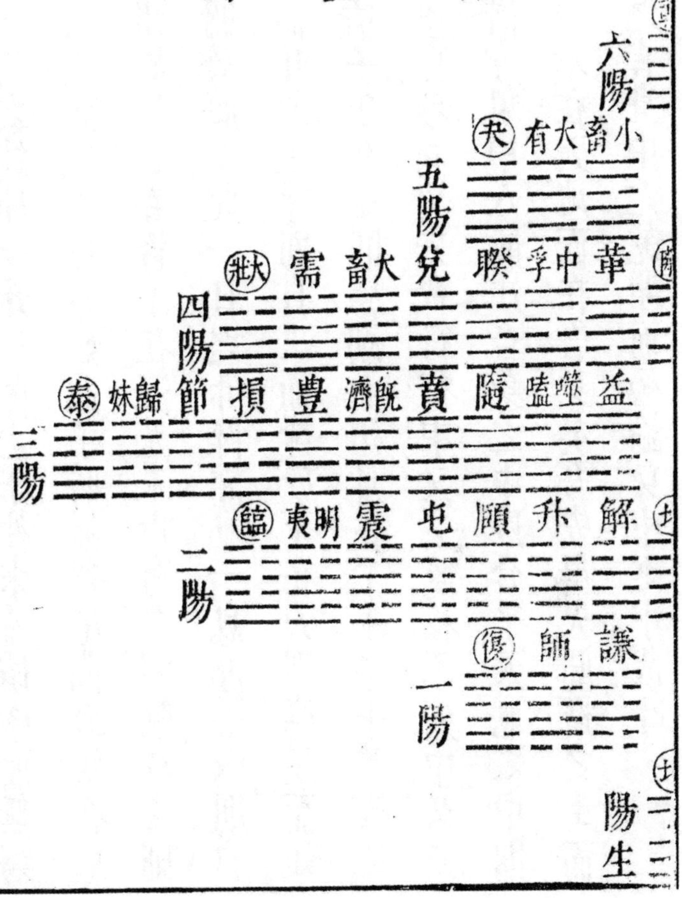

故居中之南坤純陰爲地故居中之北坎陰中含陽爲月離陽中含陰爲日故居乾坤之中其餘六十卦

自坤中一陽之生而至五陽則生之極矣遂爲六陽之純乾自乾中一陰之生而至五陰則降之極矣遂爲六陰之純坤一升一降上下往來蓋循環而無窮也天地如此人身亦如此子時氣到尾閭丑寅在腰間卯辰巳在脊膂午在泥丸未申酉在胸膈戌亥則又歸於腹中此一日之升降然也一息亦然吸則自下而升於上呼則自上而降於下在天則應星而如斗指子午在地則應潮而如月在子午子午蓋天地之中也參同契云合符行中又云運移不失中又云浮游守規中人能知吾身之中以合乎天地之中則乾坤不在天地而在吾身矣吾安得夫圓機之士而與之言身中之乾坤而極論身中之中哉吁

環中者氣機之法象也憑兩丸消息於其間兩丸者有陰有陽也爲之陽丸者木火也離之魂也本外實內虛外明內暗輝晃於外故一成形晶光閃灼萬物以之命焉莊生謂之木火外影爲之陰丸者金水也坎之

環中圖

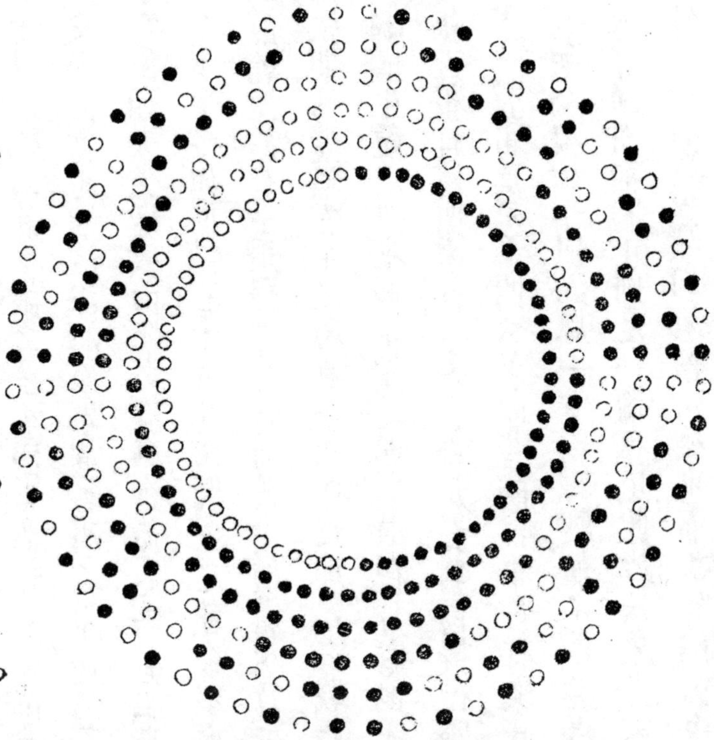

魄也○本外虛內實○外暗內明○瑩徹於內○故一受氣○明暗乘時○萬物以之性焉○莊生謂之金水○內影然卦不虛位○爻不虛呈○卦爻顯設○竄內機括流注○象先○當晦朔之間○合璧之際○而虛求實應○如夫交婦感○由朔之震庚○金微露爲潛龍也○漸而之兌○金水平半○如斯惕若○未可易窺○既望之乾○金乘火位○子午烹煎○乾龍始奮乎飛躍之勢○轉而巽辛履霜○魂乃生魄○隨艮丙弦期○括囊無咎○卒之晦也○魂盡魄返○坤乙野戰○此玄黃判而繼體生龍之兆也○邵子謂乾遇巽時觀月窟○地逢雷處見天根○天根月窟閑來往○三十六宮都是春○紫陽擬復吟曰○忽然夜半一聲雷○萬戶千門次第開○若識無中含有象○許君親見伏羲來○余擬姤吟曰○天風一霎冷颼颼○仙子霓裳冉冉修攜○得天香歸滿袖○胸中別是一輪秋○凡此皆法象顯露之秘○總不外乎一氣爲之○故曰氣機法象也○而設鈴曰○箇中消息幾人知○月窟天根正恁時○足躡手攀端的意○何須更待問包羲○

六十四卦方圓總圖

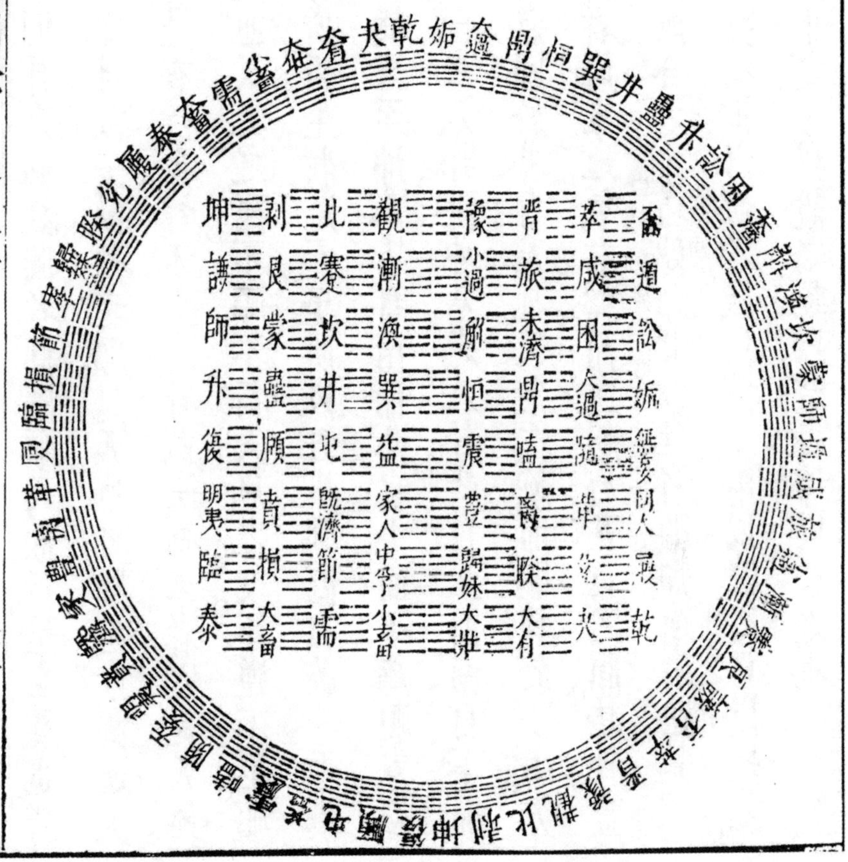
否 遯 訟 姤 無妄 同人 履 乾
萃 咸 困 大過 隨 革 兌 夬
晉 旅 未濟 鼎 噬嗑 離 睽 大有
豫 小過 解 恒 震 豐 歸妹 大壯
觀 漸 渙 巽 益 家人 中孚 小畜
比 蹇 坎 井 屯 既濟 節 需
剝 艮 蒙 蠱 頤 賁 損 大畜
坤 謙 師 升 復 明夷 臨 泰

六十四卦方圓總圖者圓圖順天而行是左旋也皆巳生之卦故云數往者順見天地之順也方圖逆天而行是右行也皆未生之卦故云知來者逆見天地之逆也天地之運不順不行天地之交不逆不生順而行所以生物逆而生所以自生圓圖自乾一至震四自巽五至坤八皆自南而北自上而下爲順方圖自乾一之八卦至坤八之八卦皆自北而南自下而上爲逆圓於外者天也天氣左旋而順其於子中方於內者地也地氣右轉而逆起於丑寅之間其卦畫自然配合之象巧妙如此數往者順知來者逆是故易逆數也雷以動之風以散之雨以潤之日以烜之艮以止之兌以說之乾以君之坤以藏之也

圖從中起先天之心學也萬事萬化生於心也是以先天之易尚象而不尚辭葢欲以不言之教如伏羲六十四卦初無言語文字也以六十四卦方圓圖言之圓圖象天包乎地外方圖比地列乎天中是一大陰陽相配也分圓圖觀之自復至乾得一百十二陽爻八十陰爻是陽數多陰數少即春夏之晝長而熱也自姤至坤得一百十二陰爻八十陽爻是陰數多而陽數少也即秋冬之晝短而寒也此可見卦分陰陽立兩儀而主運行不息之事也分方圖觀之西北十六天卦自相交東南十六地卦自相交其斜行則乾兌離震巽坎艮坤自西北而東南皆陰陽之純卦所以不能生物也西南十六卦天去交地天卦皆在

上。而生氣在首。故能生動物而頭向上。東北十六卦。地去交天。天卦皆在下。而生氣在根。故能生植物。而頭向下。其斜行。則泰損既益恒未濟咸否。自東北而西南。皆陰陽奇偶之卦。所能生物也。吾因而知植物之命在乎根。動物之命在乎首也。又合二圖觀之。方圖乾處圓圖亥位。謂之天門。是天氣下降也。坤處圓圖巳位。謂之地戶。是地氣上騰也。此南北十六卦。所謂陰陽互藏之宅。泰處圓圖寅位。謂之鬼方。否處圓圖申位。謂之人門。此東西十六卦。是天地交泰而生生不息。所以泰居寅。而否居申。所謂陰陽各從其類也。夫圓圖主運行之事。方圖主生物之事。運行者氣也。生物者質也。氣非質則無所附麗。質非氣則豈能

生物可見天有生物之氣地有成物之形也
洛書乃靈龜出洛其身有紋則戴九履一左三右七

靈龜洛書圖

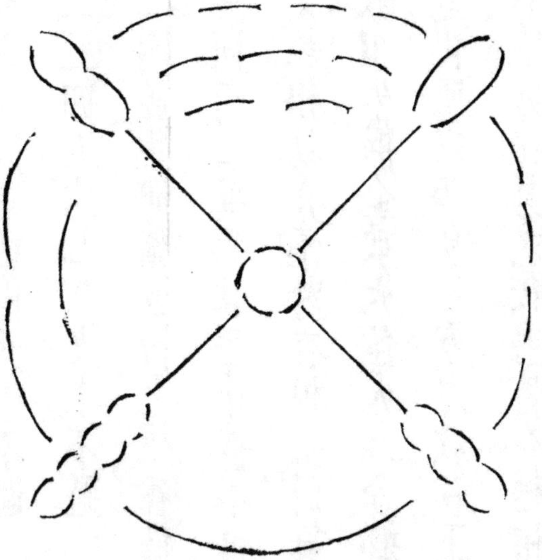

二四爲肩六八爲足易大傳雖以河圖與洛書並言却未嘗明言洛書之數如所論河圖之詳者今以洛書觀之其爲數也一居北六居西北三居東八居東北五居中與河圖之位數合至於九自居南四自居東南七居西二自居西南二方之數是河

圖實相易置矣何哉朱子謂陽不可易而陰可易其義精矣竊又自其粗者觀之盖圖書之數雖不相襲然而天地間東西南北中不過一水火木金土之位一二三四五六七八九十不過一水火木金土之數自二圖並觀河圖五行之數各協五方之位洛書之數三同而二異焉其居中者不可易矣縱使東北二方之数相易亦不過有相生而無相克至西南二方之数相易則金乘火位火入金鄉有相克制之義焉此造化所以必易二方之数者正以成其相克之象也自二方既易之後盡皆右轉相克北方一六水克西方二七火西方二七火克南方四九金南方四九金克東方三八木東方三八木克中央五十土五十

土復克北方一六水循環無端若使東北二方之數亦易非但無相克之制又且於右轉之序紊其位次而無復自然之法象矣此造化之所以巧妙也河圖主左旋相生洛書主右轉相克造化不可無生亦不可無克不生則或幾乎熄矣不克則亦無以爲之成就也五行相克子必救母如土克水水之子木又克土也相克相救之義循環亦無已矣焉盖生者理之常数之順克者理之變數之逆亦亢則害承乃制也造化自然之象人事當然之理而不可易者也

洛書之九宫其数則坎一坤二震三巽四乾六兌七艮八離九而五十居中其鈐曰九頭一尾少人知二四肩橫六八肢火位金鄉渾不訝木公始見丙丁兒

蓋一數至十數環列爲圖乃河圖洛書之總括也交午取之而五位内外相合則河圖也平衡取之而八宮交午相對則洛書也圖書所出異地所現異時所託異物五位與九宮其象異五十與四十五其數異然而一圓一方一贏一縮一左旋而相生一右轉而相克相與爲用而不可相無者則以其原同出於此之故也

河洛合一圖數

六　七　八　九　十　一　二　三　四　五

○交午取用五位內十相合而河圖運十以為體

河圖數圖

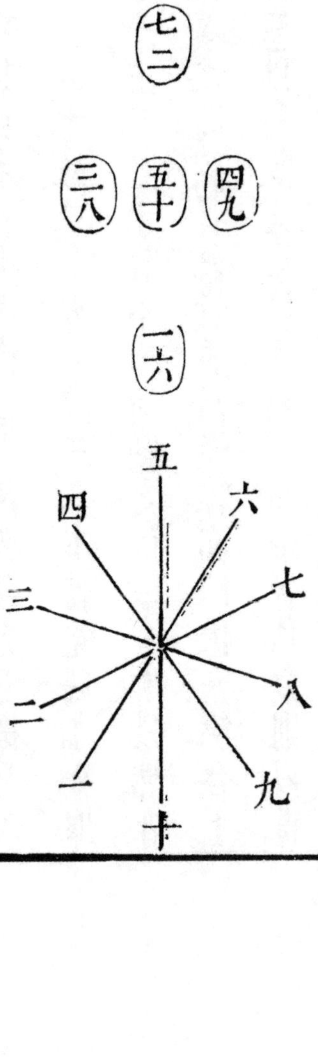

○平為取用八宮交午相對而洛書虛十以為用

洛書數圖

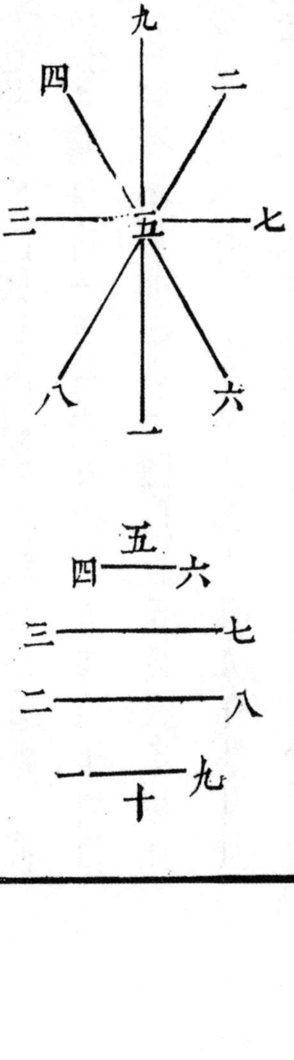

○圖書槩論○河圖雖授伏羲以畫八卦○竊意伏羲見

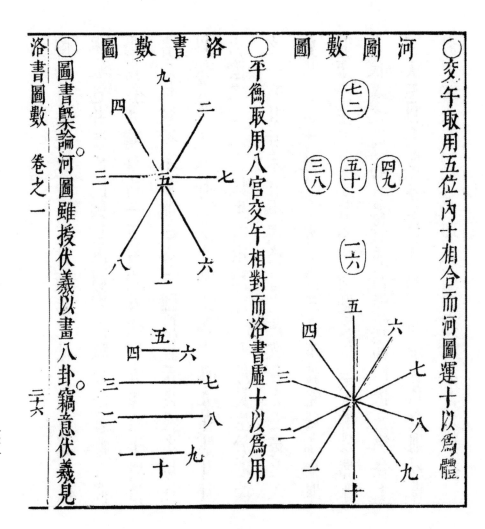

圖爲奇耦之數卦便可畫初非規規然模倣其方位與數也卦既成隱然自與圖之位數合洛書雖云授禹以叙九疇自初一五行之外次二五事以下與洛書之位數初不相關今合二圖以觀先後天之易且以伏羲先天八卦乾兑生於老陽之四九離震生於少陰之三八巽坎生於少陽之二七坤艮生於老陰之一六其卦未嘗不與洛書之位數合文王後天八卦坎一六水離二七火震巽三八木乾兑四九金坤艮五十土其卦未嘗不與河圖之位數合所以然者豈伏羲之時圖書既皆並出禮緯亦曰伏羲德合上下天應以鳥獸文章地應以河圖洛書伏羲則以畫卦其後天復以次禹耶九疇盖亦本洛書九數也

原其衍曰易無與於九疇圖之者何也曰易有六爻占五爲尊範有九疇陳五爲叙故汨陳五行帝乃震怒七曰稽疑卜五用二卜兆占營古之道也故傳云八卦九疇相爲表裏九疇準洛書之九數爲大綱乘數爲子目謂之疇者各爲一類以該天下之治道猶治天下之九經也圖叙如五則曆數自天天命於聖人皇建有極斂時五福居然可觀信乎九疇之命不可汨也

九疇五叙之圖

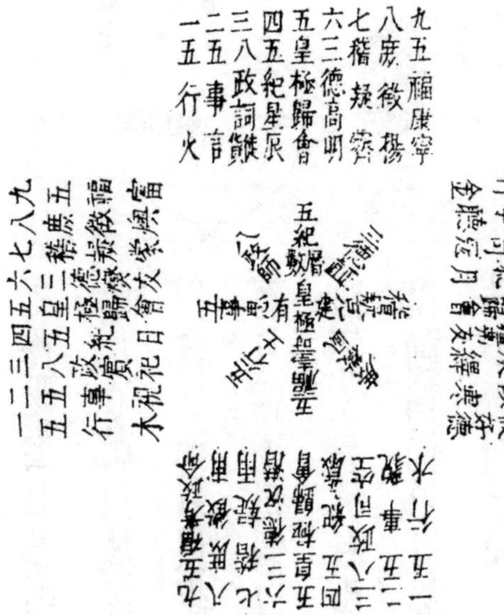

原其衍曰八卦之方圓陰陽二匝何也曰準河圖而作循太極而分者其本也仰觀於天赤道之內外日之陰陽曆也黃道之內外月之陰陽曆也乾以統離而日以運之坤以統坎而月以運之日有日輪月有月輪不相假以為規故震自內動而左旋巽自內動而右轉動則俱動輪輻相引要其運如日月遲疾不齊而合朔於十二辰者均焉軀六出而横以方加方六出之象

重圓之圖

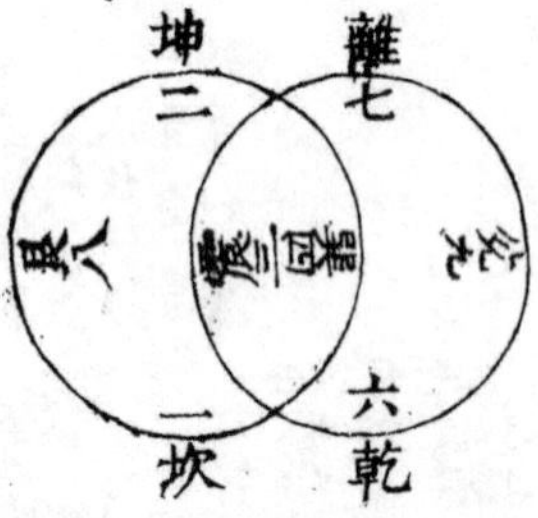

重方之圖

八卦之定位也陽為陽運一三七九而相從陰為陰運二四六八而相引亦太極之有兩儀也

夫納甲之法以月之晦朔弦望昏旦生消而定於十干之位以十干配上八卦與之脗合則自然之妙如

納甲之圖

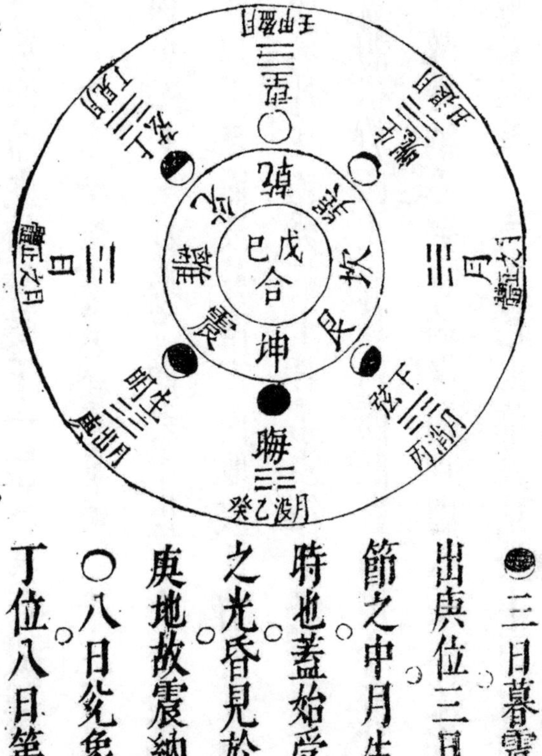

●三日暮震象月出庚位三日第一節之中月生明之時也蓋始受一陽之光昏見於西方庚地故震納庚也○八日兑象月見丁位八日第二節之中月上弦之時受二陽之光昏見於西方丁地故兑納丁也○十五日乾象月盈甲壬十五日第三節

之終月既望之時全受日光昏見於東方甲地是爲乾體故乾納甲壬也○十六日旦巽象月退辛位十六日第四節之始始受下一陰爲巽而成魄以平旦而沒於西方辛地故巽納辛也●二十三日艮象月消丙位二十三日第五節之中復生中一陰爲艮而上弦以平旦而沒於南方丙地故艮納丙也●三十日坤象月滅乙癸三十日第六節之終全變三陽而光盡體伏於西北一月六節既盡而禪於後月復生震卦故坤納乙癸也晦夕朔旦則坎象水流戊日中則離象火就巳成戊巳土位象見於中西山曰朔旦震始用事爲日月陰陽交感之初道家象此以爲修養之法也抑見天道雖玄而無所不該於人矣

納支

夫天地胎育之理乾納甲壬坤納乙癸者上下包之也震巽坎離艮兌納庚辛戊己丙丁者六子生乾坤包中如物之處胎甲者左三剛爻乾之氣右三柔爻坤之氣也乾初爻交坤生震故震初爻納子午乾初子午者長子代父也中爻交坤生坎故坎初爻納寅申震納子午順傳寅申陽道順也上爻交坤生艮故艮初爻納辰戌亦陽道順傳也坤初爻交乾生巽故巽初爻納丑未巽初丑未者長女配長男也中爻交乾生離故離初爻納卯酉巽納丑未逆傳卯酉陰道逆中女配中男也上爻交乾生兌故兌初爻納巳亥亦逆傳少女配少男也女從人故其位不起於未乾坤始於甲子則長男長女乃其次宜納丙丁少男少女居其末宜納庚辛今乃反此者卦必自下

生先初次中末乃至上此易之叙亦胎育之理也物處胎甲莫不倒生自下而上者卦之叙而宜合造化胎育之理合乎自然也大抵陽卦納陽干陽支陰卦納陰干陰支陽六干皆進陰六干皆退惟乾納二陽坤納二陰包括首尾則天地父母之道也

十干

甲 始也屬木位東方太歲在甲曰閼逢

乙 軋也屬木位東方太歲在乙曰旃蒙

丙 炳也屬火位南方太歲在丙曰柔兆

丁 當也屬火位西南太歲在丁曰彊圉

戊 戊也屬土位中央太歲在戊曰著雍

巳 理也屬土位中宮太歲在巳曰屠維

庚 更也屬金位西方太歲在庚曰上章

辛 新也屬金位西方太歲在辛曰重光

壬 懷於妊也屬水位北方太歲在壬曰玄黓

癸 度也屬水位北方太歲在癸曰昭陽

十二支

子　當也屬水位北方太歲在子曰困敦

丑　紐也屬土位北方太歲在丑曰赤奮若

寅　恭也屬木位東北太歲在寅曰攝提格

卯　冒也屬木位東方太歲在卯曰單閼

辰　震也屬土位東方太歲在辰曰執徐

巳　巳也屬火位南方太歲在巳曰大荒落午　悟也屬火位南方太歲在午曰敦牂

未　味也屬土位西南太歲在未曰協洽

申　身也屬金位西南太歲在申曰涒灘

酉　就也屬金位西方太歲在酉曰作噩

戌　滅也屬土位西北太歲在戌曰閹茂

亥　荄也屬木位西北方太歲在亥曰大淵獻

天乙貴人圖說

夫天乙貴人者其原於周易以河圖之太極而生八卦八卦以乾坤爲大父母而生餘卦爲六子至此仍以八卦配合陰陽如婚姻成孕生子之義借日光照月而爲孕以生十干之子定以昏旦之晦朔弦望生消於各干方位準其酷肖八卦爻體認爲己子如乾

爻純陽月孕純明於東方甲位故乾納甲而甲爲天之子也其娵訾戌亥之間即乾天皇所居之天庭前無敢對故巳爲天空今禪位於子天乙生水水位於

天乙貴人之圖

北北極中天乙星在坎乃天帝之所居今甲受禪自爲天帝餘干皆爲天乙貴人也甲既居子則乙順行而居丑丙居寅丁居卯戊該居辰辰爲天罡而不居故居於巳巳該居午午是帝之對宮而不敢居乃居於未庚居申辛居酉壬不居河魁之戌而居於亥癸則避帝位而越居於丑也夫夫婦成

室家之好蓋甲與巳合其治在未故甲貴羊乙與庚合其治在申故乙貴猴丙與辛合其治在酉故丙貴雞丁與壬合其治在亥故丁貴豬戊與癸合其治在丑故戊貴牛巳與甲合其治在子故巳貴鼠庚與乙合其治在丑故庚貴牛辛與丙合其治在寅故辛貴虎壬與丁合其治在卯故壬貴兎癸與戊合其治在巳故癸貴蛇伏羲先天八卦坤居於北因其從治胎甲在母腹中出故天乙居坤亦當然之理也

蓋坤從乾爲地爲天乙之毋亦天乙所居位西南申分故甲居申則乙逆行在未丙在午丁在巳辰爲地網貴人不居戊居卯寅爲天帝對宫巳居於丑庚在子辛在亥戌爲天羅不居壬貴越居在酉申係甲位

癸不敢並居而居於未原甲與己合是甲治在丑故甲貴牛乙與庚合是乙治在子故乙貴鼠丙與辛合是丙治在亥故丙貴猪丁與壬合是丁治在酉故丁貴雞戊與癸合是戊治在未故戊貴羊己與甲合是己治在申故己貴猴庚與乙合是庚治在未故庚貴羊辛與丙合是辛治在午故辛貴馬壬與丁合是壬治在巳故壬貴蛇癸與戊合是癸治在卯故癸貴兎故曰甲戊庚牛羊乙己鼠猴鄉丙丁猪雞會壬癸兎蛇藏六辛逢馬虎此是貴人方若曰甲戊兼牛羊庚辛逢馬虎是未識其原也其他貴人

天乙貴人之圖

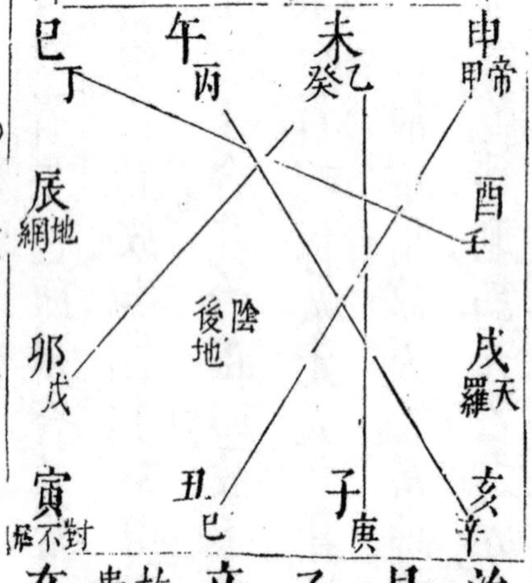

吾不知其謂矣凡是丹家所必務故特詳攷而正之

十二星建

建者即月建也如正月建寅凡遇寅日則必建自居其位從建至破凡七位亦即干上甲庚之義甲逢庚爲七殺也亦即支上寅申之義同故建爲青龍破爲白虎纘定十二字如正月建寅二月建卯三月建辰必建於辰若火一日則於換節之時重一日不拘何字只要奏次月之建爲是也然不以月分只以交節氣爲準的也亦即長生沐浴十二宫之義建即冠帶也凡奇門天符無處不該況道家可不知乎

建 太歲 青龍	除 太陽 明堂	滿 喪門 羅睺	平 太陰 朱雀	定 官符 金櫃	執 死符 大德
破 歲破 白虎	危 龍德 玉堂	成 陰符 天牢	收 福德 玄武	開 吊客 司命	閉 病符 勾陳

日月交會行次積閏之理數

至矣神哉天地之造化不外乎斯策也而盈虛消長之機咸自卦策而遡度之陽策三十六陰策二十四乾六爻二百一十六坤六爻一百四十四共爲天地之策合三百六十當期之日爲周天之數此數既定則周天日行之數可知也日用

閏月定時成歲圖

歲法三百五十四日三百四十八分

歲餘法二萬二百二十七分

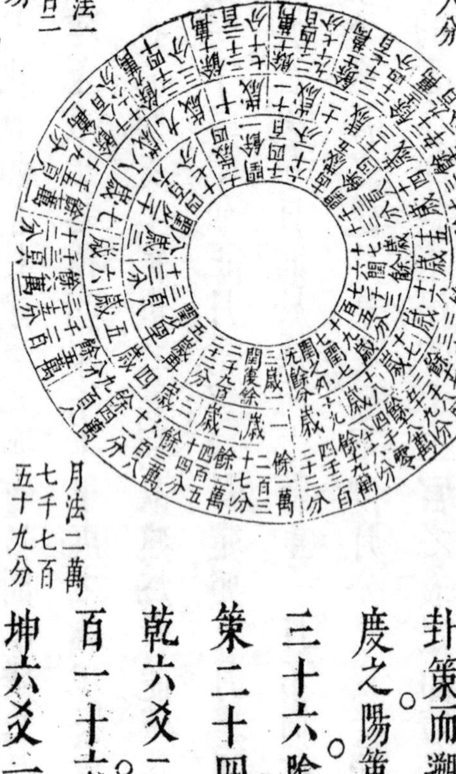

日法計九百四十分

月法二萬七千七百五十九分

其一策爲一日用三百六十策爲周天一年一年之中復以四卦之策主之四卦各有定數春分之後震卦主之其策八十四欠六日夏至後離卦主之其策九十六剩六日秋分後兑卦主之其策亦九十六亦剩六日冬至後坎卦主之其策亦八十四又欠六日盡自冬至後欠數陽生也夏至

明魄朔望圖

周天三百六十五度四分度之一

晝夜百刻於十二時中分長短

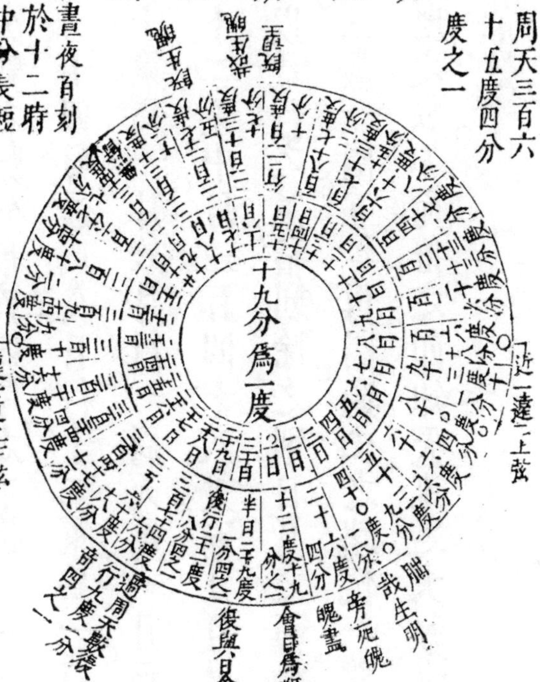

後剩數陰生也。二欠之數一百六十八。二剩之數一百九十二。合三百六十策以當三百六十日。又以四卦欠剩之數分布於四序之中。恰一年三百六十日。而二十四氣候成矣。日行十二策爲一日。月行三百六十策爲一月。故月行一周天爲一月。而與朔合日在十二策中。月三百四十八策而日月望爲半月也。再以日行之策積剩除之。則日月之薄蝕盈虧之定算。三歲一閏。五年再閏。造化之端倪一覽無遺。更以天地之數加而倍之。卽知天地之大數。况萬物之微豈能逃乎。

天之體周圍三百六十五度四分度之一。南北各分其半。北極出地三十六度。餘則皆見在地上者爲見居地下者爲潛故曰見於午而潛於北其用數本三兼地之用數三故曰極於六更兼餘分一共爲七故曰餘於七此指黃道限地之晝夜數言蓋天之行本無定分但爲地大人小人見地隅而有潛見則日天隨之於是乎晝夜生焉晝夜之數百刻而止夏至日晝六十刻極於六矣此正以其日出於寅入於戌得寅戌生言也然日未出而天已明人已動日旣入而天未黒人之動亦未息是晝又侵夜一分爲七分也人得天之氣以生故亦見前而昧後畧其左右則左右畧之而已尙亦見焉不盡昧也則亦如天之得其七此明經世數用七之原凡言三與七者皆然陽得陰而爲雨陰得陽而爲風剛得柔而爲雲柔得剛而

爲雷無陰則不能爲雨無陽則不能爲雷雨柔也屬
陰陰不能獨立必待陽而後興雷剛也屬陽陽不能
自用必待陰而後發盖陽唱而陰從則流而爲雨陽
格而陰薄則散而爲風剛唱而柔從則烝而爲雲柔
畜而剛動則激而成雷客主後先陰陽順逆不同也
剛柔風雨自天而降警陰陽雲雷自地而生警天陽
也陽必資陰故無陰則不能爲雨陽得陰然后聚而
成體也地陰也陰必資陽故無陽則不能爲雷陰得
陽然后發而成聲也此言陰陽之相資也雨之形柔
也屬陰者本乎天之氣也陰不能自立待陽而興者
天之陰資乎天之陽也雷之聲剛也屬陽者出乎地
之形也陽不能自用而必待陰以發者地之陰資乎

地之陽也或由氣化爲體或由體變爲氣是亦有無之極此明造化陰陽相成之數也

天地氣運北而南則治南而北則亂亂久則復北而南天道人事皆然推之歷代可見消長之理也夫圓圖爲天陽生於北由東漸長而及於南陰生於南由西漸長而及於北是天氣北而南者陽漸長也南而北者陰漸盛也方圖爲地陽氣在北陰氣在南北而南者陽用事也南而北者陰用事也故天地之氣合而運行由北而南則陽氣漸盛而當時用事者皆陽也故世道治由南而北則陰氣漸盛而當時用事者皆陰也故世道亂亂久則復北而南世道復治陰陽消長循環無端自然之理也天人皆然天時盛則人

事得天時衰則人事失天人自相合也衍義曰天地之運自子至卯爲陰中之陽自卯至午爲陽中之陰自午至酉爲陽中之陰自酉至子爲陰中之陽君子之道已長而小人猶盛亂而將治也陽中之陰小人之道已長而君子猶盛治而將亂也陽中之陽極治之運也陰中之陰極亂之運也元會運世之數一運當三百六十年故可以消長之理推歷代之治亂先天圖自泰歷蠱而至否自否歷隨而至泰卽南北之運數此明造化消息之理也

夫陰陽之道變化之用天垂象地成形七曜緯虛五行麗地地也者所以載生成之形類也虛也者所以列應天之精氣也形精之動猶根本之與枝葉也仰

觀其象雖遠可知也黃帝曰地之爲下否乎岐伯曰地爲人之下太虛之中者也帝曰馮乎曰大氣舉之也燥以乾之暑以蒸之風以動之濕以潤之寒以堅之火以溫之故風寒在下燥熱在上濕氣在中火遊行其間寒暑六入故令虛而生化也故燥勝則地乾暑勝則地熱風勝則地動濕勝則地泥寒勝則地裂火勝則地固雖曰天地之變無以脉診道當知之

黃帝素問有五運六氣所謂五運者甲巳爲土運乙庚爲金運丙辛爲水運丁壬爲木運戊癸爲火運也而人多不知其因余按素問五運大論黃帝問五運之所始於岐伯引太始天元冊文曰始於戊巳之分所謂戊巳分者奎壁角軫則天地之門戶也王砅註

引遁甲六戊爲天門六巳爲地戶天門在戌亥之間角軫之分凡陰陽皆始於辰五運起於角軫者亦始於辰也甲巳之歲戊巳黅天之氣經於角軫故爲土運（角屬辰軫屬巳甲巳之歲得戊辰巳巳天干皆土故爲土運下皆同此）乙庚之歲庚辛素天之氣經於角軫故爲金運庚辰辛巳也丙辛之歲壬癸玄天之氣經於角軫故爲水運壬辰癸巳也丁壬之歲甲乙蒼天之氣經於角軫故爲木運之甲辰乙巳也戊癸之歲丙丁丹天之氣經於角軫之間故爲火運丙辰丁巳也素問曰始於奎壁角軫則天地之門戶也凡運臨角軫則氣在奎壁以應之氣與運常同天地之門戶故曰土位之下風氣承之甲巳之歲戊巳土臨角軫則甲乙木在奎壁（奎屬戌壁屬亥甲巳）

之歲傳甲戌乙亥。下皆同此。曰金位之下火氣承之者乙庚之歲庚辛金臨角軫則丙丁火在奎壁曰木位之下土氣承之者丙辛之歲壬癸水臨角軫則戊巳土在奎壁曰風位之下金氣承之者丁壬之歲甲乙木臨角軫則庚辛金在奎壁曰相火之下水氣承之者戊癸之歲丙丁火臨角軫則壬癸水在奎壁古今言素問者皆莫能諭余謂道家亦運氣所關故以丹鏡炤之

入藥鏡曰窮戊巳定庚甲卽月月常加戊時時見破軍若知庚甲位定見虎龍吟藥返西南覓火從東北尋訣破其中妙丹成謁太清紫陽云天地盈虛自有時審令消息自知機由來庚甲明明在能殺三尸道可期丹經云天上分明十二辰人間分作煉丹程十

二辰卽子丑寅卯辰巳午未申酉戌亥是也卽十二雷門也天以斗柄爲推遷人以玄關爲幹運此乃生天立地之太易日往月來之要機陰陽循環周而運度無出乎此故有對合相冲之謂子午相冲子丑相合丑未相冲午未相合辰戌相冲卯戌相合巳亥相冲巳申相合卯酉相冲酉辰相合寅申相冲寅亥相合有冲有合有返有還皆一炁往來之動靜耳凡修大藥一明鼎器二明藥物三明火候知此三者方可下手入室不知此三要之妙妄意揣度欲望成仙如暗中射栔嗚呼難之又難者何也月月常加戌時時見破軍蓋天之天罡一晝夜一周天不離乎十二辰中人之天罡亦一晝夜一周天不離乎十二經絡經

曰雷城十二門並隨天罡之所指天罡指丑其身在
未所指者吉所在者凶何也蓋所指之門生炁已至
矣因何十二辰中獨以辰戌二地支爲要者何也蓋
辰爲天罡戌爲河魁天罡主生河魁主殺故云所指
者吉所在者凶是也夫寅戌之義火生於寅庫於戌
絶於亥胎於子養於丑易云艮者止也止而復生也
欒生於申墓於辰絶於巳胎養於午未易云坤者復
也復而陽生也西南得朋在卦屬坤在辰屬申巳也
返也庚甲也東北喪朋在卦屬艮在辰屬寅戌也還
也甲庚也入欒鏡云窮戌巳定庚甲是也言庚甲而
不言寅申者蓋言天干而不言地支地支巳在其中
矣書云要知產欒川源處只在西南是本鄉此訣須

當着在時上乃初進道煉巳降魔之要始不行此魔敗其功難入無爲之道也訣曰假如正月建寅就從寅上起戌卯上起亥辰上子巳上丑午上寅未上卯申上辰爲天罡辰時元氣藥生之時卽以元神沉於大中極魂好明使之就下抱元守一使陽炁不散名曰朝屯凝化眞鉛坤溢周身流暢百節大中極在臍下五寸督脈之所又於酉上起巳戌上起午亥上未子上申丑上酉寅上戌時其元炁上昇泥丸以元神守於泥丸魄好沉而使就上抱守虛無使元炁不散化爲眞鉛汞故曰暮蒙二月卯上起戌至申得卯至艮得酉木旺在卯不行火候只宜靜守以候沐浴沐浴者洗其心也初氣以柔不可擾亂惟宜滌慮忘機

蟄藏其炁故心不動而神自清性不亂而情自逸神
清氣爽性靜精凝炁聚神交形自固矣非沐浴而何
三月辰上起戌至申得寅至艮得申寅時守下極申
時守泥丸依此而神機自現謹戒雜念不可忽略也
四月巳上起戌至申得丑丑時守下極至艮得未未
時守泥丸五月午上起戌至申得子子時守下極至
艮得午午時守泥丸六月未上起戌至申得亥亥時
守下極至艮得巳巳時守泥丸七月申上起戌時守
泥丸至艮得辰辰時守下極八月酉上起戌至寅得
卯至申得酉金旺於酉炁極生水水源清潔不可擾
亂故於卯酉二時宜當沐浴也九月戌上起戌至寅
得寅寅時守下極至申得申申時守泥丸十月亥上

起戌。至寅得丑。丑時守下極。至申得未。未時守泥丸。十一月子上起戌。至寅得子。子時守下極。至申得午。午時守泥丸。十二月丑上起戌。至寅得亥。亥守下極。至申得巳。巳時守泥丸。巳上乃身中元陽真炁所生。依此守之。則真炁自朝。元炁自聚。谷神自接。三尸自去。九亟自滅。或行一年二年。方可入室求藥。易如反掌。是乃一定之局。坤申守絳宮。艮寅守下極。內天罡行十二經絡云。每日寅時罡在肺。卯時流入大腸經。辰胃巳脾午心上。未時卻向小腸。行申屬膀胱酉入腎。戌胞絡亥三焦。迎子膽丑肝循環。轉晝夜周流十二程。此築基煉巳。卻魔緊務。久行純熟之要訣也。蓋易道者。時道也。不知時。則無以識化育之機。變通之妙也。故否泰剝復時也。潛見飛躍時也。損益盈虛時也。出處語默時也。藏器待時。含章以時。損以應時而吉。節以失時而凶。蹇以識時而和。通以識時而加。以時而涉川則有功矣。以時而攸往則有慶矣。以時而建侯則得民矣。以時而祭禮則受福矣。以時而田獵則獲品矣。以時而婚媾則往而明矣。稽古堯舜垂衣裳。湯武革明命。高宗伐鬼方。皆不外時耳。是以上焉至尊至貴。固得此時而富貴軒昂。下焉至貧至賤。亦因此時而貧賤蹇駁。豈獨人爲然哉。至於萬物之出藏。草木之榮悴。亦莫非時也。種禾於清秋。植木於酷暑。豈其時耶。故曰。稱時早修。築基煉已。築氣積精。七返九還。何處非時。況人身有活子時。恐年衰氣弱子時不能常活元陽去矣嗚呼此身不向今生度更向何生度此身悲夫不知時不知道矣鶴知夜半燕知戊巳蛇於巳日不出道鶯於春時自出谷夫鶴能養神鹿能固精龜能息氣此三者世間之壽物也人爲最靈最貴當兼而有之可以人而不如物乎何不順時養元陽而收真炁耶真炁大運隨天春在肝夏在心秋在肺冬在腎元炁小運隨日子在腎卯在肝午在心酉在肺修真之士不見功者以旺時不收損時不補散時不聚合時不取不知交合之時又無採取之法且多妄念牽絆間有工夫時行時止支離斷續安得比天地之長久日月之堅固哉天地日月觀之極靜而無一息之停焉

納音起自七國時鬼谷子王詡以五行餘數而作甲子納音餘數乃大衍之數五十除一不用以象太極其用四十有九以為一定前數用先天推之甲己子午九乙庚丑未八丙辛寅申七丁壬卯酉六戊癸辰戌五巳亥是四數甲子二九一十八乙丑二八一十六四十九內除十八十六共三十四數餘十五以五乘五除一十餘五數水一火二木三金四土五五屬土土生金故曰甲子乙丑海中金也丙寅二七十四丁卯二六十二四十九內共去二十六餘二十三以五乘五除二十數餘三數三屬木木生火故曰丙寅丁卯爐中火也餘倣此。輟耕錄云六十甲子曆也納音律也干支納音之別也據其說則音原於三日傳變乃律呂相生之法河圖洛書生尅之數其海中爐中等類又以陰陽五行生尅

臨表而言也　又提法甲子乙丑甲午乙未皆是金爲子午屬庚丑未屬辛從甲子甲午數至庚從乙丑乙未數至辛皆得七七者西方素天之氣所以納音是金也○丙寅丁卯丙申丁酉皆是火爲寅申屬戊卯酉屬己從丙寅申數至戊丁卯酉數至己皆得三三者南方丹天之氣所以納音是火也○戊辰己巳戊戌己亥皆是木爲辰戌屬丙巳亥屬丁從戊辰戊戌數至丙從己巳己亥數至丁皆得九九者東方蒼天之氣故納音是木也○庚午辛未庚子辛丑皆是土言各得其所屬爲一一者中方黅天之氣故納音是土也○丙子丁丑丙午丁未皆是水從子午數至庚丑未數至辛皆是五五者北方玄天之氣故納音是水也

先天後天交互之圖鈐

水火烹煎木與金天風乍轉地雷深○不因體用還○

交互怎識羲文造化心○

先天後天交互圖

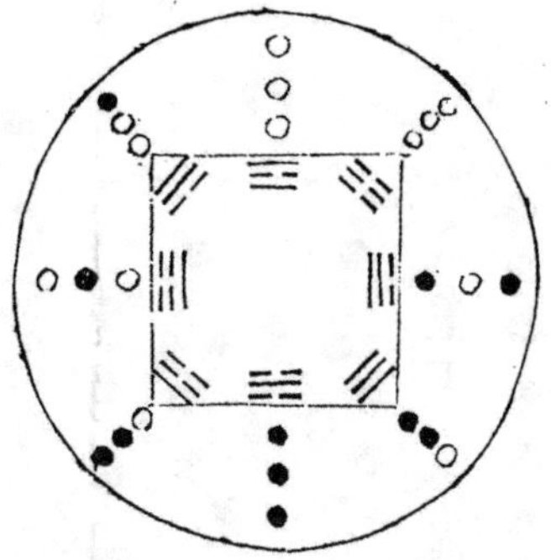

乾坤交互圖

乾卦坤卦交互之圖鈐

應知有悔履霜胚○要識潛龍野戰來○抹殺其間消

息子○玄黃一點箇中堆○

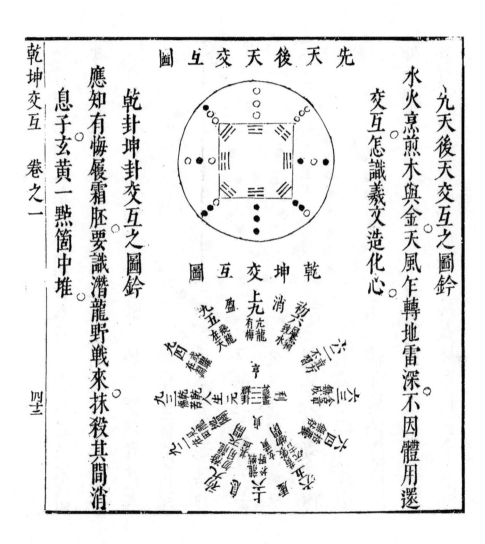

圖書何爲而交互也吾聞吾人乃一小天地殊不諳事則無以闡至道之幾微故爲之圖而說焉夫設外

河圖洛書交互圖

星餘著說

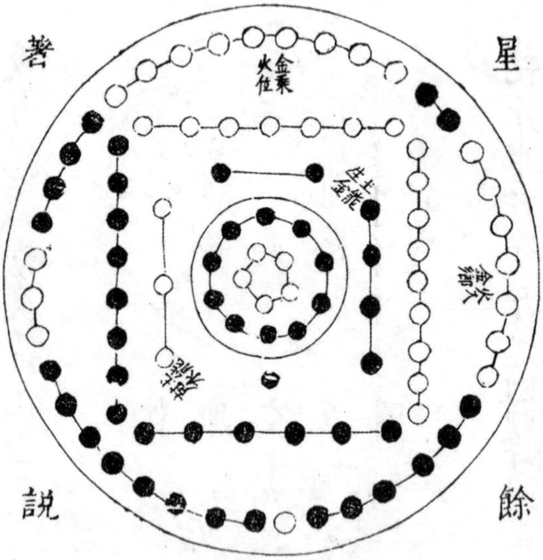

層之空圈者其大無外包羅萬象於內本體空洞無物不可思議卽六合之外存而不論也是爲天象粤虛內層之中心者其小無內載育萬物於外本體幾微亦無物亦不得思議卽無極之先窈窈冥冥其中有精漸凝成一呼爲太極形具五十天數

五地數五假以天始地成也是爲地象着地一層居於正中即河出龍馬之圖天一生水地六成之地二生火天七成之天三生木地八成之地四生金天九成之伏羲衍先天八卦天道也陽道也陽主生體圓而用方其序左旋天道下降遊於圜中盡夫參伍之至矣近天一層處於最上即洛出神龜之書戴九履一左三右七二四爲肩六八爲足文王衍後天八卦地道也陰道也陰主尅體方而用圓其序右旋地道上升環於方外盡乎錯綜之極矣若夫自內之無物幾微窈冥之中始五成十寂靜載育之形合成一體作地道看誠虛三而實一者也故悉自外之無知虛廓空洞之內陽生陰殺流動充滿之氣分爲一體作

天道看誠實三而虛一者也於此可見天地設位而易行乎其中矣吾固特爲提出中心一點迷塞使其虛靈不昧黄中通理具五行之機摩盪八卦周流六虛內外合一上下無間横竪虛空縱横交錯循還無端變化莫測總不離五實非虛五而五自在其中矣至於虛一實三之義則乃有物混成先天地生寂兮寥兮獨立而不改周行而不殆可以爲天下母從無入有生天生地生人一而二二而三三而萬矣究於此會於心經曰觀天之道執天之行盡矣天有五賊見之者昌五賊在心施行於天宇宙在乎手萬化生乎身樂天知命止於至善遂繪其圖而搬其言名之曰易圖丹鏡

易圖丹鏡二卷木集續序

余著集四鏡稿時郎立愿聽天必待知遇機緣輻輳然爾可付剞劂氏是以居諸不倒詎乎難哉獨丹鏡難之又難者先敘諸始末卷首不茲重贅但此卷與首卷併出梓止於亢分司去日巳俟知遇固非一日矣豈若後卷皆因人成事者也蓋余爲友負人累巳輒致羇旅駐京住津十多年來頻驚烽火大兵凶年道路梗塞思鄉念切行李難歸遂竭本來資斧盡種鹽引三道欲辦貫山隱給適值鏡梓未完一旦聞警罄身避虜踉蹌南還詎期荆楚寇擾兵叛鹽引壅滯停行繇家鄉爲客邸四顧無門窮歸沈民部處過蒙欵留應貸周急盤桓至津收拾剩餘奸奴侵友盜寄

阬財總付於無嗔喜捨取之鄉亦守平素執持平等之悃耳所幸者板籍還里庶如苦行之頭陀不枉一生精力參訪究竟之功業離而復合身籍俱存此生尚可有爲法財正果之事也自倚居停爲道侶而來長途藉以護庇貧病得以慰濟豈非厚乎敢忘報乎誠紫陽杏林之知遇不過如是而已眞千秋之一日也且敦厚誠恪待友澹泊寧志處已雖未入道舉動合道每索丹鏡詳閱考覈肯綮言言款中見諸篇内與余二卷齊名固說偈曰地沃宜栽種枝繁果易成夙根通慧處三教一心盟

易圖丹鏡二卷木集目録

易圖丹鏡二卷木集目錄終

易圖丹鏡二卷木集

天都張星餘濬初甫集著

海上沈廷揚季明甫参訂

上古天眞論　黄帝內經

昔在黄帝生而神靈弱而能言幼而徇齊長而敦敏成而登天迺問於天師曰余聞上古之人春秋皆度百歲而動作不衰今時之人年半百而動作皆衰者時世異耶人將失之耶岐伯對曰上古之人其知道者法於陰陽和於術數食飲有節起居有常不妄作勞故能形與神俱而盡終其天年度百歲乃去今時之人不然也以酒爲漿以妄爲常醉以入房以欲竭其精以耗散其眞不知持滿不時御神務快其心逆於生樂起居無節故半百而衰也夫上古聖人之教

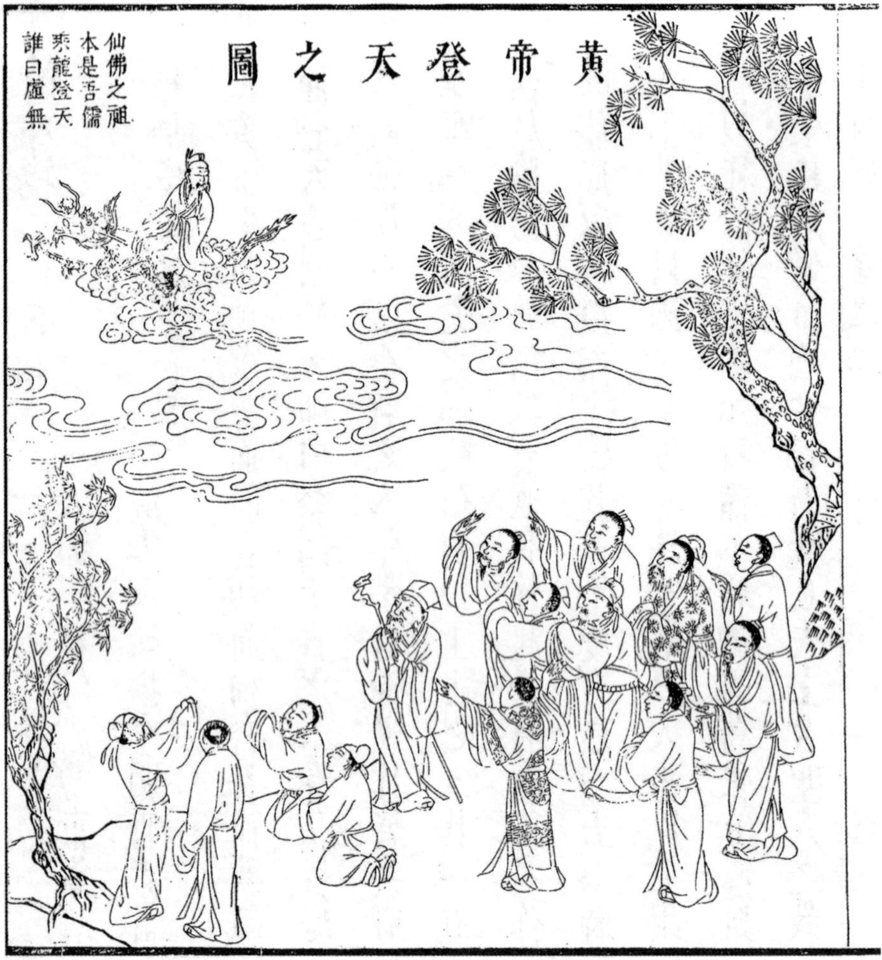

黃帝登天之圖

下也皆謂之虛邪賊風避之有時恬惔虛無真氣從之精神內守病安從來是以志閑而少欲心安而不懼形勞而不倦氣從以順各從其欲皆得所願故美其食任其服樂其俗高下不相慕其民故曰朴是以嗜欲不能勞其目淫邪不能惑其心愚智賢不肖不懼於物故合於道所以能年皆度百歲而動作不衰者以其德全不危也帝曰人年老而無子者材力盡邪將天數然也岐伯曰女子七月性門骨合則不知前世事齒生而能食膝蓋骨成能立能行矣七歲齒更髮長老陽之數極於九少陽之數次於七女子為少陰之氣故以少陽數偶之明陰陽氣和乃能生成其形體故七歲腎氣盛齒更髮長二七而天癸至任脈通太衝脈盛月事以時下故有子三七腎氣平均故真牙生而

長極四七筋骨堅髮長極身體盛壯五七陽明脈衰面始焦髮始墮六七三陽脈衰於上面皆焦髮始白七七任脈虛太衝脈衰少天癸竭地道不通故形壞而無子也丈夫八月性門合不知前世事矣齒生而能食膝蓋骨完然後能立而行八歲腎氣實髮長齒更老陰之數極於十少陰之數次於八男子為少陽之氣故以少陰數合之易繫辭曰天九地十則其數也二八腎氣盛天癸至精氣溢寫陰陽和故能有子三八腎氣平均筋骨勁強故真牙生而長極四八筋骨隆盛肌肉滿壯五八腎氣衰髮墮齒槁六八陽氣衰竭於上面焦髮鬢頒白七八肝氣衰筋不能動天癸竭精少腎藏衰形體皆極八八則齒髮去腎者主水受五藏六腑之精而藏之故五藏盛乃能寫今五

藏皆衰筋骨解墮天癸盡矣故髮鬢白身體重行步不正而無子耳帝曰有其年已老而有子者何也歧伯曰此其天壽過度氣脉常通而腎氣有餘也此雖有子男不過盡八八女不過盡七七而天地之精氣皆竭矣帝曰夫道者年皆百數能有子乎歧伯曰夫道者能却老而全形身年雖壽能生子也黄帝曰余聞上古有真人者提挈天地把握陰陽呼吸精氣獨立守神肌肉若一故能壽敝天地無有終時此其道生中古之時有至人者淳德全道和於陰陽調於四時去世離俗積精全神游行天地之間視聽八達之外此蓋益其壽命而强者也亦歸於真人其次有聖人者處天地之和從八風之理適嗜欲於世俗之間

無恚嗔之心行不欲離於世被服章舉不欲觀於俗外不勞形於事內無思想之患以恬愉爲務以自得爲功形體不敝精神不散亦可以百數其次有賢人者法則天地象似日月辯列星辰逆從陰陽分別四時將從上古合同於道亦可使益壽而有極時

廣成子謂黃帝曰至陰肅肅至陽赫赫赫赫發乎地肅肅出乎天我爲汝遂於大明之上矣至彼至陽之原也爲汝入於窅冥之門矣至彼至陰之原也軒轅再拜曰廣成子之謂天矣

生氣通天論曰陰陽之要陽密乃固兩者不和若春無秋若冬無夏因而和之是謂聖度故陽强不能密陰氣乃絕陰平陽秘精神乃治陰陽離決精氣乃絕

陰符經　廣成子著天師岐伯贊

觀天之道執天之行盡矣天有五賊見之者昌五賊在心施行於天宇宙在乎手萬化生乎身天性人也人心機也立天之道以定人也天發殺機龍蛇起陸地發殺機星辰隕伏人發殺機天地反覆天人合發萬化定基性有巧拙可以伏藏九竅之邪在乎三要可以動靜火生於木禍發必剋姦生於國時動必潰知之修煉謂之聖人贊曰人知其神而神不知不神而所以神○天生天殺盜之理也天地萬物之盜萬物人之盜人萬物之盜三盜既宜三才既安故曰食其時百骸理定其基萬化安日月有數大小有定聖功生焉神明出焉其盜機也天下莫能見莫能知贊

曰君子得之固躬小人得之輕命○瞽者善聽聾者善視絕利一源用師十倍三返晝夜用師萬倍心生於物死於物機在目天之無恩而大恩生迅雷烈風莫不蠢然至樂性餘至靜性廉天之至私用之至公禽之制在氣生者死之根死者生之根恩生於害害生於恩沉水入火自取滅亡自然之道靜故天地萬物生天地之道浸故陰陽勝陰陽相推而變化順矣是故聖人知自然之道不可違因而制之至靜之道律曆所不能契爰有奇器是生萬象八卦甲子神機鬼藏陰陽相勝之術昭昭乎進乎象矣贊曰愚人以天地文理聖我以時物文理哲人以愚虞聖我以不愚虞聖人以奇其聖我以不奇其聖

清淨經　太上著

大道無形生育天地大道無情運行日月大道無名長養萬物吾不知其名强名曰道夫道者有清有濁有動有靜天清地濁天動地靜男清女濁男動女靜降本流末而生萬物清者濁之源動者靜之基人能常清靜天地悉皆歸夫人神好清而心擾之人心好靜而慾牽之若能常遣其欲而心自靜澄其心而神自清自然六慾不生三毒消滅所以不能者爲心未澄慾未遣也能遣之者內觀其心心無其心外觀其形形無其形遠觀其物物無其物三者既悟惟見於空觀空亦空空無所空所空既無無無亦無無無既無湛然常寂寂無所寂欲豈色生欲既不生卽是眞

靜眞常應物眞常得性常應常靜常淸淨矣如此淸淨漸入眞道旣入眞道名爲得道雖名得道實無所得爲化衆生名爲得道能悟之者可傳聖道

上士無爭下士好爭上德不德下德執德執著之者不名道德衆生所以不得眞道者爲有妄心旣有妄心卽驚其神旣驚其神卽著萬物旣著萬物卽生貪求旣生貪求卽是煩惱煩惱妄想憂苦心身便遭濁辱流浪生死常沉苦海永失眞道眞常之道悟者自得得悟道者常淸靜矣

定觀經　太上著

夫欲修道先能捨事外事都絕無與忤心然後安坐內觀心起若覺一念起須除滅務令安靜其次雖非

的有貪着浮游亂想亦盡滅除晝夜勤行須臾不替唯滅動心不滅照心但凝空心不凝住心不依一法而心常住然則凡心躁競其次初學息心甚難或息不得暫停還失去留交戰百體流行久久精思方乃調熟勿以暫收不得遂廢千生之業少得靜已則於行立坐臥之時涉事之處諠鬧之所皆作意安有事無事常若無心處靜處諠其志唯一若束心太急又則成病氣發狂顛是其候也心若不動又須放任寬急得所自恒調適制而不着放而不動處諠無惡涉事無惱者此是真定不以涉事無惱故求多事不以處諠無惡强來就諠以無事爲真宅有事爲應跡若水鏡之爲鑒則隨物而現形善巧方便唯能入定慧

發遲速則不由人勿令定中急急求慧急則傷性傷則無慧若定不求慧而慧自生此名眞慧慧而不用實智若愚益資定慧雙美無極若定中念想多感衆邪妖精百魅隨心應見所見天尊諸仙眞人是其祥也惟令定心之上豁然無覆定心之下曠然無基舊業日銷新業不造無所罣礙迥脫塵籠行而久之自然得道夫得道之人凡有七候一者心得定易覺諸塵漏二者宿疾普銷身心輕爽三者塡補夭損還年復命四者延數千歲名曰仙人五者鍊形爲氣名曰眞人六者鍊氣成神名曰神人七者鍊神合道名曰至人其於鑒力隨候益明得至道成慧乃圓備若乃久學定心身無一候促齡穢質色謝方空自云慧覺

又稱成道者求道之理實所未然

護命經　太上著

無空有空無色有色無無有無有有無有終始暗昧不能自明畢竟迷惑不有中有不無中無不色中色不空中空非有爲有非無爲無非色爲色非空爲空空即是空空無定空色即是色色無定色即色是空即空是色若能知空不空知色不色名爲照了始達妙音識無空法洞觀無礙入衆妙門自然解悟離諸疑網不着空見淸靜六根斷除邪障

赤文洞古經　太上著

有動之動出於不動有爲之爲出於無爲無爲則神歸神歸則萬物寂不動則氣泯氣泯則萬物生神神

相守物物相資厥本歸根默而悟之我自識之入乎無間不死不生與天地爲一忘於目則光溢無極泯於耳則心識常淵兩機俱忘絶衆妙之門純純全全合乎大方溟溟涬涬合乎無倫天地之大我之所維萬物之衆我之所持曷有窮終以語其弊哉

養其無象象故常存守其無體體故全真全真相濟可以長久天得其真故長地得其真故久人得其真故壽世人所以不能長久者爲喪其無象散其無體不能使百骸九竅與真體并存故死矣

大通經　太上著

先天而生生而無形後天而存存而無體然而無體

未嘗存也故曰不可思議靜爲之性心在其中矣動
爲之心性在其中矣心生性滅心滅性現如空無象
湛然圓滿六道無相故內其攝於有眞性無爲故外
不生其心如如自然廣無邊際對境忘境不沉於六
賊之魔居塵出塵不落於萬緣之化致靜不動致和
不遷慧照十方虛變無爲

五厨經　太上著

一氣和泰和得一道皆泰和乃無一和玄理同玄際
不以意思意亦不求無思意而無有思是法如是持
莫將心緣心還莫住絕緣心在莫存心眞則守眞淵
修理志離志積修不符離志而不修志已業無已知
諸食氣結氣非諸久定結氣歸諸本氣隨取當隨洩

夫存一炁和泰和則五藏充滿五神靜正五藏充則滋味足五神靜則嗜慾除此經五藏之所取給如求食於廚故云五廚

唐尹愔識

日用經 太上著

夫日用者飲食則定禁口端坐莫起一念萬事俱忘存神定意眼不視物耳不聽聲一心內守調息綿綿漸漸呼出莫教間斷似有如無自然心火下降腎水上昇口裏津生靈真附體得至長生之路也十二時中常念清淨一念不起謂之清靈臺無物謂之淨身是氣之宅心是神之舍意行則神行神行則氣散神聚則五行真炁結成刀圭自然身中有身中和氣透醍醐灌頂行住坐臥常覺身體如風之行腹中如雷之鳴耳聽仙音無弦之曲不言而自聲不鼓而自鳴

神氣交結嬰兒回轉得觀內景能自言語見虛無之
事與聖同居神自出入天地齊壽脫離生死矣莫教
有損十二時中常要清淨神是氣之子氣是神之母
如鷄抱卵存神養氣能無離乎妙哉妙哉

玉樞經　太上著

道者以誠而入以默而守以柔而用用誠似愚用默
似訥用柔似拙夫如是則可與忘形可與忘我可與
忘忘入道者知止守道者知謹用道者知微能知微
則慧光生能知謹則聖智全能知止則泰定安泰定
安則聖智全聖智全則慧光生慧光生則與道爲一
是名眞忘惟其忘而不忘忘無可忘無可忘者即是
至道道在天地天地不知有情無情惟一無二

心印經　王皇著

上藥三品神與氣精恍恍惚惚杳杳冥冥存無守有頃刻而成回風混合百日功靈默朝上帝一紀飛昇知者易悟昧者難行履踐天光呼吸青清出入玄牝若亡若存綿綿不絕固蔕深根人各有精精合其神神合其炁氣合體真不得其真皆是強名神能入石神能飛形入水不溺入火不焚神依形生精依炁盈不離不殘松栢青青三品一理妙不可聽其聚則有其散則零七竅相通竅竅光明聖日聖月照耀金庭

得永得自然身輕太和充溢骨散寒瓊得丹則靈不得則傾丹在身中非白非青誦之萬遍妙理自明

胎息經　無上玉皇著

胎從伏氣中結氣從有胎中息氣入身來爲之生神去離形爲之死知神氣可以長生固守虛無以養神氣神行卽氣行神住卽氣住若欲長生神氣相注心不動念無來無去不出不入自然常住勤而行之是真道路

道德經摘要　太上著

論道章　道可道非常道名可名非常名無名天地之始有名萬物之母故常無欲以觀其妙常有欲以觀其徼此兩者同出而異名同謂之玄玄之又玄衆妙之門○

無爲章　不尚賢絕名心　使民不爭不貴難之貨絕利心　使民不爲盜不見可欲絕慾心　使心不亂是以聖人之治治身　虛其心實其腹弱其志强其骨常使民無知無

欲抱一以虛其心煉鉎以實其臟以柔而用民安國富則相火不動矣使夫知者不敢爲也爲無爲則無不治○道冲章道冲虛也而用之或不盈淵乎似萬物之宗挫其銳解其紛和其光同其塵俱是自身中用功言湛兮似若存吾不知誰之子象帝之先○守中章天地不仁殺機也以萬物譬毫毛孔竅爲芻狗聖人不仁以百姓膀胱民火爲芻狗天地之間其猶橐如囊之無底籥管之相通乎虛而不屈屈而能升動而愈出殺中有生多言數窮不如守中○谷神章谷空谷即腧也神不死是謂玄牝玄牝之門是謂天地根玄陽通天牝陰通地綿綿若存真息息用之不勤○無私章天長地久天地所以能長且久者以其不自生其神不竭故能長生是以聖人後其身以見在身爲後以未來身爲先而身先外其身以有形身爲外無形身爲內而身存非以其無私

邪不以形化形不以人生人故能成其私形乃長久○玄德章載營魄魄在
人身營營欲離抱一能無離乎專氣治柔能如嬰兒乎滌除
疵也玄覽能無疵乎愛民治國精不動搖爲民安神氣充滿爲國富能無
爲乎天門開闔坤開泥丸能無雌乎明白四達能無知乎
生之畜之生而不有爲而不恃長而不宰是謂玄德
○利用章三十輻共一轂當其無有車之用埏埴以爲
器當其無有器之用鑿戶牖以爲室當其無有室之
用故有之以爲利無之以爲用○大道章大道廢有仁
義智慧出有大僞六親不和有孝慈國家昏亂有忠
臣○孔德章孔大也德之容惟道是從道之爲物金丹藥物惟
恍惟惚惚兮恍其中有象恍兮惚其中有物眞火出於水中
窈兮冥兮其中有精眞水出於火中其精甚眞其中有信如潮

青牛何之至聖乾〻
道遠流長先天先地
星餘贊像

冺自古及今其名可名之名不去以閱校閱衆甫美也吾何以知衆甫之然哉以此指道言○自然章希言自然真鉛大音希聲窈冥中有信故飄風不終朝驟雨不終日孰爲此者天地天地尚不能久而况於人乎故從事於道者道者見道之人同於道德者體道之人同於德失者不用工之人同於失俱是這個自然同於道者道亦樂得之同於德者德亦樂得之同於失者失亦樂得之俱樂得這箇自然信不足有不信真一之水其中有信斵喪多方有不信便非自然○跂跨章跂者望也不立不能久立跨者趍也不行不能久行自見者不明自是者不彰自伐者無功自矜者不長不順自然終爲不去其在道也曰餘食多吃了飯贅行多走了路物或惡之故有道者不處也○混成章有物混成先天地生無極寂兮寥兮獨立而不改周行而不殆

可以爲天下母（生天生地生人生萬物生佛生仙）吾不知其名字之曰道强爲之名曰大大曰逝逝曰遠遠曰反（反其初）故道大天大地大王亦大域中有四大而王處一焉（當人也獨尊獨貴）人法地地法天天法道道法自然○（重靜章）

重爲輕根靜爲躁君是以君子終日行不離輜重（應重）雖有榮觀燕處超然（應靜）奈何萬乘之主（絳宮天子）而以身輕天下輕則失臣（腎中真一之水）躁則失君（液中正陽之氣）○（常德章）

知其雄（陰中之陽）守其雌（陽中之陰）爲天下谿（濟溪）爲天下谿常德（真常玄德）不離復歸於嬰兒知其白（金精）守其黑（水基）爲天下式爲天下式常德不忒（差也）復歸於無極（煉神返虛）知其榮（順成人）守其辱（逆成丹）爲天下谷爲天下谷常德乃足復歸於樸樸散則爲器聖人用之則爲官長（宮天地府萬物）故

大制不割分析也○兵强章以道佐人主者不以兵强天
下其事好還師之所處荊棘生焉大軍之後必有凶
年故善者果而已矣不敢以取强果而勿矜果而勿
伐果而勿驕果而不得已果而勿强物壯則老是謂
不道不道早已○佳兵章夫佳兵者不祥之器物或惡
之故有道者不處是以君子居則貴左用兵則貴右
兵者不祥之器非君子之器不得已而用之恬淡爲
上勝而不美而美之者是樂殺人也夫樂殺人者不
可得志於天下矣故吉事尚左凶事尚右是以偏將
軍處左上將軍處右言居上勢則以喪禮處之殺人衆多以悲
哀泣之戰勝以喪禮處之以上二章皆喻女不可妄用○得一章昔
之得一者天得一以清地得一以寧神得一以靈谷

黃庭得一以盈萬物得一以生侯王得一以爲天下貞其致之之者指上淸寧六事而言一也天無以淸將恐裂地無以寧將恐發廢同神無以靈將恐歇谷無以盈將恐竭萬物無以生將恐滅侯王無以六以字俱指一爲貞而貴高將恐蹶故貴以賤爲本高以下爲基是侯王自稱孤寡不穀此其以賤爲本邪非乎故致數車無車致數車多至敗而無車惟一乎則有車應一字不欲琭琭如玉落落如石琭琭落落多貌多則非一○聞道章上士聞道勤而行之中士聞道若存若亡下士聞道大笑之不笑不足以爲道故建言有之明道若昧○日損章爲學日益爲道日損損之又損以至於無爲無爲而無不爲矣故取天下者常以無事及其有事不足以取天下○有始章天下有始無名以爲天

下母有名先天炁既得其母以知其子後天炁既知其子復

守其母没身不殆塞其兌口閉其門耳爲精門鼻爲氣門目爲神門

終身不勤勞苦開其兌開口神氣散濟其事終身不救見小

金光曰明守柔壬水曰強用其光神光即金光復歸其明神氣相守

無遺身殃是爲襲常真常相襲長生久視○介然章使我介然有

知行於大道唯施是畏不施精生人大道甚夷積精累氣而民

好徑片餉結丹朝甚除要結丹田甚蕪倉甚虛不能積精累氣服文

采帶利劍厭飲食資財有餘是謂盜竽三尸五賊隨之而入非

道哉○玄同章知者不言言者不知塞其兌閉其門挫

其銳解其紛和其光同其塵是爲玄同不可得而親

不可得而疏不可得而利不可得而害不可得而貴

不可得而賤故爲天下貴處世御世要藥○以正章以正治國

以道全形以奇用兵以術延命以無事取天下無爲而無不爲吾何以
知其然乎以此指道天下多忌諱而民彌貧民多利器
國家滋昏民多技巧奇物滋起法令滋彰盜賊多有
多欲爲害故聖人云我無爲而民自化我好靜而民自正
我無事而民自富我無欲而民自樸四民字俱指精言○其政
章其政悶悶其民醇醇其政察察其民二民字亦指精缺缺
禍兮福所倚福兮禍所伏孰知其極其無正再無正條耶
正復爲奇善復爲妖民之迷其日固久是以聖人方
而不割廉而不劌直而不肆光而不燿此章教人守掘御呰神仙
伎倆無多子只是人間一朶呆○根蒂章治人事天莫如嗇儉也夫惟嗇
是謂早服豫能復命早服謂之重積德重積德則無不克
民安國富戰無不克無不克則莫知其極莫知其極可以有國

身以精嗇氣以氣留神也有國之母毋氣也可以長久是謂深根固蒂長生久視之道○為大章為無為事無事味無味大小多少報怨以德圖難於其易為大於其細天下難事必作於易天下大事必作於細是以聖人終不為大故能成其大夫輕諾必寡信多易必多難是以聖人猶難之故終無難○終始章其安易持其未兆易謀其脆易破其微易散為之於未有治之於未亂合抱之木生於毫末九層之臺起於累土千里之行始於足下為者敗之執者失之聖人無為故無敗無執故無失民之從事常於幾成而敗之慎終如始則無敗事是以聖人欲不欲不貴難得之貨學不學泊然無事復衆人之所過以輔萬物之自然而不敢為○配天章善

爲士不武善戰者不怒善勝敵者不爭善用人者爲之下是謂不爭之德是謂用人之力是謂配天古之極喻用兵○輕敵章用兵有言吾不敢爲主而爲客不敢進寸而退尺是謂行無行攘無臂仍因也因敵者無敵無敵執無兵禍莫大於輕敵輕敵幾喪吾寶故抗兵相加哀者勝矣與上俱喻用兵○知我章吾言甚易知甚易行天下莫能知莫能行言有宗事有君夫惟無知是以不我知知我者希則我者貴是以聖人被褐懷玉○天網章勇於敢則殺剪除妄念妄念殺而生勇於不敢則活抱一自守不敢欲速此念雖活久之而死此兩者或利或害利中有害害中有利天之所惡孰知其故是以聖人猶難之天之道不爭而善勝不言而善應不召而自來坦然而善謀天網恢恢踈而不

失一作漏○左契章和大怨必有餘怨安可以爲善是以
聖人執左契而不責於人有德司契乎契也無德司徹
分別也天道無親常與善人○小國章小國適意一丘一壑寡民
使有什伯人之器而不用使民重死而不遠徙雖有
舟輿無所乘之雖有甲兵無所陳之使民復結繩而
用之甘其食美其服安其居樂其俗鄰國相望雞犬
之聲相聞民至老死不相往來此即亢食子居畏壘其自專一壑意○
信言不美美言不信善者不辯辯者不善知者不博
博者不知聖人不積既以爲人已愈有既以與人已
愈多天之道利而不害聖人之道爲而不爭
孔子曰鳥吾知其能飛魚吾知其能遊獸吾知其
能走走者可以爲網遊者可以爲綸飛者可以爲
矰至於龍吾不知其乘風雲
而上天也老子其猶龍乎

大學　孔聖著

大學之道在明明德在親民在止於至善知止而后有定定而后能靜靜而后能安安而后能慮慮而后能得物有本末事有終始知所先後則近道矣古之欲明明德於天下者先治其國欲治其國者先齊其家欲齊其家者先脩其身欲脩其身者先正其心欲正其心者先誠其意欲誠其意者先致其知致知在格物物格而后知至知至而后意誠意誠而后心正心正而后身脩身脩而后家齊家齊而后國治國治而后天下平自天子以至於庶人壹是皆以修身爲本其本亂而末治者否矣其所厚者薄而其所薄者厚未之有也

窅冥中圖

天地絪緼

萬物化醇

昏刼輪圖

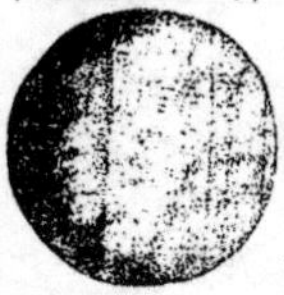

欲蔽靈亡

墮落苦海

恍惚兆圖

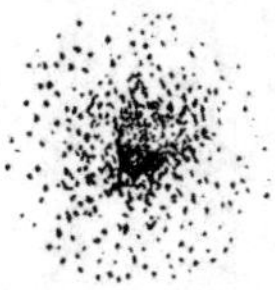

無極之極

漸凝成一

著境迷圖

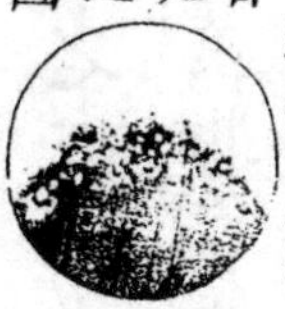

物欲所蔽

有時而昏

明明德圖

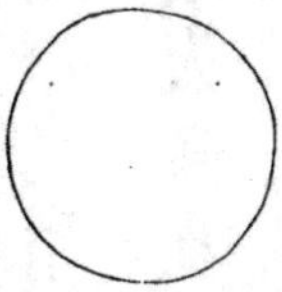

至善之地

萬刼常明

覺照勤圖

不怕念起

惟恐覺遲

明明德者如皓日當空虛靈圓昇萬古常明壽敝天地然無形而爲體在人爲性圓陀陀光爍爍從虛無中來故曰天命之謂性以心爲用心靜則合於體而常明於道矣心有所欲是爲七情牽引遂離於體而背於道矣止於至善者善非今生福祿壽安享冨貴受用榮華者也善即天命之性乃萬物之靈不可使須臾物欲所蔽而至昏亡墮落也聖人教人修之是復其常明而爲至善之地故儒曰執中一貫存心養性道曰守中得一修心鍊性釋曰空中歸一明心見性皆是明明德也在親民者即道德經民安國富也萬物俱無此靈明故曰此身不向今生度更向何生度此身

星餘註圖說

中庸　子思子述

天命之謂性率性之謂道脩道之謂教道也者不可須臾離也可離非道也是故君子戒愼乎其所不睹恐懼乎其所不聞莫見乎隱莫顯乎微故君子愼其獨也喜怒哀樂之未發謂之中發而皆中節謂之和中也者天下之大本也和也者天下之達道也致中和天地位焉萬物育焉

性命之圖

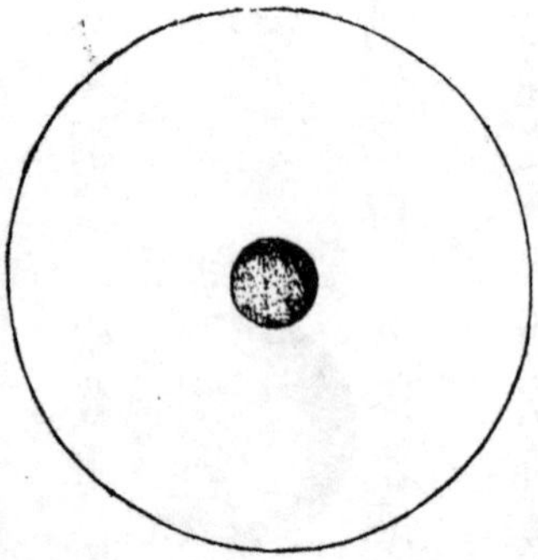

先儒曰天如卵白地如卵黄上圖是也天地之形也即太極也天地之太極雖青萬物於內而不自生所以能長久也萬物之太極以其自生故亦自滅原夫識神實良知之能所以生息無窮盡矣天命之謂性率性之謂道修道之謂教聖人於是刻刻提撕毋縱識神之欲也已

星餘註

顏曾思孟
道統清夷
家齊國治
物格致知
帝皇頂禮
至聖先師
星餘熏沐
像頌

周易繫辭傳摘要　文周孔聖著

◎文王曰大哉乾元萬物資始乃統天○雲行雨施品物流形大明終始六位時成時乘六龍以御天乾道變化各正性命保合太和乃利貞○首出庶物萬國咸寧○周公曰天行健君子以自強不息○孔子曰同聲相應同氣相求水流濕火就燥雲從龍風從虎聖人作而萬物覩本乎天者親上本乎地者親下則各從其類也○乾始能以美利利天下不言所利大矣哉○大哉乾乎剛健中正純粹精也○時乘六龍以御天也雲行雨施天下平也○夫大人者與天地合其德與日月合其明與四時合其序與鬼神合其吉凶先天而天弗違後天而奉天時天且弗違而

况於人乎况於鬼神乎◎其惟聖人乎知進退存亡
而不失其正者其惟聖人乎◎至哉坤元萬物資生
乃順承天◎坤厚載物德合無疆含弘光大品物咸
亨◎文言曰坤至柔而動也剛至靜而德方後得主
而有常含萬物而化光坤道其順乎承天而時行◎
積善之家必有餘慶積不善之家必有餘殃臣弑其
君子弑其父非一朝一夕之故其所由來者漸矣由
辯之不早辯也易曰履霜堅冰至蓋言順也◎陰雖
有美含之以從王事弗敢成也地道也妻道也臣道
也地道無成而代有終也◎君子黄中通理正位居
體美在其中而暢於四支發於事業美之至也◎易
與天地準故能彌綸天地之道◎仰以觀於天文俯

以察於地理是故知幽明之故原始反終故知死生
之說精氣爲物遊魂爲變是故知鬼神之情狀○與
天地相似故不違知周乎萬物而道濟天下故不過
旁行而不流樂天知命故不憂安土敦乎仁故能愛
○範圍天地之化而不過曲成萬物而不遺通乎晝
夜之道而知故神無方而易無體○一陰一陽之謂
道○繼之者善也成之者性也仁者見之謂之仁智
者見之謂之智百姓日用而不知故君子之道鮮矣
顯諸仁藏諸用鼓萬物而不與聖人同憂盛德大業
至矣哉富有之謂大業日新之謂盛德生生之謂易
成象之謂乾效法之謂坤○極數知來之謂占通變
之謂事陰陽不測之謂神○夫易廣矣大矣以言乎

遠則不禦以言乎邇則靜而正以言乎天地之間則備矣○夫乾其靜也專其動也直是以大生焉夫坤其靜也翕其動也闢是以廣生焉○廣大配天地變通配四時陰陽之義配日月易簡之善配至德○易其至矣乎夫易聖人所以崇德而廣業也智崇禮卑崇效天卑法地天地設位而易行乎其中矣成性存存道義之門○君子居其室出其言善則千里之外應之況其邇者乎居其室出其言不善則千里之外違之況其邇者乎言出乎身加乎民行發乎邇見乎遠言行君子之樞機也樞機之發榮辱之主也言行君子之所以動天地也可不慎乎○易無思也無爲也寂然不動感而遂通天下之故非天下之至神其

孰能與於此○夫易聖人之所以極深而研幾也唯深也故能通天下之志唯幾也故能成天下之務唯神也故不疾而速不行而至○聖人以此洗心退藏於密神以知來智以藏往○是以明於天之道而察於民之故是與神物以前民用聖人以此齋戒以神明其德夫○是故闔戶謂之坤闢戶謂之乾一闔一闢謂之變往來不窮謂之通見乃謂之象形乃謂之器制而用之謂之法利用出入民咸用之謂之神○是故天生神物聖人則之天地變化聖人效之天垂象具吉凶聖人象之河出圖洛出書聖人則之○易曰自天祐之吉無不利子曰祐者助也天之所助者順也人之所助者信也履信思乎順又以尚賢也是

以自天祐之吉無不利○子曰書不盡言言不盡意然則聖人之意其不可見乎子曰聖人立象以盡意設卦以盡情僞係辭以盡其言變而通之以盡利鼓之舞之以盡神○乾坤其易之緼耶乾坤成列而易立乎其中矣乾坤毀則無以見易易不可見則乾坤或幾乎息矣○是故形而上者謂之道形而下者謂之器化而裁之謂之變推而行之謂之通舉而措之天下之民謂之事業○化而裁之存乎變推而行之存乎通神而明之存乎其人默而成之不言而信存乎德行○天地之道貞觀者也日月之道貞明者也天下之動貞夫一者也夫乾確然示人易矣夫坤隤然示人簡矣○天地之大德曰生聖人之大寶曰位

何以守位曰仁何以聚人曰財理財正辭禁民爲非曰義○古者包犧氏之王天下也仰則觀象於天俯則觀法於地觀鳥獸之文與地之宜近取諸身遠取諸物於是始作八卦以通神明之德以類萬物之情○是故君子安而不忘危存而不忘亡治而不忘亂○知幾其神乎君子上交不諂下交不瀆其知幾乎幾者動之微吉之先見者也君子見幾而作不俟終日○天地絪縕萬物化醇男女構精萬物化生○君子安其身而後動易其心而後語定其交而後求君子脩此三者故全也危以動則民不與也懼以語則民不應也無交而求則民不與也莫之與則傷之者至矣○旣有常典苟非其人道不虛行○易之爲書

也不可遠其爲道也屢遷動不居周流六虛上下無常剛柔相易不可爲典要唯變所適○易之爲書也廣大悉備有天道焉有人道焉有地道焉兼三才而兩之故六六者非他也三才之道也窮理盡性以至於命○昔者聖人之作易也將以順性命之理是以立天之道曰陰與陽立地之道曰柔與剛立人之道曰仁與義兼三才而兩之故易六畫而成卦分陰分陽迭用柔剛故易六位而成章○有天地然後有萬物有萬物然後有男女有男女然後有夫婦有夫婦然後有父子有父子然後有君臣有君臣然後有上下有上下然後禮義有所錯夫婦之道不可以不久也

指天指地自大自尊
空中常見不二法門
星餘贊像

梁武帝問達磨祖師曰朕即位以來造寺寫經度僧不可勝紀有何功德祖曰並無功德帝曰何以無功德祖曰此但人天小果有漏之因如影隨形雖有非實帝曰如何是眞功德祖曰淨智妙圓體自空寂如是功德不以世求帝又問如何是聖諦第一義祖曰廓然無聖帝曰對朕者誰祖曰不識帝不悟祖知機不契遂潛江北授二祖曰諸佛法印匪從人得又示楊衒之曰須明他心知其今古不厭有無於法無取不賢不愚無迷無悟若能是解故稱爲祖偈曰亦不覩惡而生嫌亦不觀善而勤措亦不捨智而近愚亦不抛迷而就悟達大道兮過量通佛心兮出度不與凡聖同躔超然名之曰祖

玄既西行
禪亦東度
騎牛踏蘆
總是這個
星餘贊像

摩訶般若波羅蜜多心經

觀自在菩薩行深般若波羅蜜多時照見五蘊皆空度一切苦厄舍利子色不異空空不異色色卽是空空卽是色受想行識亦復如是舍利子是諸法空相不生不滅不垢不淨不增不減是故空中無色無受想行識無眼耳鼻舌身意無色聲香味觸法無眼界乃至無意識界無無明亦無無明盡乃至無老死亦無老死盡無苦集滅道無智亦無得以無所得故菩提薩埵依般若波羅蜜多故心無罣礙無罣礙故無有恐怖遠離顛倒夢想究竟涅槃三世諸佛依般若波羅蜜多故得阿耨多羅三藐三菩提故知般若波羅蜜多是大神咒是大明咒是無上咒是無等等咒

能除一切苦眞實不虛故說般若波羅蜜多咒即說
咒曰揭諦揭諦波羅揭諦波羅僧揭諦菩提薩婆訶
摩訶般若波羅蜜多心經是梵語六祖曰菩提般
若之智世人本自有之只緣心迷不能自悟須假
大善知識示導見性當知愚人智人佛性本無差
別只緣迷悟不同所以有愚有智吾今爲說摩訶
般若波羅蜜法使汝等各得智慧志心諦聽吾爲
汝說世人終日口念般若不識自性般若猶如說
食不飽口但說空萬劫不得見性終無有益經者
徑也此須心行不在口念口念心不行如幻如化
如露如電口念心行則心口相應本性是佛離性
無別佛何名摩訶

心如虛空不著空見應用無礙動靜無心
凡聖情忘能所俱滅見自本性性相如如
無動無靜無生無滅無去無來無是無非
無住無往

兀兀不修
善騰騰不
造惡寂寂
斷見聞蕩
蕩心無著

何期自性本自清淨何期自性本不生滅
何期自性本自具足何期自性本無動搖
何期自性能生萬法又曰心生種種法生
心滅種種法滅自心是無外無別佛

星餘

摩訶是大心量廣大猶如虗空無有邊畔亦無方圓大小亦非青黄赤白亦無上下長短亦無嗔無喜無是無非無善無惡無有頭尾諸佛刹土盡同虗空世人妙性本空無有一法可得自性眞空亦復如是善知識莫聞吾說空便即著空第一莫著空若空心靜坐即著無記空世界虗空能含萬物色像日月星宿山河大地泉源溪磵艸木叢林惡人善人惡法善法天堂地獄一切大海須彌諸山總在空中世人性空亦復如是善知識自性能含萬法是大萬法在諸人性中若見一切人惡之與善盡付之不取不捨亦不染著心如虗空名之爲大故曰摩訶迷人口說智者心行又有迷人空心

靜坐百無所思自稱爲大此一輩人不可與語爲
邪見故善知識心量廣大徧周法界用即了了分
明應用便知一切一切即一一即一切去來自由
心體無滯即是般若善知識一切般若智皆從自
性而生不從外入莫錯用意名爲眞性自用一眞
一切眞心量大事不行小道口雖終日說空心中
不修此行恰似凡人自稱國王終不可得非吾弟
子善知識何名般若

般若者唐言智慧也一切處所一切時中念念不
愚常行智慧即是般若行一念愚即般若絕一念
智即般若生世人愚迷不見般若口說般若心中
常愚常自言我修般若念念說空不識眞空般若

無形相智慧心即是若作如是解即名般若智何名波羅蜜

波羅蜜者乃是西竺語唐言到彼岸解義離生滅著境生滅起如水有波浪即名爲此岸離境無生滅如水常通流即名爲彼岸故號波羅蜜善知識迷人口念當念之時惟妄惟非念念若行是名真性悟此法者是般若法修此行者是般若行不修即凡一念修行自身等佛善知識凡夫即佛煩惱即菩提前念迷即凡夫後悟悟即佛前念著境即煩惱後念離境即菩提善知識摩訶般若波羅蜜最尊最上最第一無住無往亦無來三世諸佛從中出當用大智慧打破五蘊煩惱塵勞如此修行

定成佛道變三毒爲戒定慧善知識我此法門從一般若生八萬四千智慧何以故爲世人有八萬四千塵勞若無塵勞智慧常現不離自性悟此法者即是無念無憶無著不起誑妄用自眞如性以智慧觀照於一切法不取不捨即是見性成佛道善知識若欲入甚深法界及般若三昧者須修般若行持誦金剛般若經即得見性當知此功德無量無邊經中分明讚歎莫能具說此法門是最上乘爲大智人說爲上根人說小根小智人聞心生不信何以故譬如大龍下雨於閻浮提城邑聚落悉皆漂流如漂棗葉若雨大海不增不減若大乘人若最上乘人聞說金剛經心開悟解故知本性

自有般若之智自用智慧常觀照故不假文字譬如雨水不從天有元是龍能興致令一切衆生一切草木有情無情悉皆蒙潤百川衆流却入大海合爲一體衆生本性般若之智亦復如是善知識小根之人聞此頓教猶如草木根性小者若被大雨悉皆自倒不能增長小根之人亦復如是元有般若之智與大智人更無差別因何聞法不自開悟緣邪見障重煩惱根深猶如大雲覆蓋於日不得風吹日光不現般若之智亦無大小爲一切衆生自心迷悟不同迷心外見修行覓佛未悟自性即是小根若開悟頓教不執外修但於自心常起正見煩惱塵勞常不能染即是見性善知識內外

不住去來自由能除執心通達無礙能修此行與般若經本無差別善知識一切修多羅及諸文字皆因人置因智慧性方能建立若無世人一切萬法本自不有故知萬法本自人興一切經書因人說有緣其中人有愚有智愚爲小人智爲大人愚者問於智人智者與愚人說法愚人忽悟解心開即與智人無別善知識不悟即佛是衆生一念悟時衆生是佛故知萬法盡在自心何不從自心中頓見眞如本性菩薩戒經云我本元自性清淨若識自心見性皆成佛道淨名經云即時豁然還得本心善知識我於忍和尚處一聞言下便悟頓見眞如本性是以將此教法流行令學道者頓悟菩

提各自觀心自見本性若自不悟須覓大善知識解最上乘法者直示正路是善知識有大因緣所謂化導令得見性一切善法因善知識能發起故三世諸佛十二部經在人性中本自具有不能自悟須求善知識指示方見若自悟者不假外求若一向執謂須要他善知識方得解脫者無有是處何以故自心內有知識自悟若起邪迷妄念顛倒外善知識即有教授救不可得若起正真般若觀照一剎那間妄念俱滅識自本性一悟即至佛地善知識智慧觀照內外明徹識自本心若識本心即本解脫若得解脫即是般若三昧般若三昧即是無念何名無念若見一切法心不染著是爲無

念用即徧一切處亦不著一切處但淨本心使六識出六門於六塵中無染無雜來去自由通用無滯即是般若三昧自在解脫名無念行若百不思常令念絕即是法縛即名邊見善知識悟無念法者萬法盡通悟無念法者見諸佛境界悟無念法者至佛地位善知識後代得吾法者將此頓教法門於同見同行發願受持如事佛故終身而不退者定入聖位然須傳授從上已來默傳分付不得匿其正法若不同見同行在別法中不得傳付損彼前人究竟無益恐愚人不解謗此法門百劫千生斷佛種性善知識吾有一無相頌各須誦取在家出家但依此修若不自修惟記吾言亦無有益

聽吾頌曰　說通及心通如日處虛空惟傳見性法出世破邪宗法即無頓漸迷悟有遲疾只此見性門愚人不可悉說即雖萬般合理還歸一煩惱暗宅中常須生慧日邪來煩惱至正來煩惱除邪正俱不用清淨至無餘菩提本無性起心即是妄淨心在妄中但正無三障世人若修道一切盡不妨常見自已過與道即相當色類自有道各不相妨惱離道別覓道終身不見道波波度一生到頭還自懊欲得見真道行正即是道自若無道心闇行不見道若真修道人不見世間過若見他人非自非却是左他非我不非我非自有過但自却非心打除煩惱破憎愛不關心長伸兩脚卧欲擬化

他人自須有方便勿令彼有疑即是自性現佛法
在世間不離世間覺離世覓菩提恰如求兎角正
見名出世邪見是世間邪正盡打却菩提性宛然
此頌是頓教亦名大法船迷聞經累劫悟則刹那
間　韋刺史問曰弟子常見僧俗念阿彌陀佛願
生西方請和尚說得生彼否願爲破疑祖曰使君
善聽慧能與說世尊在舍衛城中說西方引化經
文分明說去此不遠若論相說里數有十萬八千
即身中十惡八邪便是說遠說遠爲其下根說近
爲其上智人有兩種法無兩般迷悟有殊見有遲
疾迷人念佛求生於彼悟人自淨其心所以佛言
隨其心淨則佛土淨使君東方人但心淨即無罪

雖西方人心不淨亦有愆東方人造罪念佛求生西方西方人造罪念佛求生何國凡愚不了自性不識身中淨土願東願西悟人在處一般所以佛言隨所住處恒安樂使君心地但無不善西方去此不遥若懷不善之心念佛往生難到今勸善知識先除十惡即行十萬後除八邪乃過八千念念見性常行平直到如彈指便覩彌陀使君但行十善何須更念往生不斷十惡之心何佛即來迎請若悟無生頓法見西方只在刹那不悟念佛求生路遥如何得達惠能與諸人移西方於刹那間目前便見各願見否衆皆頂禮云若此處見何須更願往生願和尚慈悲便現西方普令得見祖曰大

衆世人自色身是城眼耳鼻舌是門外有五門內有意門心是地性是王王居心地上性在王在性去王無性在身心存性去身心壞佛向性中作莫向身外求自性迷即是衆生自性覺即是佛慈悲即是觀音喜捨名爲勢至能淨即釋迦平直即彌陀人我是須彌邪心是海水煩惱是波浪毒害是惡龍虛妄是鬼神塵勞是魚鱉貪嗔是地獄愚癡是畜生善知識常行十善天堂便至除人我須彌倒去邪心海水竭煩惱無波浪滅毒害忘魚龍絕自心地上覺性如來放大光明外照六門清淨能破六欲諸天自性內照三毒即除地獄等罪一時消滅內外明徹不異西方不作此修如何到彼大

衆聞說了然見性悉皆禮拜俱歎善哉唱言普願法界衆生聞者一時悟解祖曰若欲修行在家亦得不由在寺在家能行如東方人心善在寺不修如西方人心惡但心清淨即是自性西方　韋公又問在家如何修行願爲教授祖曰人與大衆作無相頌但依此修常與吾同處無别若不作此修剃髮出家於道何益頌曰　心平何勞持戒行直何用修禪恩則親養父母義則上下相憐讓則尊卑和睦忍則衆惡無喧若能鑽木出火淤泥定生紅蓮苦口的是良藥逆耳必是忠言改過必生智慧護短心內非賢日用常行饒益成道非由施錢菩提只向心覓何勞向外求玄聽說依此修行天

堂只在目前祖復曰善知識總須依偈修行見取
自性直成佛道法不相待幻寄曰祖師教人除人我去邪心與秀師時時勤拂拭是同是別若道是別別在甚處若道是同秀師何以不契黃梅若道此是第二頭語祖師又云依偈修行直成佛道不爲第二頭語也於此徹證始有參學分不然特是念言語漢祖師雖日在前未如之何又當用大智慧打破五蘊煩惱塵勞祖語也無念無憶無著祖訓也而對薛簡則斥以智慧照破煩惱對卧輪則云不斷百思想法道何不作也是以與作竹篦則觸不與作竹篦則背不得有言不得無言須彌山乾矢橛青州布衫廬陵米價皆使參學者入壇經之妙筏必契此而後可云能讀壇經也今人讀此者率謂明白簡易無疑於心而於諸方風馳電轉之機則又茫若是未夢見壇經者也果能契於壇經彼風馳電轉者直家常茶飯耳何復疑哉示衆云善
知識我此法門以定慧爲本大衆勿迷言定慧別
定慧一體不是二定是慧體慧是定用即慧之時
定在慧即定之時慧在定若識此義即是定慧等

學諸學道人莫言先定發慧先慧發定各別作此見者法有二相口說善語心中不善空有定慧定慧不等若心口俱善內外一種定慧即等自悟修行不在於諍若諍先後即同迷人不斷勝負却增我法不離四相善知識定慧猶如何等猶如燈光有燈即光無燈即暗燈是光之體光是燈之用名雖有二體本同一此定慧法亦復如是　又云善知識云何立無念爲宗只緣口說見性迷人於境上有念念上便起邪見一切塵勞妄想從此而生自性本無一法可得若有所得妄說禍福即是塵勞邪見故此法門立無念爲宗善知識無者無何事念者念何物無者無二相無諸塵勞之心念者

念眞如本性眞如即是念之體念即是眞如之用
眞如自性起念非眼耳鼻舌能念眞如有性所以
起念眞如若無眼耳色聲當時即壞善知識眞如
自性起念六根雖有見聞覺知不染萬境而眞性
常自在故經云能善分別諸法相於第一義而不
動　又云此門坐禪元不著心亦不著淨亦不是
不動若言著心心元是妄知心如幻故無所著也
若言著淨人性本淨由妄念故蓋覆眞如但無妄
想性自清淨起心著淨却生淨妄妄無處所著者
是妄淨無形相卻立淨相言是工夫作此見者障
自本性却被淨縛善知識若修不動者但見一切
人時不見人之是非善惡過患即是自性不動善

知識迷人身雖不動開口便說他人是非長短好惡與道違背若著心著淨即障道也　無相頌曰迷人修福不修道只言修福便是道布施供養福無邊心中三惡元來造擬將修福欲滅罪後世得福罪還在但向心中除罪言各自性中真懺悔忽悟大乘真懺悔除邪行正即無罪學道常於自性觀即與諸佛同一類吾祖惟傳此頓法普願見性同一體若欲當來覓法身離諸法相心中洗努力自見莫悠悠後念忽絕一世休若悟大乘得見性虔恭合掌至心求　祖曰若欲成就種智須達一相三昧一行三昧凡一切處而不住相於彼相中不生憎愛亦無取捨不念利益成壞等事安閑恬靜虛融澹泊是一相三昧凡於一切處行住坐臥純一坐心不動道場真成淨土此名一行三昧如地有種含藏長養成就其實矣

儒者之學以盡性爲宗性者萬劫無漏之眞體祇緣形生以後假合爲身而凡心乘之未免有漏故假修命之術以鍊補之使滲除凡心復還無漏之體所謂借假脩眞修命正所以復性也即以養生家言之性以心言命以身言心屬於乾身屬於坤身心兩字即火即藥一切斤兩法度老嫩淺深皆取則於眞息眞息者性命之玄機非有待於外也是故盡性以至命者聖人之事修命以復性者學者之事及其成功一也若謂吾儒不足以養生而别取於命術是自小也老氏長生之說自有所指非執吝形骸之謂養生家未免滯於形骸即爲凡心有漏之因並老氏之指失之矣

吾人之性本自圓明周匝徧滿虛豁靈徹無體像可擬非思議可及惟中惟一而已○性之神識動而爲心則圓者半蝕明者半暗有所倚而弗中矣◒心識發而爲意則蝕暗過半貳以二參以三而不一矣⊖意識流而爲情則圓明之體全背其違禽獸不遠●故列心意情識三圖以別之

性之神識感物而動謂之心心識爲物所感謂之意意識爲物所蔽謂之情格物者非格去外物及格去我交物之識也使此識不我蔽不我惑不我動也故正心誠意即是格物意識心正即是物格復性即是致知性復即是知至誠正之外非別有格心意識之外非別有物天性之外非別有知也格

致誠正名目有四其實是一時事中人以上可以言頓格中人以下須漸格也

或問寂然不動爲性之體感而遂通爲性之用然則感屬心乎曰否心則爲物所動已涉神識有通有塞此一感字乃性之覺未涉神識故無所不通道典謂天下之事吾則應之以性而不對之以心是也聖人應物寂而常覺賢者應物覺而常寂故曰普物無心順事無情也寂然者澄湛自得無意必固我之私故曰不動感通者物來順應無思惟擬議之留故曰遂通皆未涉心意識以前事

天命之謂性命字有長存不滅之義言性者長存不死之物也心意非其倫也蓋心意緣物而起物去

而滅其名爲識虚假之物也性則物來亦不起物去亦不滅了然常知迎之不見其始尾之不見其終其名曰知真實之物也率性謂道言頓悟此性也修道謂教言漸悟此性也頓悟誠而明知至也漸修明而誠致知也知性則知天天道也修身以立命人道也

無欠無餘之謂盡中庸盡性之盡言無欠也孟子盡心之盡言無餘也人之所以不能明性之明德者以有心爲累意必固我皆心也有一於此則性爲之蔽矣四心盡絕而無有則明德如日之方中群陰掃迹矣故心盡無餘而後知性也道與曰心現則性滅性現則心滅言心性不兩立也蓋性者純

乎天者也故知性則知天矣知天云者盡心以至
于命也道典曰神歸性根謂之復命此一節言頓
悟之事
聖人之道雖貴無心然識垢未除心豈能盡其妙也
必克念而後可以無念存心而後可以無心如此
雖未至於知性亦不失爲養性雖未至於知天亦
不失爲事天但恐中道而畫正玏爲病耳誠能一
息尚存此志弗懈則緝照光明身修性復天命亦
由我而立矣故曰所以立命此一節言漸修之事
瞬有存息有養瞬屬目爲神出入之門息屬鼻爲氣
出入之門神屬性氣屬命瞬息相依則神與氣相
抱神氣相抱則魂與魄相附魂魄相附則性命在

我而聖域不遠矣此存心養性之第一關也釋以數息觀爲初門道典謂人之息與天地相合

天性之靈明爲知心意之曉了爲識知是德識是病知之德曰智識之病曰惑向背之間而已背覺合塵爲惑背塵合覺爲智心意是惑誠正是智念起是識覺之是智識中有識曰凡智中有智曰聖內典云郎其情識示現智海不離塵勞繁與妙用此轉識爲智之法故曰聖人之道在夫人日用常行閒耳

大都此性主於悟而後可以言入聖不能悟而但能解今之講學是也此之謂話餅雖吶吶至老終不濟事然悟非參禪别無入路顔子之坐忘佛之頓

悟道之定觀皆一法也世人談性惡聞禪學蓋歆宋儒之毒而然矮人觀場隨人道妍醜而已却不曾實見若要實見必須大悟若干偏小悟不知數然後可以言聖域之優入耳以上洪李中溪語

心有眞有妄何謂妄念念起滅陸續不息者是也過去見在未來隨境遷流攀緣不已衆生日用思慮浮遊認賊爲子失却元常故受輪轉何謂眞本來面目寂然不動者是也從無始來妙湛圓常堅固不壞了了常知靈靈眞覺諸佛祖師印証此心之全體而剔脫玲瓏轉入無盡者也妄心又謂之識神眞心卽謂之佛性學佛初步正恐眞妄交錯金鑛混淆若眞妄二相了然分明則回機內照如珠

發光圓常之真超然獨露然後轉入無盡二事雙融乃脫生死得大受用葢衆生者從真起妄而叅請者覺妄還真及乎真體洞明則復真妄雙遣徹証無心矣華嚴曰理事含容心心無礙楞嚴曰心精徧圓含裹十方

老子曰人心排下而進上上下囚殺淖約柔乎剛强廉劌雕琢其熱焦火其寒凝水其疾俛仰之間而再撫四海之外其居也淵而靜其動也懸而天僨驕而不可制者其惟人心乎楞嚴曰如是擾亂相待生勞勞久發塵自相渾濁由是引起塵勞煩惱孟子曰操之則存舍之則亡出入無時莫知其鄉三教之論心如此皆謂妄心擾動真性

八識歸元圖

第六八個一人痴獨有一個最伶俐五個門前做買賣一個家中作主伶俐者即第六意識也此識爲五賊之主司乃輪廻之種子三界凡夫無一人不遭此沉溺故圓覺經云先斷無始輪廻根本者斷此意識也痴者指第七傳送識而言主伶者即第八阿賴耶識是也此識謂之總報主投胎時是他先來捨身時是他後去故曰去後來先作主公

軒轅稱九竅　如來標八識　太極歸無極

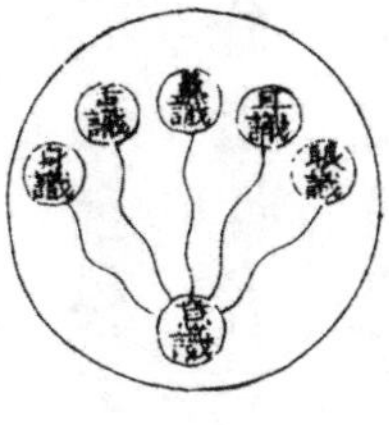

第七傳送識

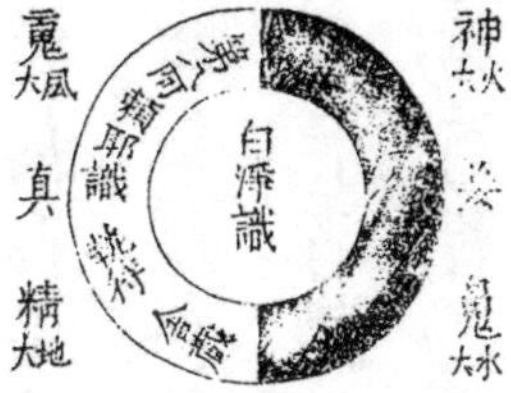

境屬風即五識　六識屬波　七識屬浪　八識屬心海　九識屬湛性

八識者皆屬無明色身已上事外起九識名曰白淨識不屬無明不落因果不假修証不受一塵故宗門謂曰實際理地離一切相建化門中不捨一法具足一切實而言之以上八個識屬漸第九識屬頓何則然色身幻化故假修証法身無相猶若虛空故不假修爲今以圖像會意揀妄明真勿令認賊爲子

八識歸元說

釋氏謂人之受生必從父精母血與前生之識神三相合而後成胎精氣受之父母神識不受之父母也蓋從無始刼流來亦謂之生滅性故曰生滅與不生滅和合而成八識也蓋造化間有箇萬古不移之真宰又有箇與時推移之氣運真宰與氣運合是謂天命之性天命之性者元神也氣質之性者識神也故儒家有變化氣質之言禪宗有返識爲智之法今人妄認方寸中有箇昭昭靈靈之物渾然與物同體便以爲元神在是殊不知此即死死生生之本非不生不滅之元神也噫識識易去識難若不以天命元神而戰退無明業識終在生滅場中未有出頭日也

日用工夫以元神爲主何爲元神內念不萌外想不入獨吾自主謂之元神三教聖人皆是發明此義先天一點靈明是曰性從虛無生靈是曰神神妙萬物而爲言也未入殼子內則上下與天地同流旣歸人身各有所附人無此靈則頑然一物而已神

居泥丸

先天一氣散於周天息數之內在天爲三百六十五度在易爲三百八十四爻在丹道爲三百八十四銖每二十四銖爲一兩以按金丹一斤之數本來無質聚則成形顯則成象萬物得此數而生還丹得此數而結數在天地含於冬至之前數在人身含於念頭之前且冬夏二至乃天地之數一升一降之機關一呼一吸乃人身之數一出一入之門戶金丹

之道以人身一呼一吸之中念頭一動一靜之處
合天地一周之數假此而調停謂之採藥假此而
攢簇謂之煉丹必首尾相應內外符合自轆轤而
泥丸送下丹田會於生殺之舍恍恍惚惚杳杳冥
冥似有如無非空非色情濃如正酣身快如浴起
不及片時結成黍米名曰刀圭此還丹之景象也
清風爲巽
濁氣爲離
良知宗旨從一念入微處著察乃是入聖真機世間
豪傑多在識上承領一切應感有分別者識也無
分別者智也目能別色耳能別聲妍媸清濁了然
不爽是名爲識目之於色耳之於聲湛然寂靜不
於一法而生分別是名爲智變識爲智非是去識

以全知耳目不離聲色而一毫不爲所引天聰明也是爲默識此性命根源太易艮背行庭之旨也良知是徹上徹下眞種子智雖頓悟行則漸修如善才在文殊會下得根本智所謂頓也在普賢行門參德雲五十三善知識盡差別智以表所悟之實際所謂漸也此學全在悟門悟門不開無所徵學然悟不可言思期必而得吾儒之良知即禪門之覺照皆智而非識也

古人立教皆爲未悟者設不得已而有言父母未生以前本無污染何須修證故教有顯有密凡有言可詮有思可得列爲六經散爲百行種種色色可倪可象所謂顯也父母未生以前玄玄淨淨言思路絶不可執尋不可污染所謂密也

人生而靜天之性也此性在人爲甚眞卽本覺也卽道體也卽未發之中得一之一也及感物而動所謂本覺者不守自性從眞起妄背覺合塵矣違眞背覺然後有心意情識之名眞則不貳違眞則貳貳以二參以三同歸於妄而已不覺故也惟其不覺是以妄認軀殼爲我而不知本覺之爲眞我妄認六塵爲心而不知本覺之爲眞心世之講學者又皆以識神爲覺而實非本覺也以見解爲悟而實非眞悟也此無他性心意情識等義未及犁然是以覺路不開見惑爲病

夫人之所以欲壽其身者豈非以身爲我有乎然以身爲我之所有則可謂身爲我則未也夫耳目鼻

口四肢百骸塊然器也而非性也視聽言動雖出於性然亦非性之體也盖交於物之用也此皆與器同盡者也性也者靈明獨照與天長存不以少而盛不以老而衰不以生而存不以死而亡故曰天命也此則眞我也而人多執身爲我於是得失交乎前憂喜躁乎中汩於其情窒於其身而所謂眞我者茫乎不知爲何物豈不大可悲哉

三家之學以養氣爲主誠能內視返聽此氣自充精神自固仙丹在人腹中即此氣是也故曰氣不耗散再無別訣老子曰君子爲腹不爲目丹書云黄帝內視三月而道成即此法也

老子云深根固蒂長生久視之道人以氣爲根精爲

蒂如樹根不深則拔果蒂不堅則落言能深藏氣
固守精無所泄漏乃長久之道
或問屢空曰人心本無一物自是空體形生以後便
種種世情牽引填塞始不能空欲復此空體只在
一念知處用力一切情念牽扯放不下皆謂之妄
皆是不善之動顔子有不善未嘗復行謂之不遠
復吾人護心如護眼好念頭不好念頭俱着不得
譬之泥沙金玉之屑俱爲眼障顔子之屢空老氏
之日損也
道以精爲寳寳持宜密祕施人則生人守巳則生巳
閉氣者非閉噎其氣也乃神定氣和絶思亡慮便鼻
息悠然若有若無

內工口訣以靜極無念爲主每於亥末子初守之明月朗時須下手黃河清處是源頭明月朗時自有無人無我之景象須臾黃河水微上微動採取之意至中宮靜守之此是得藥得珠之候以後不必用功只是靜以守之可也按俞玉吾云人徒知子時腎氣生得火烹煉凝而成液遂認爲眞鉛而欲取以點離宮之眞汞殊不思既成液矣則有形質其體重濁安能逆流升上作丹之法不過於此時發火於下以感其炁耳火氣既盛其氣滃然上騰與山川之靈相似迨夫升入泥丸然後化爲甘雨下入重樓未嘗用其質也黃河清處此之謂與明月朗時是光透簾帷之境所謂虛室生白也黃河

清處是捨濁取清之意所謂水源至清也若非至
清則雜後天矣
人身先天之氣其標行於六脉而根係於臍腎之間
故或謂之生身受氣初或謂之元氣舊聚處或謂
之父母交姤之後始生脉絡而先天之氣常遊之
也先儒云切脉可以觀仁
養神於氣氣會於神神氣不散是謂修真子不離母
母不離子子母相守長生不死
沁園春云進火工夫斗牛危參同契云河鼓臨星紀
今人民皆驚駭壇經云劫火燒海底風鼓山相擊
夫斗牛也星紀也山相擊也皆是一處也一時也
一物也其艮寅之際與

摘花戴飲長生酒景裏無爲道自昌
一任羣迷多笑怪仙花仙酒是仙鄉

陰盡陽純
丹靈法真
雌雄劍合
道體長春

漢終唐國飄蓬客所以敲爻不可測縱橫
逆順没遮攔靜則無爲動是色也飲酒也食肉守定
烟花斷淫慾行歌唱詠烟粉詞持戒酒肉常充腹色是藥酒是祿酒色之中無拘束只因花酒
悞長生飲酒帶花神鬼哭不破戒不犯淫破戒真如性卽沉犯淫壞失長生寶得者須由道力人

人人本有長生藥自是迷徒枉擺拋井露降時天地合黃芽生處坎離交井蛙
應謂無龍窟籬鷃爭知有鳳巢丹熟自然金滿屋何須尋草學燒茅○陽裏陰
精質不剛獨修一物轉羸尫勞形按引皆非道服氣食霞總是狂舉世謾求鉛
汞伏何時得見虎龍降勸君窮取生身處返本還源是藥王

星餘贊像

天仙逸品
悉切度人
授受匪者
縲絏遂延
闡發難溥
緣在杏林
道統相繼
愍同悟真

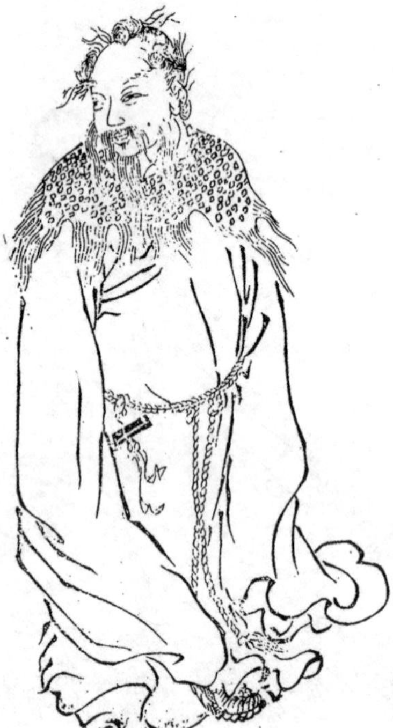

不識真鉛正祖宗萬般作用枉施功休妻謾遣陰陽隔絕粒徒教腸胃空草木
金銀皆滓質雲霞日月屬朦朧更饒吐納并存想總與金丹事不同○萬卷仙
經語盡同金丹只此是根宗依他坤位生成體種在乾家交感宮莫怪天機都
漏泄只緣學者自迷濛若人了得詩中意立見三清太上翁

婦人懷胎在下田與腎相對曰胎田男子常能存養
胎息凝結神炁故無饑渴寒暑之所撓陽神出入
謂之胎息
修身之事不外四字絕慾除想而已絕慾則有呂永
藥材除想則有眞主和合故詩云畫蛇添足漫修
身時覺從前錯用心慾絕想除無別事虛心實腹
義俱深
外藥達恍惚杳冥之旨內藥明泝流胎息之源
沁園春詞云曲江上月華瑩淨有箇烏飛諸解欠明
蓋大腸九曲之左小腸十二曲之右爲丹鼎故曰
曲江上也月華陰中之陽爲玉兔也烏飛陽中之
陰爲日精也此言日月合併陰陽交媾而藥物入

鼎也
孟子集義以生氣分明是再造乾坤重開日月夫至大至剛充塞天地者先天之天氣也集義所生者由後天而返先天復命之功也孔子繫辭傳曰一陰一陽之謂道陰陽之道即浩然之氣也文言曰利者義之和也集義即集和也暴則不和不和則浩氣不生故又曰無暴其氣子思曰致中和天地位焉萬物育焉中和之位育即浩氣之充塞也又曰發而皆中節謂之和發而中節則行慊於心矣行慊於心即得浩然之體矣蓋仁者元氣也於時爲春義者浩然也於時爲秋由春夏而秋冬至誠無息聖之道也由秋冬而春夏返本還源賢之道

也乾彖傳曰各正性命保合太和此利貞之德秋冬之運義智用事之時孟子養浩氣行秋令也乃從後天以還先天而自立性命再造乾坤故曰修身以俟之所以立命也孔氏之學惟孟子獨得其宗旨矣蕭建

入藥鏡　崔公著

先天炁後天炁得之者常似醉日有合月有合窮戊已定庚甲上鵲橋下鵲橋天應星地應潮起巽風運坤火入黃房成至寶水怕乾火怕寒差毫髮不成丹鉛龍昇汞虎降驅二物勿縱放產在坤種在乾但至誠法自然盜天地奪造化攢五行會八卦水真水火真火水火交永不老是性命非神氣水鄉鉛只一味

歸根竅復命關貫尾呂通泥丸真橐籥真鼎爐無中有有中無托黃婆媒姹女輕輕地默默舉一日內十二時意所到皆可爲飲刀圭窺天巧辨朔望知昏曉識浮沉明主客要聚會莫間隔採藥時調火功受氣吉防成凶火候足莫傷丹天地靈造化慳初結胎看本命終脫胎看四正密密行句句應

三字訣　呂純陽著

這箇道非常道性命根生死竅說着醜行着妙人人憎箇箇笑大關鍵在顛倒莫厭穢莫計較得他來立見効地天泰爲朕兆口對口竅對竅吞入腹自知道藥苗新先天兆審眉間行逆道滓質物自繼紹二者餘方絕妙要行持令人叫氣要堅神莫耗若不行空

老耄認得眞老還少不知音莫與道逢見法合大道
精氣神不老藥靜裡全明中報乘鳳鸞聽天詔

金丹四百字

張紫陽著

眞土擒眞鉛眞鉛制眞汞鉛汞歸眞土身心寂不動
虛無生白雪寂靜發黃芽玉爐火溫溫鼎上飛紫霞
華池蓮花開神水金波靜夜深月正明天地一輪鏡
硃砂煉陽氣水銀烹金靜金靜與陽氣硃砂而水銀
日魂玉兎脂月魄金烏髓掇來歸鼎中化作一泓水
藥物生玄竅火候發陽爐龍虎交會時寶鼎產玄珠
此竅非凡竅乾坤共合成名爲神氣穴內有坎離精
木汞一點紅金鉛四斤黑鉛汞結成珠耿耿紫金色
眞鉛生於坎其用在離宮以黑而變紅一鼎雲氣濃

眞汞出於離其用却在坎姹女過南園手持玉橄欖
震兌非東西坎離不南北斗柄運周天要人會攢簇
火候不用時冬至不在子及其沐浴時卯酉時虛比
烏肝與兎髓擒來歸一處一粒復一粒從微而至著
混沌包虛空虛空括三界及尋其根源一粒如黍大
天地交眞液日月會眞精會得坎離基三界歸一身
龍從東海來虎向西山起兩獸戰一塲化作天地髓
金花開汞出玉蕊長鉛枝坎離不曾閑乾坤經幾時
沐浴防危險抽添自謹持都來三萬刻差失恐毫釐
夫婦交會時洞房雲雨作一載生箇兒箇箇會騎鶴

得道歌

王景陽著

道難入道難覔說之容易誰行得旁門惑甚幾千般

得道萬中難選一近有一等學道者不肯低頭眞可惜瞞天瞞地又瞞人未得一而誇更十便做神仙固不難神仙須是神仙質不是神仙莫亂爲動有陰魔做寃隙這箇事非小術全憑德行施陰德斷除妄念息貪心步步行行腳根實若明本性與心同方敢與君說端的學金丹容易入熟味中庸與周易有爲有作總皆非說龍話虎終無益元從情動有其身若更迷修轉荊棘常思混沌未分前妙理難言心自然一身上下皆屬陰一物陽精人不識圓陀陀地鎭相隨空不空兮色非色散爲萬物遍乾坤一物之中一太極還藏於竅一性中視之不見尋不得我丹訣自各別不用日時與年月也無火候與抽添亦無人我分

妍拙亦無生亦無滅亦無所修無所說饑來吃飯困來眠閑時打坐懶來歇逢物便餐逢酒飲不持齋戒心常徹榮華富貴不關心名利是非皆杜絕凝然靜定養元神一念不生真境別真境別自懽悅晝夜見箇中秋月不來不往正當中洞然八荒皆皎潔也無盈也無缺猶如紅爐一片雪雖然得到這工夫打破虛空方了徹逍遥快樂且優遊人間煩惱不相涉學道人趁時節百歲光陰如電掣遇之不煉太愚癡莫待老來神氣竭急回頭當猛烈一刀兩斷須見血欲脫凡身換法身精脩一念當如鐵說此言太心切盡把天機都漏泄學人若作等閑看只恐臨終悔不迭

沁園春　吕純陽著

七返還丹在人先須煉已待時正一陽初動中霄漏
永温温鉛鼎光透簾幃造化爭馳虎龍交媾進火功
夫牛斗危曲江上看月華瑩音信爭有箇烏飛○當時
自飲刀圭又誰信無中養就嬰兒辨水源清濁金木
間隔不因師指此事難知道要玄微天機深遠下手
速修猶太遲蓬萊路待三千行滿獨步雲歸

步蟾宮

坎離坤兌逢子午須認取自家根祖地雷震動山頭
雨要洗濯黃芽出土○捉得金精牢閉錮煉甲庚要生
龍虎待他問汝甚人傳但說道先生姓呂

百字牌

養氣忘言守降心為不為動靜知宗祖無事更尋誰

真常須應物應物要不迷不迷性自任性任氣自回
氣回丹自結壺中配坎離陰陽生返復普化一聲雷
白雲朝頂上甘露灑須彌自飲長生酒逍遥誰得知
坐聽無弦曲明通造化機都來二十句端的上天梯

五言古詩　白玉蟾著

八兩日月精半斤雲霧屑輕似一鴻毛重如千秤鐵
白如天上雪紅似猩猩血收入玉葫蘆秘之不敢泄
夜半忽風雷煙烝瀟寥穴這般情與味啞子咬破舌
捧腹付一笑無使心惱熱要整釣魚竿再斫秋筠節

一枝花　張三丰著

行持造化工下手調元氣自從師傳後獨自守無爲
金液常提元氣歸真位透三關過尾閭推河車運上

泥丸撞崑崙發振如雷耳泉香生甜如蜜入華池化作金液逍遥飲甘露自降下重樓十二堦梯牢封固護守堅持原來是精氣神三般兒歸根復命原來是金木水火土五行攢簇玄中玄有不死的還丹妙中妙有接命的根基誰不行誰不會誰不做都只在採取先天竅路上迷怎敢胡爲俺也向花叢中敲竹鼓琴心似水從今㸔透眞消息忘物忘形子前午後可烝持卯酉之中沐浴時講甚麽生死輪廻說甚麽姹女嬰兒都只在採取鴻濛未判一粒黍米

心如出水蓮意似雲中電昨宵因小事誤入麗春院時時降意馬刻刻鎖心猿晝夜不眠煉已工無間閉三寶內皆銀房擒五賊外觀上院令彼我如如穩穩

使陰陽倒倒顛顛退群魔怒提起鋒芒劒敢採他出墻花兒朶朶新鮮掛起我娘生鉄面我教他也無些兒動轉嬌妖體態十指纖引不動我意馬心猿俺是箇試金石兒高低便見俺是箇鐵饅頭下口難飡俺是箇清淨海一塵不染俺是箇夜明珠空裡長懸道堅志遠幼年間常把身心煉絕名利不去貪捉三尸鼎內煎我的心堅我學的造化無人見愁則愁功不成名不就空把時光轉愁則愁日月如梭趲少年有一日撥轉天關騰空在半天那時節纔把冷淡家風

道教闡

先明天地機次把陰陽配有天先有毋無毋亦無天此是道教根源把週天從頭數將乾坤顛倒安月之

圓存乎口訣時之子妙在心傳提起我身中無刃鋒
芒劍怕只怕急水灘頭難住船感感只感黃婆勾引候
只候火女開蓮此事難言五千日近堅心算三十時
辰牆裏蟠我將龍頭直竪他把月窟空懸顯神通向
猛火裡栽蓮施匠手在逆水上撑船不羨他美麗嬌
花只待他甘露生泉攻神州破赤縣捉住金精仔細
牽送入丹田防危慮險除雜念沐浴自然面壁九年
纔做箇閬苑蓬萊物外仙
因求大道玄走盡天涯遍別父母妻兒棄家產田園
萬般辛苦衣破鞋穿師難面愁則愁六七十年光陰
短入嵩南感得六龍親口傳命予出山覓侶求鉛訪
遍明賢都是詭計設奸竊盜貪我要求箇出世細緣

幸遇着使義疎財沈萬山又奈他力薄難全我只得把爐火烹煎九轉完向麗春院採藥行符經五載入武當面壁出神又九年猛個的朝命宣欲待要不覲君王面又恐怕胡尚書性命難全駕雲頭上長朝殿官家見喜悅龍顏我本要與你口口相傳恐違了玉皇命言我只得駕鶴騰空上九天

星除[illegible]贊像

帝徵其時
顯顯瑗詩
至今六合
何處無之

三卷本集終

易圖冄鏡繼序

衛生不易知遇難逢是是集首卷天文之序語也因槪至道舉世無知偶於渤海邂逅分司亢君喜謂覧此易理在本經皆闡所未闡輙自願請焚香籲天慕道樂梓饋以薪水欲叅訂刻用公於世未及精詳分司署正長蘆伊邇擢稿郷鄙是刻二卷未終興亦隨之闌矣信乎至道之難三十年始遇分司意必知音詎期入門而不登堂者耶盖識之望智似隔重山宜其難之又難也第諭四鏡完而入山之期又且諗矣計約提醫鏡之艱於趙水部奚節穴身鏡之易於苗將軍所存陰陽宅鏡一書向爲婁元戎之力任已預命張善人首出十金授之剞劂氏今夏元戎病劇阻

余滄行徵留診視欲以宅鏡易梓丹鏡余雖唯唯然心未之許也既爾分司來津匆遽榮發悉倚元戎言確元戎將愈而貿之并寄四十金厄我懸待以蘄嗣後知遇得一道侶相互法財共成勝事濟迷津於彼岸則上紹易圖下統丹鏡繼而序曰人爲一小天地經曰觀天之道執天之行盡矣蓋天地之形像先儒有云天如卵白地如卵黄即意槩觀之明明一太極圖是其體耳及其用也無聲無臭不生不滅運行不息機化變遷循環無端靡無靜默恬憺自然包容萬彙聽其生滅惟不自生故亦不滅人若專誠效尤行之經曰壽敝天地無有終時此其道生焉討吾人本來面目原是一太極所生今不過使神氣歸根仍還

太極亦如天地之太極日月內照精氣內旋五行周流而無毫忽外漏是謂之得道是謂之至人雖然如是然猶在天地太極之中也若夫道生一一生二二生三之道又何道也粤夫道也者卽無極也無極而生太極太極而生天生地生人生物惟天地不自生仍是一太極所以永固至於人物之生滅盡由氣感神耗者也獨人居萬物之靈頂天立地與禽獸異處配天地而爲三才豈可不知性命大道之學亦同萬物之朽逐乎人能明是執而行之頓超六合脫離塵刼是謂之至道是謂之眞人乃無上最上一乘之法門也故吾道即天道也苟欲知之當令識化情消於喜怒哀樂未發之中求之日用常行則是也若或情

移性感從喜怒哀樂既發之中求之秘奇捷徑則非也但修道者以誠爲入道之門以默爲守道之基以素爲用道之本全在保精調息篤志專誠衆念除萬事畢爲道之要領先須築基煉已每日每夜將過去未來見在三心盡都忘却嗣後只以道心爲主夫道心者即吾本來之天性而虚靈不昧如鏡之圓明物來則照應物去不留形跡惟泰定則能生慧靜極則能生虚虚篤則道心自見故曰虚其心實其腹凝其神守其中工夫純熟自然精滿不思慾氣滿不思食神滿不思睡然後入室不靜而靜不有而有神氣歸根黍米凝空脱胎神化返本還真次第精進無不効驗也今之學者迷而不省欲速爲務一絲未積精氣

不固便求下手雖氣感神交乃一幻丹耳盖天道無聲非言傳而顯妙金丹無像因罔象以成真第至道簡而不繁至言淡而無味至人本乎無爲能心傳者上矣言傳者次矣文字傳者下矣吾恐説之則謬書之則訛固難傳難受也人心不等捨真求妄間有騎牛覓牛之輩豈知人能常清靜天地悉皆歸如風雲雷雨偶因時亢而作豈終歳爲常耶喜怒哀樂隨所感觸而興能積身爲久乎是故天無爲而常地無爲而久人無爲而壽天旋地轉日往月來都從無心而化陽升陰降陰尅陽生晝是隨運而施惟我至人默奪天機天關在手地軸由心任天地日月運化吾心六然泰定攢簇陰陽統攝造化天地莫能轉其機日

月莫能統其化方得陽神出頂與道合真雖有傍門
邪術所誘而吾心道體自如所向皆道何處非道但
前言無言無爲也兹復何言何爲也迨眼見衆生沉
溺輪廻苦海而不知覺縱有好道者而無門可入是
以老婆心切又不得不言不爲也故將圖説和盤托
出於後云云

易圖丹鏡三卷水集目錄

三卷繼序

下丹田直指至人踵息圖註
下丹田集説幷各家詩偈

三卷水集目錄終

天都張星餘濬初甫輯纂

甫叅

至道源流

上古之世天開於子地闢於丑人生於寅混元初分人皆在道而不知道惟饑則食渴則飲與禽獸爲友榮辱不相關上下不相慕日用常行無非與道合真是有天皇氏地皇氏人皇氏與夫西域國古七佛等世人人皆數萬歲嗣後風氣漸殊減至數百歲乃逝知者謂道之所在乃自然之理不知者謬以荒唐其說也迨包羲氏之卦畫軒轅氏之內經廣成之陰符太上之道德文周孔之易辭曾思孟之書史釋氏之心印六祖之壇經漢魏伯陽之參同宋張紫陽之悟

眞暨諸仙之著述無非度凡入聖如帝皇之得道者羲農軒轅仕隱而得道者老莊關令矦王而得道者子房淮南山巖而得道者鍾呂希夷玹稽徃册自古以來冲舉者十萬餘人拔宅者八千餘處奇若子晋之驂鸞琴高之控鯉壽若李脫之八百安期之三千或住世留形或厭世尸解復有道成而隱但為身謀不肯遺名於世者豈能勝道哉是以深山幽谷代不乏人或隱或現寧具知乎古之王公大人折節下士秖為有道存爾夫道者位天地育萬物曰道揭日月生五行曰道多於恒河沙數曰道孤明獨無一侶曰道貫入鴻濛而還歸溟涬曰道善集造化而頓超聖凡曰道目下機境未兆而突爾靈通曰道眼前生殺

分明而無能逃避曰道處卑汚而大尊貴曰道居幽暗而極高明曰道細入剎塵曰道大包天地曰道從無入有曰道作佛成仙曰道佛經五千四十八卷也說不到盡處中庸三十三章也說不到窮處道德五千餘言也說不到極處道也者果何謂也一字以蓋之曰炁原夫人乃小天地一炁蟠集溟溟涬涬窅窅莫測恍惚立極氤氳活動含靈至聖神明變化稟天地之中陰陽之正夙有仙佛之資而生而長至二八之年則九三之陽纔純豈非上德之大人乎正居圓圖之全體再加向上工夫精進不怠則金丹就而成真人矣柰何天癸未至而曰鑿一竅則九三之陽踈驟奔蹶而失之六六之中由是乾不能純而破於離

坤有所含而實於坎若至此省悟能知道體太極之所以判能知死生根本之所以始能知乾坤陰陽之所以乘能知天玄地牝之所以交可以法乾坤之體效坎離之用握陰陽之柄過生死之關取坎中之陽塡離中之陰離陰既實純復爲乾健之體矣柰何世人不明大道盛不知養衰不知救日耗一日陽盡陰純死而爲鬼臨終一念有差立墮三塗惡道則動經塵刼無有出期矣試問堆金等山嶽無常買得不來無嗟嗟萬般將不去惟有業隨身古哲云人身難得今已得大道難明今已明此身不向今生度更向何生度此身夫度者悟也悟得本來虛無萬刼靈明不生不滅一點圓成處即孔子所謂朝聞道夕死可也

即釋氏所謂超生西方極樂世界也又何必苦苦在此嶮巇地面耶得一道人曰三墳五典之書孰肯行之耶孰此亦可見本來面目矣

性命雙修得一道人曰油枯燈滅尚能復明性命可不知修接乎

性命雙修之理古今世能有幾人全之也耶易曰乾道變化各正性命中庸曰天命之謂性性乃元始真如一靈炯炯是也命乃先天至精一炁氤氲是也有性自有命有命自有性性命原不分離實非有兩奈何玄門以氣爲命耑以修命爲主於水府求玄立教至詳言命而畧言性是不知性究亦不知命也禪家以神爲性耑以修性爲宗於離宫定慧立教更詳言性而畧言命是不知命究亦不知性也豈知性命並無相間道釋奚容二致神氣雖有二用性命自當雙

修自黃帝以下至安期等是也盖性之造化係乎心命之造化係乎身有心則有去來有身則有生死須修養此身待徹悟此性則身外有身而虛靈光耀盈大地通晝夜徹古今炳然不昧何嘗少有泯滅也哉故聖賢持戒定慧而虛其心鍊精氣神而保其身身保則命基永固心虛則性體常明性常明則無來無去命永固則何死何生況死而去者僅僅於形骸耳若導引者流留軀殼而謂之性命若踵息者流鍊精氣而謂之性命是謂形骸之性命而非真常之性命也不惟無益於性命抑且有害於性命矣常人不得性命之真知良可嘆也盖性命之理必於平日性命中養復太極純粹正直之體而無一毫妄念露出一

點眞靈性依神而性不滅神依性而神不散知性而盡性盡性而至命乃所謂虛空本體無有盡時天地有壞這箇不壞而在重立性命再造乾坤者也故道家不知此則謂之旁門釋氏不知此則謂之外道又焉能合天地之德而與太虛同體哉噫此性命之理人烏得而盡聞乎且好生惡死大衆皆然性莫識性命之由生從何來死從何去只圖生前謀業不究至道玄微以致死後渺茫淪落不戡破生死關頭墮刼轉輪無有盡期所以仙佛拯世汲汲以無常迅速生死事大欲人知其生死來去之由徐徐引出苦海耳易繫曰原始要終故知死生之說蓋無始之始强名曰無極即本來妙覺無終之終强名曰道岸即無餘

涅槃生而生也而其所以生者固在於此至死而死也而其所以不死者亦在於此此而不知則未有不隨生而存隨死而亡者沉溺惡趣出沒無因生則是第八識神阿賴耶主之死亦是第八識神阿賴耶主之投胎則此識先來捨身則此識後去故曰去後來先作主公經頌曰善業從下冷惡業從上冷二皆至心而捨當此之際如生龜解殼活蟹落湯地水火風各自分散而神既離形但看世界如潑墨相似東西莫辯上下不知業報將盡只見一點妄明現前貪癡爲種愛想成胎忙忙竟入而不識何物之腹中矣回光集云千年鐵樹花開易一失人身再復難呂祖云萬劫千生得箇人須知先世種來因速教悟出迷津

處莫使輪廻受苦辛張紫陽曰休教燭被風吹滅六道輪廻莫怨天人壽百年歘如水上浮漚瞬若石中電火三復斯語能不憮然失乎夫萬物非欲生而不得不生萬物非欲死而不得不死刼刼生生輪廻不絶無終無始如汲井輪三界凡夫無一不遭此沉溺故世人莫知生從何來盍叅父母未生前死從何來知來然後知生處世人莫問死從何去盍叅魂遊魄降後生從何去知去然後知死處死之機由於生生之機原於死無死機不死無生機不生生死之機兩相關世人所以有生死生死之機不相關至人所以超生死有生死者身也心也無生死者性也心也敦復則心生迷復則心死故仙佛慈之說一切衆生具

有本來一靈眞覺但昏惑不見使天命之性浪化遷流轉轉不悟而世世墮落失身於異類透靈於別殼至眞性根不復於人故發仁慈遂以聖道令衆生永離妄想能致此身如仙家之長生佛氏之不死云

萬法歸一 得一道人曰仙佛經典所載異名同體備悉於此參爲萬法歸一可也

丹經子書汗牛充棟講理者多留訣者少初無下手入門處次無採藥結胎處終無極則歸著處後學不識次序未免有擬前越後之訛首顛尾倒之亂往往學道一生不得其旨要者可能勝憫哉間有入門而不知升階升階而不知登堂登堂而不知入室者既曰修眞次第可紊亂而鈌一乎矧今之道者峩冠博帶妄自尊大偏執已見不肯低情下問求師指授言

修瞎鍊不認已錯反以錯路教人尹眞人曰九十六種外道三千六百旁門任他一切皆幻只我這些二是眞故法華會上世尊指曰惟此一事實餘二即非眞雲房眞人曰道法三千六百門人人各執一苗根誰知些子玄關竅不在三千六百門盖玄關大道難遇易成而見功遲旁門小術易學難成而見効速是勿輕入旁門妄投邪徑近世耑以女子爲鼎噐採取三峯以産門爲生身妄求藥餌或伏氣於三田假以梅子之稱或蘘氣於臍中爐以紅鉛之號摧唇咂舌豈是長生摩股撫琴安能久視嬰血餅名曰胎毒剪斷臍帶胡爲一炁運息存想俱屬後天有爲呼汚吸清亂道先天正氣屈伸導引變生癰腫惡毒熊經鳥蹟

鼓動三焦邪火飡霞絶粒肌瘦羸尫宿頂居岩虗生
濕脹或煉五金八石昇取精華以爲神丹服食不識
正宗徒勞形瘁妄談玄妙一問癡迷訛引丹經竹破
須從竹補宜休妻謾遣陰陽隔等語以証其邪殊不
知火生於木禍發必剋精生於身情動必潰此皆婬
慾之輩惑於好色或提精動火傷目者有之或逆精
成淋便毒者有之或有好爐火者或有好彼家者或
有視頂門者或有守臍帶者或有運雙睛者或有守
印堂者或有摩臍輪者或有搖夾脊者或有兜外腎
者或有轉轆轤者或有食乳對爐者或有閉息行氣
者或有三田還返者或有雙提金井者或有曬背卧
水者或有餌芝服朮者或有納氣嚥津者或有愆寒

食穢者或有搬精運氣者或有觀鼻調息者或有離妻入山者或有定觀鑒形者或有長坐不卧者或有打七煉魔者或有禪定不語者或有齋戒斷味者或有夢遊仙境者或有默朝上帝者或有察鬼驅邪者或有見聞轉誦者或有食巳精爲還元者或有提尾閭爲開關者或有鍊小便爲秋石者或有採女經爲紅鉛者或有扶陽用胞衣而煉紫河車者或有開關用黑鉛而鑄雌雄劒者或有閉目冥心而行八段錦者或有吐故納新而行六字氣者或有面壁志在降龍伏虎者或有輕舉思以駕鳳驂螭者或有吞精嚥華以翕日月者或有步罡履斗以窺星辰者或有依卦爻之序而朝屯暮蒙者或有售黃白之術而燒茅

弄火者或有希慕長生不死者或有馳志白日飛昇者或有著相執而不化者或有著空流而不返者或有持戒定慧而望解脫者或有祛貪嗔癡而思清淨者或有生而願超西域者或有死而願登天堂者似此泯泯棼棼難以悉舉道釋者流執此一術一訣便謂金丹大道止於是矣吁此輩如蛙坐井觀天焉知至道之大乎是以王良器作破迷歌陣泥丸作羅浮吟鍾離翁作正道歌歷舉旁門諸術之非以救錯行邪徑之失然於中亦有數條可以攻疾病拯老殘益算延年盖金丹之道簡而不繁以虛無爲體以清靜爲用有作以生其始無爲以成其終從首至尾並無高遠難行之事奈何世人道在邇而求諸遠事在易

而求諸難背明投暗更有騎牛覔牛不亦惑之又惑乎夫金者別萬物具不壞之體埋塵穢稟不變之色受所尅之長生愈煉愈純粤釋氏之稱爲金仙道教之稱爲金丹天自稱之乾金西方極樂世界爲之兑金譬諸無上至真之道即如堅金屢經塵刼不變不壞之色身所以喻爲最上一乘之法也衆聖諸仙闡教敷揚種種異名原是一物實欲人人領悟箇箇成真殊不知名愈多而事愈繁書愈廣而道愈晦况加謎辭隱語俾學者無罅縫可入不免有鮮生望濵之歎余慨求道之艱難謹將平日之所知受及尹師圖訣并諸仙呟語徹底掀翻和盤托出使學者一覽備悉丹經繁與可易入門而無疑矣圖註於左

輯註前三田總圖

天地靈根 不動道場 玄牝之門 不二法門 真主人 西南鄉 混沌竅 坎離交媾之鄉
元始祖炁 至善之地 呼吸之根 甚深法界 自然體 祖氣穴 摠持門 千變萬化之祖
何思何慮之天 神明之舍 朱砂鼎 如來藏
不識不知之地 道義之門 赤龍精 腔子裏
三藏之竅
竅中有妙
妙竅齊觀
是為普照
命
極樂國 多寶藏
玉芝 真一竅 金華 造化爐 闔闢處
真汞 舍利子 月魄 顯氣門
口魂 戊己門 靈根
丹元 法王城 黃婆 長胎住
神水 玄關 氣穴 息之鄉
方寸 空中 北海
主翁 正位 覺
天君 真土 玄實
心源 黃中 關元
性海 欄柄 氣海
靈臺 黃庭 土釜
靈關 □中 現
靈山 西方 玄竅
赤水 這箇 生門
守靈 黃婆 死戶
姹女 中黃 華池
未汞 淨土 曲江
靈府 混康 河車
玉液 丹扃 蓬壺
丹臺 守壇 育嬰
龍馬 舍利珠 朶胞
交梨 歸根竅 火棗 無盡藏 生殺舍
金烏 復命關 真鉛 偃月爐 真金鼎
虛空藏
安身立命之竅
虛靈不昧之神 靈明一竅 光明藏 止其所
色空不二之一 活潑潑地 天玄女 自在處
黑白相符 先天地生 黃中通理 虛無之谷 蓬萊島 寂滅海 希夷府 生死不相關之地
造化泉窟 宇宙主宰 既濟鼎器 凝結之所 衆妙門 華光藏 懸胎鼎 鬼神覷不破之機

輯註後三關總圖

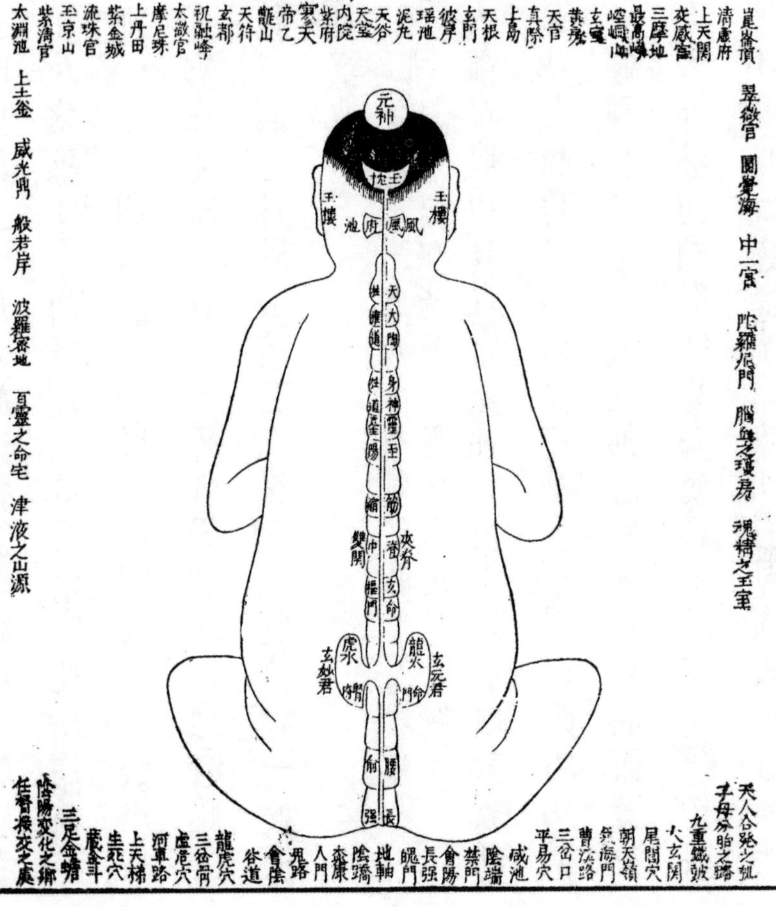

崑崙頂
淸虛府
上天關
交感宮
三摩地
最高峰
崆峒山
天官
真際
上島
天根
玄門
彼岸
瑤池
泥丸
天谷
內院
紫府
寥天
帝乙
玄都
祝融峰
太微宮
摩尼珠
上丹田
紫金城
流珠宮
玉京山
紫清宮
太淵池
翠微宮 圓覺海 中一宮 陀羅尼門 髓鼎之瓊房 魂精之玉室
上土釜 威光門 般若岸 波羅密地 百靈之命宅 津液之山源
元神
玉枕
玉樓
風府
風池
夾脊
雙關
腰俞
長强
天人合發之機
子母分胎之路
九重鐵鼓
大玄關
尾閭穴
朝天嶺
氣海門
曹溪路
三岔口
平易穴
咸池
陰端
禁門
會陽
長强
地軸
陰蹻
人門
鬼路
會陰
谷道
龍虎穴
三岔骨
虛危穴
河車路
上天梯
生死穴
三足金蟾
陰陽變化之鄉
任督接交之處

前三田圖註上一層者心源性海之竅中一層者黃中正位之竅下一層者關元氣海之竅此所謂前三田也○後三關圖註下一層者尾閭太玄之竅中一層者夾脊雙關之竅上一層者天谷泥丸之竅此所謂後三關也丹陽云前三三後三三收拾起一擔擔卽此義也

廻光返照 得一道人曰不知此則常人之息以喉而知此則至人之息以踵也

凡人離母腹中其眞常元神日被內外五賊鼓識誘去無少刻留停於炁穴息亦隨之不得歸踵心爲見聞纏繞神自神氣自氣流蕩忘返漸耗久散而盡故修命者存神內顧斷絕妄念使精氣神固聚靜極則寂然不動感而遂通眞常靈明自見而後可言道矣

夫太極者天心也虛無也金丹也爐鼎也真一也含
一者太極之中一點陽精以立真機也原太極靜而
生陽動而生陰一動一靜而生水火木金土五炁順
佈四時流行萬物皆由太極中一點真陽而發生生

太極天地圖

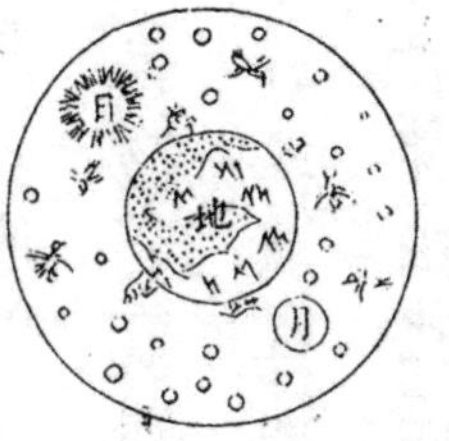

太極玄牝圖

太極含一圖

生化化而無窮極者也故云順則生人生物逆則成
聖成仙夫人胚胎之初因感太極之中真一之念而
有此形精炁神全由一念而紐結故借此形而煉此
念而結此丹念住則精住精住則炁住炁住則神住

神即念念即心心即神神即火也炁即藥也心即丹也抱此一念守聚而成真即是以火煉藥而成丹以神馭氣而成道也何則真念念也念念爲妙也至貴而可尊也上通乎天下徹乎地可以統乎萬化則萬化莫測其所以然念之用神矣哉盖人之元炁藏於腹即萬物之氣歸於根用此一念神潛腹中即天氣下降於地氣與神交猶地道之承天也天地由此而生物吾身由此而生藥也此道至簡至易再無他訣只要降念頭入於炁穴耳炁穴在心之下腎之上前乾後坤鬲足而峙中空一穴虛靈不昧念從此起息從此住有此心量細統一身大包天地廣潤無際涵容萬物無嗔無喜無取無捨名曰谷神不死是謂玄

牝玄牝之門是謂天地根綿綿若存用之不勤盖谷本空虛即玄關丹咢乃至虛之地虛能容神得胎息皷動其中真炁應而生神如山谷之虛聲達則響應之乃神即谷神也不死者凡物有形之具皆有生有死惟山谷神應之靈無形可見無時不有何嘗見其死乎云有無形云無有應山空則響水清則照人能虛其腹明其心守中惟一使精化炁炁化神仙道長生皆由谷神之不死也經曰神能入石神能飛形入水不溺入火不焚散則歸空聚則成形陰旣有憂陽豈無靈虛空神應須假修行盖玄者陽也牝者陰也乃龍虎初弦二炁交結於玄關即玄牝之門也此竅名元始祖刼化生諸天開明三界是爲天根乃人真

息呼吸之處陰闔陽闢之根綿綿不絕刻刻用事往
往無窮用之不勞任其自然周流昇降盜天地之機
奪造化之權神潛於竅百日成功玄牝立基何患金
液之不凝還丹之不結乎故曰用之不勤乃人一身
五行百脉交會之處凝結聖胎神化之所也腎屬水
心屬火火入水中則水火交媾如晦朔之閒日月自
相合璧即神與炁合打成一片神凝炁結神凝則真
息自住靜極則天機自動即太極而生陽昇坎中一
點真陽點化離中之至陰變成乾健金剛之體而後
精進於飛昇之奧總之天道形像即今明明一太極
也無聲無臭而凡人生物人既是一小天地當觀天
之道執天之行盡矣乃自然之道非造作强爲之也

任督二脈 得一道人贊曰二脉貫時天地合一陽來處澤山咸

夫任脈者起於中極之下以上毛際循腹裏上關元由咽喉貫上至下齒齦而止下齒齦者即下齒縫中也屬陰脈之海也○督脉起於下極之腧從脊裏上夾脊雙關昇風府入腦上顛循額從鼻柱至齦交而止齦交者即上齒縫中也屬陽脉之海也○故修煉以閉口爲要務牙齒相合舌柱上腭以交接任督二脉使上下相通脉絡貫串之義夫任脈者女子得之以姙養也督脈者督領經脉之海也鹿運尾閭通其督脈龜納鼻息通其任脈人能通其二脈則百脈皆通書云皆由心內運天經晝夜存之自長生天經乃吾身之黄道呼吸往來任督二脈是也

朝屯暮蒙者謂上閉耳目口三竅下閉大小便二竅中虛其心即朝屯暮蒙也總而合成風澤中孚孚者信也致虛之極守靜之篤規中云一陽潛動處萬物未生時跏趺大坐凝神內照調息綿綿默而守之一

規中朝屯暮蒙圖說

炁從虛無中來無色無形兆於玄冥坤癸之鄉起於腎中即恍恍惚惚其中有物杳杳冥冥其中有精其中甚真其中有信也故云不在塵勞不在山直須尋到杳冥端乃天地之心虛無靜極而後見也日益月强始之去病次以返嬰積爲內丹之基本矣

內外二藥

得一道人曰築基實內藥就煉己純外藥凝結胎之要無過於是矣

內外二藥者夫人天癸純足之年而成全陽乾健之體能知眞修不假外藥於彼竟自精進是謂上德無爲而無以爲全眞成道如茅君韓公輩是也若夫情竇一開囫圇已破一點眞陽走入坤宮而爲之離故不得不假同類之眞陽以完我先天乾金之體是謂下德有爲而有以爲也內藥無形無質而實有外藥有體有用而實無外藥可以治病長生久視內藥可以超越出有入無外藥外陰陽往來內藥內坎離輻輳外藥先要交感之精不漏呼吸之氣微微內藥煉元精抽坎中之元陽煉元氣補離中之元陰煉元神使坎離合體以復乾元此內外兼修仙道之階梯也

五行顛倒術龍從火裏出
姹女捉烏而吞玉兎
日中烏烏乃神神是火
火屬心心爲汞汞在離
嬰兒驅兎以吸金烏
月中兎兎乃氣氣是藥
藥屬身身爲鉛鉛在坎
五行不順行虎向水中生

日烏月兔火龍水虎法則圖說

日烏乃陽內含陰砂中汞象也月兔乃陰中含陽鉛內銀象也故無漏云鉛求玉兔腦中精汞取金烏心內血只驅二物結成丹至道不繁無扭捏悟眞云先把乾坤爲鼎器次摶烏兔藥來烹既驅二物歸黃道爭得金丹不解生盖黑鉛水虎原有質爲太陰月之精乃天地萬物育形之母紅鉛火龍原無質爲太陽日之光乃天地萬物發生之父鉛汞之體互相孳亂循環無端可謂生天生地生萬物之祖宗至人知神物隱此假法象而採取太陰之精設鼎器而誘會太陽之氣使歸神室混合不已孳産無窮而木中生魂金中生魄魂魄凝然化爲鄞鄂交結金液而還丹矣

龍呼於虎虎吸龍精
兩相飲食俱相貪併

白面郎君騎白虎青衣女子跨青龍鉛汞鼎邊相見後一時關鎖在其中

男女相須含吐以滋
雌雄錯雜以類相求

虎在西兮龍在東東龍西虎各爭雄
君解相吞歸一處神仙頃刻不勞功

嬰兒姹女齊齊出却被黃婆引入室
雲騰雨施片時間不覺東方紅日出

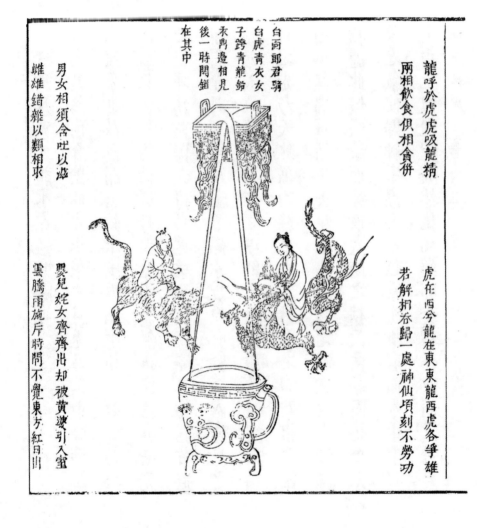

大小鼎爐龍虎交媾法則圖說

安爐立鼎乃修金液大丹必先首要之法則也鼎之爲器匪金匪鐵爐之爲具匪玉匪石黃庭爲鼎氣穴爲爐黃庭正在氣穴上縷絡相連乃人身百脉交會之處鼎卦曰正位凝命是也此謂之小鼎爐也乾位爲鼎坤位爲爐鼎中有水銀之陰即火龍性根也爐內有玉蘂之陽即水虎命蒂也虎在下爲發火之樞機龍居上起騰雲之風浪若爐內陽升陰降無差則鼎中天魂地魄留戀青龍與白虎相拘玉兎與金烏相抱火候調停煉成至寶故青霞子曰鼎鼎非金鼎爐爐非玉爐火從臍下發水向鼎中符三姓既會合二物自相拘固濟胎不泄變化在須臾此謂之大鼎

爐也夫人坎離交則生分則死盖離外陽內陰謂之眞汞坎外陰內陽謂之眞鉛故紫陽眞人云日居離位反爲女坎配蟾宮却是男此言坎之男離之女猶父之精母之血也日之烏月之兎也砂之汞鉛之銀也天之玄地之黃也此數者皆指示龍虎二氣也參同契曰離巳日光坎戊月精故離之巳象龍之弦氣也坎之戊象虎之弦氣也夫戊與巳是黃庭眞土之體因太極一判分居龍虎二體之中修丹之士若欲返其本復其初使龍虎歸於鬥中情性合於竅內當用龍從火裏出虎向水中生之二訣則炎烈火中出飛龍之蟜蟜泓澄水底躍走虎以虓虓始得龍虎相交向鴻濛而潛歸混沌繼則夫妻合體從恍惚而覺

入鼎無共至黃房互相吞啖兩情留戀二氣交加有如天地之媾精日月之交光盤旋於祖竅之間自然復此先天未判之氣而成混元真一之精爲大藥之根元作還丹之基本也原夫龍之情性常在於戊虎之情性常在於巳只緣彼此各有土氣二土合併而成刀圭是以坎離交而地天泰龍虎交而戊己合也戊巳合爲一體則四象會合而產大藥也易曰天地絪縕萬物化醇男女媾精萬物化生天地以陰陽交媾而生物丹法以陰陽交媾而生藥蓋未有不交媾而可以成造化者也王芝書云玄黃若也無交媾乎得陽從坎下飛是乃作丹之大端修仙之第一義也若天地之氣不絪縕則甘露不降坎離之氣不交併

則黄芽不生。龍虎二弦之氣不會合。則眞一種子不産。眞一種子不産。則將何者爲本柄而凝成金液大丹耶。然交媾之理有二。有內交者。有外交者。坎離龍虎交。內交也。産藥也。乾坤子午交。外交也。結丹也。此二法天淵不同。學者宜細辨之。張紫陽云。旣驅二物歸黄道。爭得金丹不解生。是此義也。呂純陽云。二物會時爲道本。五行全處得丹名。是此義也。陳抱一云。戊巳乍交情性合。坎離纔媾虎龍降。是此義也。張用成云。虎躍龍騰風浪粗。中央正位産玄珠。是此義也。張平叔金丹四百字云。龍從東海來。虎向西山起。兩獸戰一場。化作一泓水。亦此義也。夫龍虎交媾者。乃三元合一之法也。所以會乾坤。交坎離。簇陰陽。合性命使二者復變而爲一以至九宫八卦七政六位五行四象三才之生於二者莫不皆歸於一矣一者有物混成先天地生是也大哉一乎以其流行謂之炁以其凝聚謂之精以其妙用謂之神始因太極一判分居二體之中日遠日踈卒至危殆是以聖人則天地之要知變化之源取精於水府召神於靈關使歸玄牝竅中得與祖炁聚會三家相見合爲一體先則凝神於混沌次則寂照含虛空抱一無離是爲返本還元之妙道也書曰人心惟危道心惟微惟精惟一允執厥中蓋言心與精而爲一而會歸於黃中之中而允執之者此堯舜之所以開道統之傳而爲萬古聖學之宗也

三關蟾光二圖說

存存匪懈養靈芝一匊圓明性體奇似
悟未悟機正寄如迷不迷靜偏宜全非
妄作全真作半是無爲半有爲若見西
方新月上勿忘勿助謹防危

乾坤相交水火既濟一陽來復遂生根蒂

西川岸上擡頭望
一派蟾光蘸碧波
傾好下功修二八
殷懃仔細托黃婆

一陽動處
發陽
來玄
竅開
時竅
竅開
收拾
蟾光
歸月
窟從
茲有
路到蓬萊

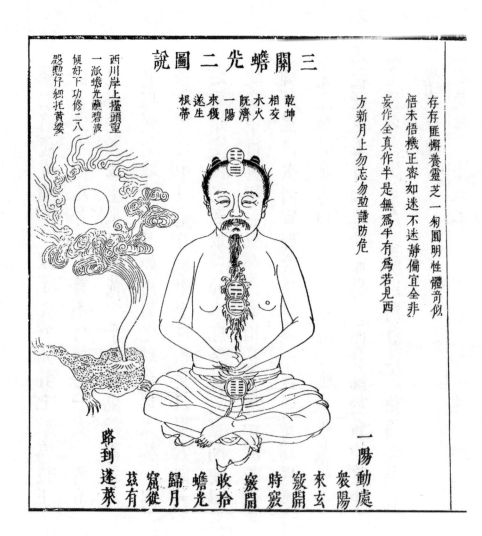

初關煉精化炁要識天癸生時急急採之採時須以徘徊之意引火逼金顛倒轉自然鼎內大丹凝中關煉氣化神乘此火力熾盛駕動河車自太玄關逆流至天谷穴炁與神合然後下降黃房所謂乾坤交媾罷一點落黃庭上關煉神還虛守一抱元以神復歸於毘盧性海也○太虛寥廓皓月粲然雪浪翻騰金蟆吐躍盖金精産於月月之明本乎日也金蟆者喻一點眞陽之竅也元性喻月性之用也性之初見圓陀陀光爍爍狀似流星盖氣質之性稍息而元陽眞性就見如雲開則月現霧散則暘輝纔見此物分明即是元氣産矣速急採取譬之見賊便捉毋令再逸收歸鼎器之中則一點元氣蟾光終不可得而出矣

上丹田直指明心見性圖說

秘密藏　腔子裏　硃砂鼎　赤龍精　神明之舍　道義之門　真汞　何思何慮之天　不識不知之地

菩提本性本如如　萬法通兮透太虛

自有靈明開般若　機緘露處現真如

真心一點原於此　無生無滅無終始

精神合道自長生　道馭精神真不死

丹元　神水　日魂　主翁　天君　靈臺　靈關

千聖一心　萬古一道

作如是觀清淨[illegible]

百千法門　同歸方寸　河沙妙德　盡在心源

照無色界幾千塵

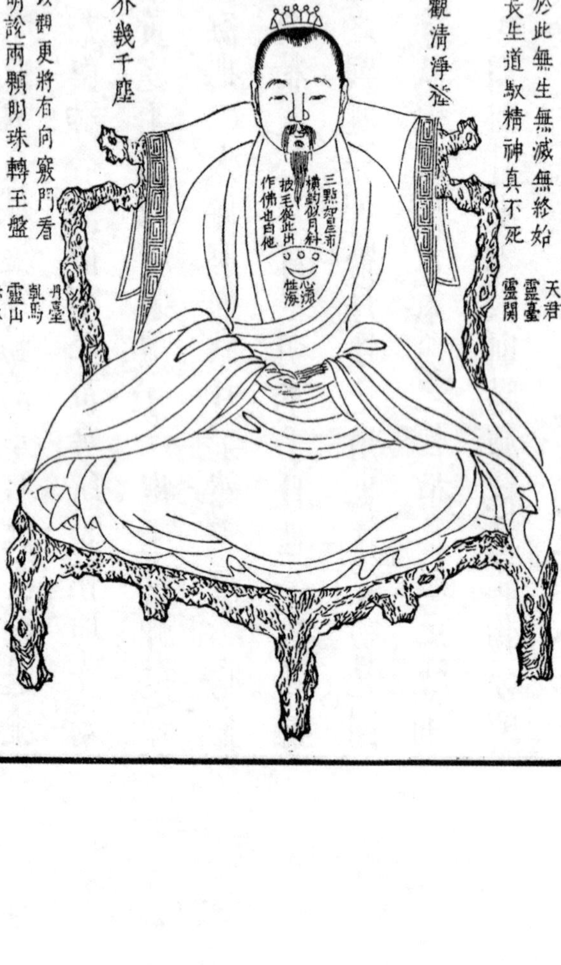

衆妙應沉無以禦　更將有向竅門看

可名物毋明明說　兩顆明珠轉玉盤

默默無言微更微　無言之內有真機

自家竅妙自家會　萬里青天一鶴飛

丹臺　乾馬　靈山　赤水　守靈　姹女　朱汞　靈府　玉液　金烏

天君泰然　百體從令

正其所　自在處　光明藏　天玄女　靈明一竅　活潑潑地　虛靈不昧之神　色空不二之一

是圖衆指上丹田而說議綸紛紛不過一心耳何乃千經萬卷異諱之多端耶盖心字之形全無正體非若他字六書之義點畫撇捺鈎竪中有一正者卽如人心之不軌而無一定之正見有正見卽道體之本性也是以有三不定之點而分上中下也上點可成仙作佛中點可爲卿拜相下點則披毛戴角矣所以三教大聖教人修道是修這點凡聖二路由這點而分出生死再無別途登涅槃唯只這點原夫這點眞心無妄性智本明妙湛元精由妄瞥起俄然晦昧則失彼元精粘湛發知故轉智爲識形中妄心名之曰識心本無知由識故知性本無生由識故生生身種子萌蘖於茲開有漏華結生死果今人妄認方寸中

有箇昭昭靈靈之物渾然與物同體便以爲元神在是殊不知此即死死生生之識神刼刼輪廻之種子耳故景岑云學道之人不悟眞只爲從前認識神無量刼來生死本痴人喚作本來人嗟夫世人以奴爲主而不知認賊爲子而不覺是以世尊教人先斷無始輪廻根本者此也此根旣斷則諸識無依復我元初常明本體故釋教曰佛在靈山莫遠求靈山只在汝心頭人人有箇靈山塔好向靈山塔下修玄教曰大道根莖識者稀常人日用孰能知爲君指出神仙窟一竅彎彎似月眉乃衆生之本原故曰心地諸佛之所得故曰菩提交徹融攝故曰法界寂淨常樂故曰涅槃不濁不漏故曰清淨不妄不變故曰眞如離

過絕非故曰佛性護善遮惡故曰總持隱覆含攝故曰如來藏超越玄祕故曰密嚴國統衆德而大備爍群昏而獨照故曰圓覺其實皆一竅也背之則凡順之則聖迷之則生死始悟之則輪廻息欲息輪廻莫若體乎至道欲體至道莫若觀照本心欲照本心應須普眼虛鑒常教朗月輝明每向定中慧照時時保得此七情未發之中時時全得此八識未染之體外息諸緣內絕諸妄含眼光凝耳韻調鼻息緘舌氣四肢不動使眼耳鼻舌身之五識各返其根則精神魂魄意之五靈各安其位二六時中眼常要內觀此竅耳常要逆聽此竅至於舌準常要對著此竅運用施爲念念不離此竅行住坐卧心心常在此竅不可刹

那忘照率爾相違神光一出便收來造次弗離常在此卽子思所謂不可須臾離者是也先存之以虛其心次忘之以廓其量隨處隨時無碍自在正合龍虎經云至妙之要先存後忘此又口訣中之口訣也然要迸除六識尤在知所先後意雖爲六識之主帥眼實爲五賊之先鋒故古德云心是樞機目爲盜賊欲伏其心先攝其目盖弩之發動在機心之緣引在目機不動則弩住目不動則心住陰符經曰機在目道德經曰不見可欲而心不亂魯論曰非禮勿視朱子曰制於外所以養其中也金笥寶籙曰眼乃神遊玄牝門抑之於眼使歸心眼守此竅不離卽如來正法眼合涅槃心之秘旨故楞嚴經云作是觀者名爲正

觀若他觀者名爲邪觀又觀經觀心品云三界之中以心爲主能觀心者究竟解脫不能觀者畢竟沉淪道德首章云常有欲以觀其竅者觀此竅也常無欲以觀其妙者觀此竅中之妙也昔黄帝三月内觀者觀此也太上亦曰吾從無量劫來觀心得道乃至虚無觀心非易止念尤難是以念頭起處係人生死之根古仙云大道教人先止念念頭不住亦徒然圓覺經云居一切時不起妄念於諸妄心亦不息滅住妄想境不加了知於無了知不辨眞實起信論云心若馳散卽便攝來令住正念念起卽覺覺之卽無脩行妙門惟在於此虚靖天師云不怕念起只怕覺遲念起是病不續是藥當知妄念起於識根鬬境成妄非

實有體在衆生時智劣識强但名爲識當佛地時智强識劣但名爲智秪轉其名不轉其體初一心源廓然妙湛由知見立見妄塵生起故有妄念若知見無見則智性眞淨復還妙湛洞徹精了而意念銷意念既銷自六識而下莫不皆銷即文殊所謂一根既返元六根成解脫既無六根則無六塵既無六塵則無六識既無六識則無輪迴種子既無輪迴種子則我一點眞心獨立無依空空蕩蕩光光淨淨而萬刼常存永不生滅矣此法直指人心一了百當何等直截何等簡易但能培養本原觀照本竅久則油然心新浩然氣暢凝然不動寂然無思豁然知空了然悟性此所謂皮膚剝落盡一眞將次見矣工夫至此自然

有一段淸寧闔闢之機自然有一段飛躍活動之趣自然有一點元陽眞炁從中而出降黃庭入土釜貫尾閭穿夾脊上冲天谷下達幽江流通百脈灌溉三田驅逐一身百竅之陰邪滌蕩五臟六腑之濁穢如服善見王之藥衆病咸消若奏獅子筋之絃羣音頓絕所以云一心療萬病不假藥方多是知一切諸聖皆從此心方便門入得成祖佛爲人天之師凡夫不能證者由不識自心故故曰海枯終見底人死不知心六道羣蒙皆此門出歷千刼而不返一何痛哉所以諸佛驚入火宅祖師特地西來乃至千聖悲嗟皆爲不達唯心出要道耳未能盡心而安能知性未能明心而安能見性夫明心盡心之要者時以善法扶

助自心時以赤水潤澤自心時以境界淨治自心時以精進堅固自心時以忍辱坦蕩自心時以覺照潔白自心時以智慧明利自心時以佛知見開發自心時以佛平等廣大自心故知明心是生死海中之智楫盡心是煩惱病中之良醫若昧此心則永劫輪廻而遺失眞性若明此心則頓超生死而圓證涅槃始終不出此心離此心別無玄妙矣後面雖有次第工夫不過是成就這箇而已噫莫看易了至人難遇口訣難聞故張平叔云只爲丹經無口訣教君何處結靈胎殊不知經中口訣自載大都秘毋言子不肯分開說破使人湊泊不來況多爲譬辭隱語使學者茲自惑心以致中途退步余甚憫之今將丹經梵典中

之口訣一一拈出留與後人爲破昏黑的照路燈辨
眞僞的試金石
太玄眞人云父母生前一點靈不靈只爲結成形成
形骨却光明種放下依然徹底清
空照禪師云這箇分明箇箇同能包天地運虛空我
今直指眞心地空寂靈知是本宗
自然居士云心如明鏡連天淨性似寒潭止水同十
二時中常覺照休教昧了主人翁
智覺禪師云菩薩從來不離眞自家昧了不相親若
能靜坐回光照便是生前舊主人
三茅眞君云靈臺湛湛似冰壺只許元神在裏居若
向此中留一物豈能證道合淸虛

天然禪師云心本絕塵何用洗身中無病豈求醫欲知是佛非身處明鑑高懸未照時

主敬道人云未發之前心是性已發之後性是心心性源頭參不透空從往迹費搜尋

無心真人云妄念纔興神即遷神遷六賊亂心田心田既亂身無主六道輪廻在目前

高僧妙虛云惺惺一箇主人翁寂然不動在靈宮但得此中無掛礙天然本體自虛空

太乙真人云一點圓明等太虛只因念起結成軀若能放下回光照依舊清虛一物無

華嚴經頌云有數無數一切劫菩薩了知即一念於此善入菩提行常勤修習不退轉

海月禪師云六箇門頭一箇關五門不必更遮攔從他世事紛紛亂堂上家尊鎮日安

水庵禪師云不起一念須彌山特立當頭着眼看拈一縷絲經絆倒家家門底透長安

大潙智頌云真佛無爲在我身三呼三應太惺惺若人不悟元由者塵刼茫茫認識神

無垢子偈云五蘊山頭一段空同門出入不相逢無量刼來賃屋住到頭不識主人翁

惟寬禪師云勸君學道莫貪求萬事無心道合頭無心始體無心道體得無心道也休

志公和尚云頓悟心原開寶藏隱顯靈蹤現真相獨行獨坐常巍巍百億化身無數量

獃堂禪師云應無所住生其心廓徹圓明處處眞直下頂門開正眼大千沙界現全身

指玄篇云若得心空苦便無有何生死有何拘一朝脫下胎州襖作箇逍遥大丈夫

段眞人云心內觀心覔本心心心俱絕見真心眞心明徹通三界外道天魔不敢侵

張遠宵云不生不滅本來眞無價夜光人不識凡夫虛度幾千生雜在鑛中不能出

薛道光云妙訣五千稱道德眞詮三百頌陰符但得心中無一字不參禪亦是工夫

無垢子云學道先須識自心自心深處最難尋若還尋到無尋處方悟凡心即佛心

逍遥翁云掃除六賊淨心基榮辱悲歡事勿追尋炁
致琹竅內景自然神室產摩尼
弄九葉云天機奥妙難輕吐顏氏如愚曾氏魯問渠
何處用工夫只在不聞與不覩
張三峰云眞心浩浩無窮極無限神仙從裏出世人
就着小形骸一顆玄珠迷不識
解迷歌云欲要眞精無漏洩須淨靈臺如朗月靈臺
不淨神不清晝夜工夫休斷絶
北塔祚云切忌隨他不會他大隨此語播天涯眞淨
性中纔一念早是千差與萬差
横川珙云洞水無緣會逆流見他苦切故相酬西來
祖意寔無意妄想狂心歇便休

草堂禪師云斷臂覔心心不得覔心無得始安心心
安後夜雪庭際滿目瑤花無處尋
佛國禪師云心心即佛佛心心佛佛心心即佛心心
佛悟來無一物將軍止渴望梅林
華嚴經偈云若人欲識佛境界當淨其意如虛空遠
離妄想及諸取令心所向皆無礙
寶積經頌云諸佛從心得解脫心者清淨名無垢五
道鮮潔不受染有解此者成大道
圓悟禪師云佛佛道同同至道心心眞契契眞心廓
然透出威音外地久天長海更深
世奇首座云諸法空故我心空我心空故諸法同諸
法我心無別體秖在而今一念中

張拙秀才云光明寂照遍河沙凡聖元來共一家一念不生全體現六根纔動被雲遮

中峯禪師云從來至道與心親學道到心道即真心道有無俱泯絕大千世界一閑身

張無夢云心在靈關身有主氣歸元海壽無窮

白沙先生云千休千處得一念一生持

彭鶴林云神室即是此靈臺中有長生不死胎

永明延壽云有念即生死無念即泥洹

胡敬齋云無事時不教心空有事時不教心亂

道玄居士云一出便收來旣歸須放下

羅念菴云毋以妄念戕其心毋以客氣傷元氣

菠衣道人云心若在腔子裏念不出揔持門

白樂天云自從苦學空門法消盡平生種種心
淨業禪師云動不忘於觀照靜不忘於止息
韜光集云心在是念亦在是動如斯靜亦如斯
冲沙云身不動而心自安心不動而神自守
徐無極云性從偏處克將去心自放時收拾來
佛印云一念動時皆是火萬緣寂處即生春
陶弘景云脩心要作長生客煉性當如活死人
無着禪師云明即明心空寂見即見性無生
華嚴經云若能諦觀心不二方見毘盧清淨身
華嚴頌云始從一念終成刧悉依衆生心想生
馬丹陽云若能常守彎彎竅神自靈兮氣自充
丘長春云當時一句師邊得默默垂簾仔細看

慧日禪師云一念照了一念之菩提也一念宴息一念之涅槃也得一道人曰誠哉祖師所謂淨智妙圓體自空寂如是功德不以世求矣巳上數語皆成仙作聖之要入道進德之門也昔阿難多聞摠持積歲不登聖果息緣返照暫時卽證無生蓋凡夫之心終日趣外逾遠逾背惟返照者撿情攝念攝念安心安心養神養神歸性卽魏伯陽所謂金來歸性初乃得稱還丹是也噫鍊鑛成金得寶珍鍊情歸性合天眞相逢此理交談者千萬人中無一人五梅道人曰皎日當空雲烟歛跡九霄本無一物何處惹塵埃是六祖生知而智者也廣額屠兒放下屠刀立便成佛是言下頓悟超凡入聖者也秀上座之時時勤拂拭莫使惹塵埃是漸修而未悟者也

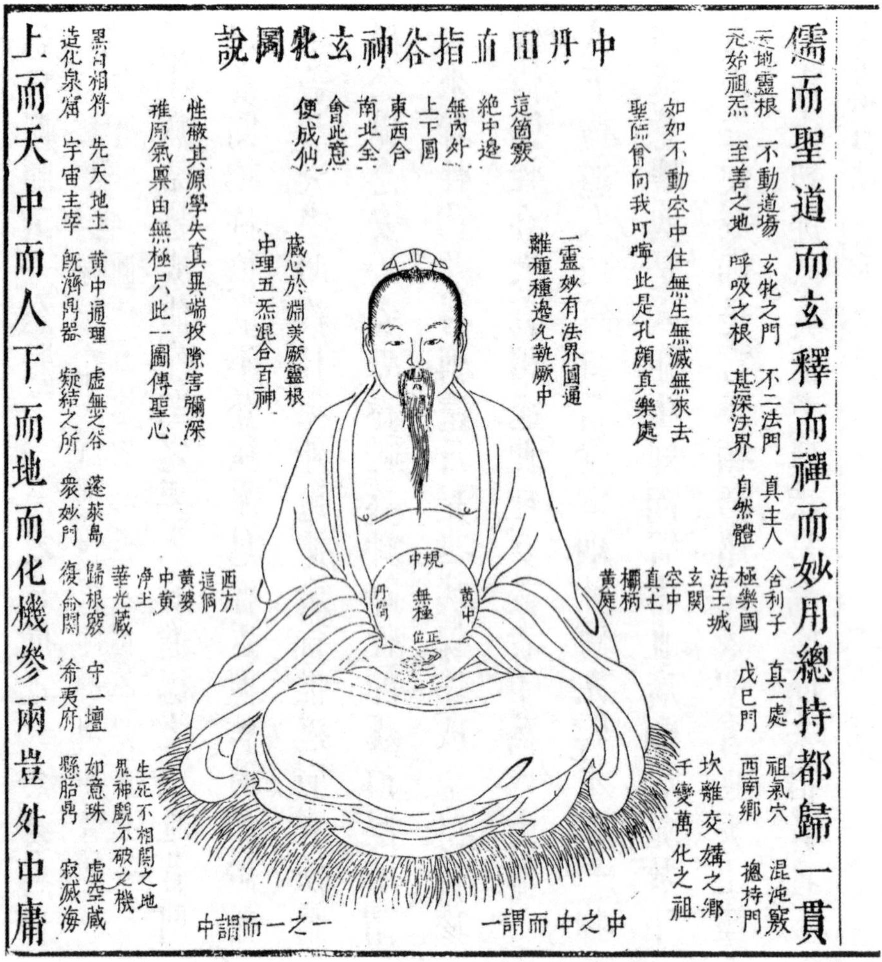
中丹田直指谷神玄牝圖說
儒而聖道而玄釋而禪而妙用總持都歸一貫
天地靈根 不動道場 玄牝之門 不二法門 真主人 舍利子 真一處 祖氣穴 混沌竅
元始祖炁 至善之地 呼吸之根 甚深法界 自然體 極樂國 戊己門 西南鄉 總持門
如如不動空中住無生無滅無來去
聖師會向我叮嚀此是孔顏真樂處
一靈妙有法界圓通
離種種邊允執厥中
這箇竅
絕中邊
無內外
上下圓
東西合
南北全
會此意
便成仙
藏心於淵美厥靈根
中理五炁混合百神
性蔽其源學失真異端投隙害彌深
推原氣稟由無極只此一圖傳聖心
法王城
玄關
空中
真土
欛柄
黃庭
規中
黃中
丹扃
無極
正位
西方
這個
黃婆
中黃
凈土
華光藏
坎離交媾之鄉
千變萬化之祖
生死不相關之地
鬼神覷不破之機
中之中而謂一
一之一而謂中
羣言相符 先天地主 黃中通理 虛無之谷 蓬萊島 歸根竅 守一壇 如意珠 虛空藏
造化泉窟 宇宙主宰 既濟鼎器 凝結之所 衆妙門 復命關 希夷府 懸胎鼎 寂滅海
上而天中而人下而地而化機參兩豈外中庸

此圖特為中丹田之一竅而設立也自仙佛皆從此而出異名雖廣然則舉世罕知其妙有非師傳儼似睛中射梁若要識此一竅在身中求之非口非鼻非心非腎非肝肺非脾胃非臍輪非尾閭非膀胱非谷道非兩腎中間一穴非臍下一寸三分非明堂泥丸非關元氣海然則果何處耶盖此一竅稽之則體如河圖之虛中譬諸山谷之空中聲達則響應而謂之神乃强名之曰玄牝是吾身中天地之根基也能有此則壽敝天地矣故老子所云玄牝之門是謂天地根悟眞篇曰要得谷神長不死須憑玄牝立根基所以紫陽言脩鍊金丹全在玄牝于四百字序云玄牝一竅而採取在此交媾在此烹煉在此沐浴在此溫

養在此結胎在此至於脫胎神化無不在此脩煉之士誠能知此一竅則金丹之道盡矣所謂得一而萬事畢者是也然而丹經大都諱言使學者無所歸着前輩指爲先天主人萬象主宰太極之蒂混沌之根至善之地凝結之所虛無之谷造化之源不二法門甚深法界歸根竅復命關中黃宮希夷府總持門極樂國虛空藏西南鄉戊己門真一處黃婆舍守一壇淨土西方黃中正位這箇神室真土黃庭種種異名難以悉舉純陽祖師云玄牝玄牝真玄牝不在心兮不在腎窮取生身受氣初莫怪天機都洩盡且以生身之理言之父母一念將媾之際而圓陀陀光爍爍先天一點靈光撞於母胞如此○而已儒謂之仁亦

曰無極釋謂之珠亦曰圓明道謂之丹亦曰靈光皆指此先天一氣混元至精而言實生身之原受氣之初性命之基萬化之祖也及父母交罷精血包羅於外如此◎而已即吾儒所謂太極是也由是而五臟由是而六腑由是而四肢百骸由是而能視能聽能持能行由是而能仁能義能禮能智由是而能聖能神能文能武究竟生身本原皆從太極中那一些兒發出來耳參同契曰人所禀軀體本一無元精雲布因炁託初炁一凝定玄牝立焉上結靈關下結氣海靈關藏覺靈性氣海藏生氣命性命雖分龍虎二弦而性命之根則總持於此竅之內何以謂之玄牝之門而曰天地根也豈非吾身之天地吾身之玄牝耶

吾身天地之根吾身玄牝之根耶吾身玄牝之門吾身天地之門耶而天地之門之所從出者獨不有所謂先天地生而爲天地之根乎故天地之根乃天地之所由以分天而分地也而玄牝之門之所從出者獨不有所謂先玄牝生而爲玄牝之根乎故玄牝之根乃玄牝之所由以分玄而分牝也何以謂之玄也豈非從有名之母中發出來也何以謂之玄之又玄豈非從無名之始中發出來也無名之始釋氏指爲不二法門子思曰其爲物不二則其生物不測莊子曰昭昭生於冥冥有倫生於無形而欲悟性以見性者其將求之昭昭而有倫乎抑亦求之冥冥而無形乎冥冥無形莫窺其眹吾儒所謂無聲無臭釋氏所

謂威音王已前是也然則何以謂之王而其所以主張威音者太極也故謂之王余於是而知學仙學佛者但覔其王之所在而尊之爾既尊王矣而又且併其王而無有之是遡太極而還於無極也無極者眞中也故曰聖聖相傳在此中此中就是堯舜允執之中孔子時中之中子思未發之中易之黄中通理之中慶人經之中理五炁之中釋迦之空中之中老子之守中之中然中字有二義若曰中有定在者在此中也若曰中無定在者乾坤合處乃眞中也以其可得而允執也故曰有定在然豈特在此一身之內爲然也是雖一身之外而遍滿天地亦皆吾心之中也又豈特在此天地之內爲然也是雖天地之外而遍

滿虛空亦皆吾心之中也易曰周流六虛然周流於六虛之外而非不足退藏於一身之竅而非有餘故曰一竅能納太虛此竅正在乾之下坤之上震之西兌之東八脈九竅經絡聯輳虛閑一穴空懸黍珠是人一身天地之正中乃藏元始祖炁之竅也若知竅而不知妙猶知中而不知一昔人有言曰心是地而性是王竅是中而妙是一一有數種有道之一有神之一有氣之一有水之一有數之一有一貫之一有協一之一有精一之一有惟一之一有守一之一有歸一之一歸一者以其一而歸乎其中也守一者以其一而守乎其中也有中則有一一而非中則非聖人之所謂一也有一便有中中而非一則非聖人之

所謂中也故孔子之一以其中之一而貫之也堯舜之中以其一之中而執之也伏羲氏之河圖而虛其中者先天也乃吾身此竅之中也孔子曰先天而天弗違老子曰無名天地之始即釋氏所謂涖乎無朕一片太虛是也神禹氏之洛書而實其中者後天也乃吾身此竅之一也孔子曰後天而奉天時老子曰有名萬物之母即道家所謂露出端倪一點靈光是也然而河圖中央中而未始不一洛書一矣一而未始不中中包乎一一主乎中豈非精微之妙理無爲之神機耶道德經曰多言數窮不如守中洞玄經曰丹書萬卷不如守一一者生生不息之仁也中庸曰脩道以仁論語曰天下歸仁禮記曰中心安仁周易

曰安土敦仁。予嘗譬之菓實之仁。中有一點者太極也。而抱之兩者。一陰一陽也。易曰易有太極。是生兩儀。故意也者兩而化也。太極也者一而神也。以此一點之神而含養於此竅之中。不得勤。不得怠。謂之安神此竅。非所以復吾身之乾元乎。以此一點之仁而敦養於坤土之中。而勿忘。而勿助。謂之安土敦仁。非所以立吾身之太極乎。又若蓮子之屬。中有一條而抱之兩片者。非所謂一以貫之邪。一而二。二而三。三生萬物。故張紫陽云。道是虛無生一炁。便從一炁產陰陽。陰陽再合成三體。三體重生萬物昌。昔文始先生問於老子曰。修身至妙。至要載於何章。老子曰。在於深根固蔕。守中抱一而已。何謂守中。曰勤守中。莫放逸外不入內不出還本源萬事畢故老子所謂守中者守此本體之中也儒之執中者執此本體之中也釋之空中者本體之中本洞然而空也老子所謂抱一者抱此本體之一也釋之歸一者歸此本體之一也儒之一貫者以此本體之一而貫之也惟精惟一者易之所謂精義入神者是也允執厥中者記之所謂王中心無爲以守至正者是也夫曰王中心者盖以一點之仁主此中心之中而命之曰王所謂天君者是也夫何爲哉以守至正而已矣命由此立性由此存此兩者同出異名原是竅中舊物如今復返竅中則蒙莊所謂南海之儵北海之忽相遇於混沌之地矣脩丹之士不明此竅則眞息不住而神化無基

藥物不全而大丹不結盖此竅是摠持之門萬法之都亦無邊傍更無內外不可以有心守不可以無心求以有心守之則着相以無心求之則落空若何可也受師訣曰空洞無涯是玄竅知而不守是工夫常將真我安止其中如如不動寂寂惺惺內外兩忘渾然無事則神戀氣而凝命戀性而住不歸一而一自歸不守中而中自守中心之心既實五行之心自虛此老子抱一守中虛心實腹之本旨也

張紫陽云虛心實腹義俱深只為虛心要識心

劉海蟾云中央神室本虛閑自有先天真氣到

呂純陽云守中絕學方知奧抱一無言始見佳

徐佐卿云儵忽遨遊歸混沌虎龍蟠踞入中黄

正陽翁云要識金丹端的處未生身處下工夫

如如居士云坤之上乾之下中間一寶難酬價

王玉陽雲光集云谷神從此立天根上聖强名玄牝門點破世人生死穴真仙於此定乾坤

河上公過明集云杳杳冥冥開衆妙恍恍惚惚藏真竅斂之潛藏一粒中放之瀰漫六合表

張紫陽悟真篇云震龍汞自出離鄉兑虎金生在坎方二物總因兒產母五行全要入中央

張景和桃中記云混元一竅是先天內面虛無理自然若向未生前見得明知必是大羅仙

葛仙翁玄玄歌云乾坤合處乃真中中在虛無甚空闊簇將龍虎竅中藏造化樞機歸掌握

羅公遠弄丸集云一竅虛無天地中纏綿秘密不通風恍惚杳冥無色象眞人現在寶珠中

天來子白虎歌云玄牝之門鎮日開中間一竅混靈臺無關無鎖無人守日月東西自往來

張鴻濛還元篇云天地之根始玄牝呼日汲月持欛柄隱顯俱空空不空尋之不見呼之應

高象先金丹歌云眞一之道何所云莫若先敲戊巳門戊巳門中有眞水眞水便是黃芽根

丁野鶴逍遙遊云三教一元這箇圈生在無爲象帝先悟得此中眞妙理始知大道祖根源

李靈陽祖竅歌云箇箇無生無盡藏人人本體本虛空莫道瞿曇名極樂孔顏樂亦在其中

吕祖純陽文集云陰陽二物隱中微只爲愚徒自不
知實實認爲男女是眞眞説做坎離非
李道純無一歌云道本虚無生太極太極變而先有
一一分爲二二生三四象五行從此出
壽涯禪師語録云陀羅門啓妙難窮佛佛相傳只此
中不識西來眞實義空穿鐵屣走西東
馬丹陽醉中吟云老子金丹釋氏珠圓明無欠亦無
餘死户生門宗此竅此竅猶能納太虚
劉長生仙樂集云一竅虚空玄牝門調停節候要常
温仙人鼎内無他藥雜鑛銷成百煉金
劉海蟾見道歌云函谷關當天地中往來日月自西
東識將寸管窺玄竅虎踞龍蟠氣象雄

無心昌老秘訣云自曉谷神通此道誰能理性欲脩
眞明明說向中黄路霹靂聲中自得神
緣督趙眞人云虛無一竅正當中無生無滅自無窮
昭昭靈靈相非相杳杳冥冥空不空
司馬子微云虛無一竅號玄關正在人身天地間大
包法界渾無迹細入塵埃不見顏
玉蟾白眞人云性之根命之蔕同出異名分兩類合
歸一處結成丹還爲元始先天氣
紫陽張眞人金丹序云此竅非凡竅乾坤共合成名
爲神氣穴內有坎離精
瑩蟾李眞人道德頌云闔闢應乾坤斯爲玄牝門自
從無出入三界獨稱尊〇已上口訣皆發明玄牝竅

妙老子曰天地之間其猶橐籥乎莊子曰樞得其環中以應無窮坤曰正位居體鼎曰正位凝命艮曰君子思不出其位而孟子亦曰立天下之正位惟此正位也以言乎其大則足以包羅乎天地而無外故謂之廣居而大道從此出矣毛詩曰秉心塞淵太玄經曰藏心於淵美厥靈根參同契曰眞人潛深淵浮游守規中曰塞曰藏潛而守之之義也然而浮游二字不可不知也浮游者優游也卽孟子之所謂勿忘勿助也釋氏所謂應如是住如是降伏其心亦此義也心月居士曰能於此竅闔闢者誠我命由我不由天矣

得一道人曰中丹田乃安仁於祖竅翕聚於先天是自己重立性命再造乾坤卽老子之守中釋伽之空中孔子之執中堯舜之允執厥中惟精惟一之於其中如瞳之於目中仁之於果中其斯之謂歟

下丹田直指至人踵息圖說

水鄉鉛　黑虎髓　多寶藏　造化爐　一灝氣門　闔闢處　金華　月魄　靈根　橐籥　氣穴　北海　嬰兒　玄冥　曲江　長胎住息之鄉

混沌生前混沌團
箇中消息不容傳
劈開竅內竅中竅
踏破天中天外天
斗柄逆旋方有象
台光返照始成仙
一朝撈得潭心月
覷破胡僧面壁禪

靜虛非枯寂中有未發中中有亦何有無之郎頑空

神御氣氣留神不可須臾離也

得灝氣之門所以收其根知元神之囊所以韜其光若蚌內守若石中藏所以爲珠玉之房

不思善兮不思惡
箇裏至人活潑潑
剎那裂破鴻濛殼
迸出一靈真大藥
大藥出兮光爍爍
頓悟頓脩成妙覺
覺妙圓通跨鶴歸
勝蓮花界逍遙樂

常寂而常照不起寂照想常明而常覺不起明覺想

杳冥府　地黃男　無盡藏　偃月爐　生殺舍　真金鼎　玄竅　生門　死戶　華池　玉兔　遂發　育嬰　呆胞　真鉛　安身立命之竅

心依息息歸心豈容毫髮疎哉

本圖之衆名是爲下丹田而舉也自上中二田一貫而下原不相離者也此訣只是將所凝聚那點陽神深藏於氣穴之內謂之送歸土釜牢封固又謂之凝神入氣穴此穴有內外兩竅外竅猶桃杏之核內竅譬核中之仁古仙有曰混沌生前混沌圖箇中消息不容傳劈開竅內竅中竅踏破天中天外天此竅中之竅釋尊標爲空不空如來藏老君名之玄又玄衆妙門海蟾亦曰無底曰橐有孔曰籥中間一竅無人摸着此指竅中之竅而言也是竅也爲陰陽之源神氣之宅胎息之根呼吸之祖胎者藏神之府息者化胎之源胎因息生息因胎住而竅中之竅乃神仙長胎住息之眞去處也然天地雖大亦一胎也而日月

之往來斗柄之旋轉者真息也又不觀三氏之書乎易經曰成性存存道義之門道德經曰玄之又玄衆妙之門遺教經曰制之一處無事不辦皆直指我之真人呼吸處而言之然則真人呼吸處果何處耶吾昔聞之師曰藏元精之窅冥府結胎息之丹元宫上赤下黑左青右白中央黄暈之間乃真人呼吸之處正當臍輪之後腎堂之前黄庭之下關元之上卽黄庭經所謂上有黄庭下關元後有幽闕前命門是也廖蟾輝云前對臍輪後對腎中間有箇真金鼎是也既識此處卽將向來所凝之神而安於竅中之竅如龜之藏如蛇之蟄如蚌之含光如蟾之納息綿綿續續勿忘勿助若存而非存若無而非無引而收之於

無何鄉運而藏之於闔闢處火焉呼吸相含神氣相抱結爲丹母鎮在下田外則感召天地靈陽之正氣內則擒制一身鉛汞之英華如北辰所居衆星皆拱久則神氣歸根性命合一而大藥孕於其中也然凝神調息皆有口訣不然恐思慮之神妄交於呼吸之氣結成幻丹而反害藥物矣所以仙翁云調息要調眞息息鍊神須鍊不神神黃帝陰符經曰人知其神之神不知不神之所以神不神者性也蓋性者神之根也神本於性而性則未始神神中烱烱而不昧者乃是眞性也仙姑大道歌曰我爲諸君說端的命蒂從來在眞息眞息者命也蓋命者氣之蔕也氣本於命而命則未始氣氣中氤氳而不息者乃是眞命也

這箇不神之神與那箇眞息之息他兩箇方纔是眞夫妻眞陰陽眞龍虎眞性命紐結做一團混合為一處打成作一片煆煉在一爐或名之曰牛女相逢又曰牝牡相從又曰烏兎同穴又曰日月同宮又曰魂魄相投又曰金火混融究而言之不過凝神合氣之法耳是以神不離氣氣不離神吾身之神氣合而後吾身之性命見矣性不離命命不離性吾身之性命合而後吾身未始性之性未始命之命見矣崔公入藥鏡曰是性命非神氣權而言之則二實而言之則一神氣固非二物性命則當雙脩然而雙脩之旨久失其傳以致玄禪二門互爭高下劉海蟾云眞箇佛法便是道一箇孩兒兩箇抱清和翁曰性命雙脩教

外傳其中玄妙妙而玄簇將元始歸無始逆轉先天
作後天此端與妙非師罔通口訣玄微詳載於後今
姑就諸仙所證者而言之便於初機而易得悟入也
按白玉蟾云昔日遇師親口訣只要凝神入氣穴氣
穴者內竅也蟄神於中藏氣於內以如來空空之心
合真人深深之息則心息相依息調心淨盖蘊一點
真心於炁中便是凝神入氣穴之法神既凝定氣穴
常要回光內照照顧不離則自然旋轉真息一降一
升而水火木金相爲進退矣仙諺曰欲得長生先須
久視久視於上丹田則神長生久視於中丹田則氣
長生久視於下丹田則形長生夫日月之照於天地
闇螺蚌吸之則生珠頑石蓄之則産玉何况人身自

有日月豈不能回光內照結自巳之珍珠產自巳之美王哉然而神卽火也氣卽水也水多則火滅火多則水乾中年之人大抵水不勝火者多矣所以命宜早接油要早添添油之法今復詳言則天人一氣之旨盡露矣夫天人之際惟一氣之相爲闔闢相爲聯屬巳爾而非有二也故我而呼也則天地之氣於焉而發而散我而吸也則天地之氣於焉而翕而聚此天人相與之微一氣之感通者然也故天地所以能長且久者以其呼吸於其內也人能效天地呼吸於其內亦可與天地同其長久曹仙姑云元和內運卽成眞呼吸外施終未了以口鼻之氣往來者外呼吸也乾坤之氣闔闢者內呼吸也蕭了眞云老子明開

衆妙門一開一闔應乾坤果於罔象無形處有箇長生不死根此指內呼吸也張平叔云玄牝之門世罕知休將口鼻妄施爲饒君吐納經千載爭得金烏搦兎兒此斥外呼吸也外呼吸乃色身上事接濟後天以養形體內呼吸乃法身上事栽培先天以養谷神蓋內呼吸之息原從天命中來非同類之物不能相親是以聖人用伏炁之法奪先天地之冲和逆上雙關前返乎後以達本根使母之氣伏子之氣子母眷戀於其間則息息歸根而爲金丹之母矣前輩云伏炁不服氣服氣須伏炁服氣不長生長生須伏炁炁之積於下者無地可透自然升之而上至髓海氣之積於上者無處可奔自然降之而下至氣海二氣相

接循環無端古先達人得濟長生者良由有此逆用之法也此法自始至終丟他不得起手添油接命採藥結胎中間沐浴火候温養乳哺歇尾移神上頂嬰兒出殼此時到岸不須船這着功夫方纔住手且人始生剪斷臍帶而性命卽落在我之至人踵息處既之而在我之天地玄牝之中又既之而在我之無漏本來之心又既之而散於耳目口鼻四肢百骸之間日復一日神馳氣散乃死之徒也故神仙以歸伏法度人必先教之以返本夫返本者乃以其散之於耳目口鼻四肢百骸之神而復返之於無漏本來之心謂之上丹田又將上丹田所凝之神而復返之於天地玄牝之中謂之中丹田又將中丹田所凝之神而

復返之於至人踵息處謂之下丹田曰復一日神凝氣聚乃生之徒也故曰屋破脩容易藥枯生不難但知歸伏法金寶積如山此時補完乾體接續氣數以全親之所生以全天之所賦真汞纔有八兩真鉛始足半斤氣若嬰兒心同赤子陰陽胞合混沌不分出息微微入息綿綿漸漸入而漸漸柔漸漸和而漸漸定久則寂中動息兀然自住內氣不出外氣返進此是胎息還元之初衆妙歸根之始也呂知常曰一息暫停方可奪天地造化程伊川曰若非竊造化之機安能長生翁葆光曰一刻之功夫可奪天地一年之氣數此三老者豈虛語哉盖胎息妙凝之時入有積聚出無分散體相虛空泯然入定定久外合合一動

靜俱無璇璣停輪日月合璧萬里陰沉春氣合九霄清徹露華凝妙矣哉其陰陽交感之眞景象歟斯時也元精吐華而乾金出鑛矣此係重開混沌再入胞胎開無漏花結菩提果非夙有仙骨者不能知此道之妙也

只就真人呼吸處放教姹女往來飛此李長源混元寶章之口訣也○內交真炁存呼吸自然造化返童顏此許旌陽醉思仙歌之口訣也○西方金母最堅剛走入壬家水裏藏此石杏林還元篇中之口訣也○要知大道希夷理太陽移在月明中此薛紫賢復命篇中之口訣也○先賢明露丹臺旨幾度靈烏宿桂柯此劉海蟾還金篇中之口訣也○兩盤靈物天

然合些子神機這裏求此陳默默崇正篇中之口訣也○古佛之音超動靜眞人之息自遊緜此釋鑑源青蓮經中之口訣也○一息漸隨無念宵半醒猶覺有身浮此羅念菴胎息篇中之口訣也○出息不隨萬緣入息不居蘊界此般若尊者荅東印度國王口訣也○水銀實滿葫蘆裏封固其口置深水此蔓緣華氣穴圖中之口訣也○萬物生皆死元神死復生以神歸氣穴丹道自然成此石杏林之口訣也○歸根自有歸根竅復命寧無復命關踏破兩重消息子超凡入聖譬如閑此李清庵之口訣也○心思妙意思玄牝間元氣結成丹谷神不死因胎息長生門戶要綿綿此群仙珠玉口訣也○專氣致柔神久留住

來真息自悠悠綿綿迤邐歸元命不汲靈泉常自流
此海蟾翁口訣也〇一身上下定中央腎前臍後號
黃房流戊作媒將就已金來歸性賀新郎此上陽子
口訣也〇一條直路少人尋風虎雲龍自嘯吟坐定
更知行氣主真人之息又深深此陳致虛口訣也〇
圓不圓來方不方森羅天地暗包藏如今內外兩層
白體在中央一點黃此大成集口訣也〇息調心淨
守黃庭一部渾全圓覺經悟却此身猶是幻滿團坐
上要惺惺此抱朴子口訣也〇經營鄞鄂體虛無便
把元神裏面居息往息來無間斷聖胎成就合元初
此陳虛白口訣也〇謫觀三教聖人書息之一字最
簡直若於息上做工夫爲佛爲仙不勞力息緣達本

禪之機息心明理儒之極息氣凝神道之玄三息相須無不克此李道純中和集中之口訣也○夫元氣者大道之根天地之母一陰一陽生育萬物在人爲呼吸之氣在天爲寒暑之氣能改移四時之氣者戊巳也春在巽能發生萬物夏在坤能長養萬物秋在乾能成熟萬物冬在艮能含養萬物故學道者當取四時正氣納入胎中是爲眞種積久自得心定神定息定龍親虎會結就聖胎謂之眞人胎息此袁天綱胎息訣也○夫道太虛而已矣天地日月皆從太虛中來故天地者太虛之眞胎也日月者太虛之眞息也人能與太虛同體則天地卽我之胎日月卽我之息太虛之包羅卽我之包羅豈非所謂超出天地日

月之外而為混虛氏其人歟此太始氏胎息訣也○胎從伏氣中結氣從有胎中息氣入身中為之生神去離形為之死知神氣可以長生固守虛無以養神氣神行則氣行神住則氣住若欲長生神氣相注心不動念無來無去不出不入自然常住勤而行之是真道路此達磨祖師胎息經也○真玄真牝自呼自吸似春沼魚如百蟲蟄灝氣融融靈風習習不濁不清非口非鼻無去無來無出無入返本還元是真胎息此張景和胎息訣也○奉道之士須審子午卯酉四時乃是陰陽出入之門戶定心不動謂之曰禪神通萬變謂之曰靈智周萬事謂之曰慧道元合炁謂之曰脩真氣歸元謂之曰鍊龍虎相交謂之曰丹三

丹同契謂之曰了有志於道者如此根源依法脩行自可入於長生大道矣此王子喬胎息訣也○凡脩道者常行內觀遣去三尸驅除六賊納氣於丹田定心於覺海心定則神寧神寧則氣住氣住則胎長矣胎之長者由於息之住也無息不胎無胎不息住息長胎聖母神孩故曰胎息定而金木交心意寧而龍虎會也此許棲巖胎息訣也○凡所脩行先定心炁心炁定則神凝神凝則心安心安則氣升氣升則境忘境忘則清靜清靜則無物無物則命全命全則道生道生則絕相絕相則覺明覺明則神通經曰心通萬法皆通心靜萬法皆滅此我佛如來真定法門者也學者果能定心氣凝胎息則運丹不遠金液非遙

此王方平胎息訣也○氣穴之間昔人名之曰生門死戶又謂之天地之根凝神於此久之元氣日充元神日旺神旺則氣暢氣暢則血融血融則骨强骨强則髓滿髓滿則腹盈腹盈則下實下實則行步輕健動作不疲四體康健顏色如桃去仙不遠矣此赤肚子胎息訣也○我之本體本自圓明圓明者是我身中天地之真胎也我之本體本自空寂空寂者是我身中日月之息也惟吾身之天地有真胎矣而後天地之胎與我之胎相爲混合而胎我之胎惟吾身之日月有真息矣而後日月之息與我之息相爲混合而息我之息惟吾身之本體既虛空矣而後虛空之虛空與我之虛空相爲混合而虛空我之虛空此性

空子胎息訣也○三十六咽一咽爲先吐唯細細納唯綿綿坐卧亦爾行立坦然戒於喧雜忌以腥羶假名胎息實曰內丹非只治病決定延年久久行之名列上仙此幻眞先生胎息銘也○已上口訣舉其大畧餘者載於丹經不可得而盡述此下丹田工夫其用大矣謂人之元神藏於氣穴猶萬物藏於坤土神入地中猶天氣降而至於地氣與神合猶地道之承於天參同契曰恒順地理承天布宣易曰至哉坤元萬物資生蓋亥月純坤用事之時時當草木歸根蟄虫入戶閉塞成冬冬雖主藏然次年發育之功實胚胎於此蓋一陽不生於復而生於坤坤雖至陰然陰裏含陽大藥之生實根抵於此藥將產時就與孕婦

懷胎相似。保完眞種。不敢放肆。愼起居。節飲食。忌酒色。戒惱怒。外不役其形骸。內不勞其心志。至於行住坐卧。各各有方。行則措足於坦途。住則凝神於太虛。坐則調丹田之息。卧則抱臍下之珠。故曰行住坐卧。不離這箇。五梅道人曰。旣命爲我有。必氣歸元海。胎養踵息。其深深之義者。若蟄虫之坏戶而墐塞。咸俯者也。一顆如此。況萬物乎。然天地亦一物耳。十月純坤。至陰之靜極。而後一陽來復。人爲小天地。故陰符經曰。觀天之道。執天之行。盡矣。得一道人曰。易圖丹鏡。吾知一陽來復者。蓋潛藏而後能飛躍。毋太亢者。仍歸黃庭元海。乃周天火候。築基煉已之根由也。夫至人之息亦然。吸則自下而鼎於上。呼則自上而降於下。在天則應星。而如斗指子午間。在地則應潮。而如月在子午間。奚獨下丹田而已哉耶。

三卷 水集終

易圖升鏡四卷火集目錄

酒卷火集目錄終

易圖丹鏡四卷火集

天都張星餘濬初甫集著
金沙潘永圖慎庵甫叅訂

四卷小引

是刻四卷又幾佛號南無矣心日居士偶無心施一滴水化爲霖雨震起龍雷雹火澤遍三千大千法界即如臨濟喫黃檗痛棒還拳大愚也若不如是尿牀鬼子焉成大樹溥蔭羣品耶心日居士丹鏡之黃檗也長白居士丹鏡之大愚也是集丹鏡之臨濟也余則睦州遊戲三昧耳較靈山會上拈花示衆待微笑於何人即說頌曰無無有無有有無有有即自無無即自有有有不有無無不無無無生有有有生無非無爲無非有爲有不有中有不無中無是集之謂歟

人之元氣逐日發生子時復氣到尾閭丑時臨氣到腎堂寅時泰氣到玄樞卯時大壯氣到夾脊辰時夬氣到陶道巳時乾氣到玉枕午時姤氣到泥丸未時遯氣到明堂申時否氣到膻中酉時觀氣到中脘戌時剥氣到神闕亥時坤之氣歸於氣海矣

陽升陰降四象環中圖說

天人合發

全藉於茲

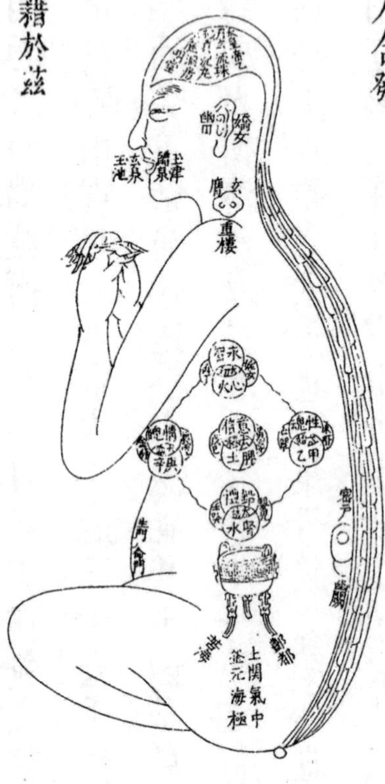

任脉自會陰循腹裏上至承漿下齒縫中而止督脉自長强循脊裏上大椎昇風府入腦戶過顖會從額鼻洼齦交上齒縫中而止盖齦交承漿會陰長强上下二處似隔河之兩岸也修丹以閉口合齒舌拄上腭緊撮谷道氣吸尾閭借喻上下鵲橋耳

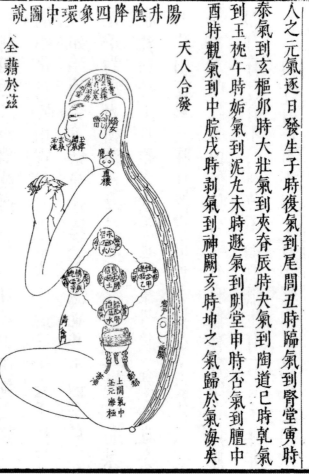

心者君主之官也神明出焉肺者相傳之官治節出焉肝者將軍之官謀慮出焉膽者中正之官決斷出焉膻中者臣使之官喜樂出焉脾胃者倉廩之官五味出焉大腸者傳道之官變化出焉小腸者受盛之官化物出焉腎者作强之官伎巧出焉

務宜詳覈

五臟六腑任督二脉圖說

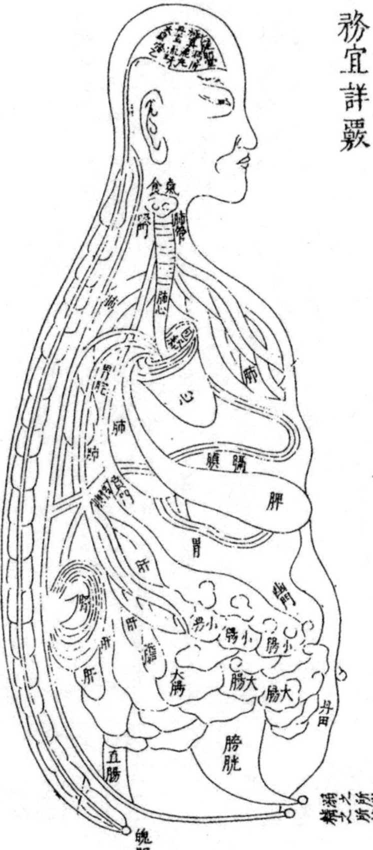

方能精進

腦者髓之海諸髓皆屬之故上至泥丸下至尾骶俱腎主之

膻中在兩乳間爲氣之海能分布陰陽爲生化之源故名曰海

膈膜在肺下與脇腹周回相着如幕以遮濁氣使不熏烝上焦

幽門在大小腸之門津液滲入膀胱滓穢流入大腸變化出矣

後下關直指坤復陽生圖說

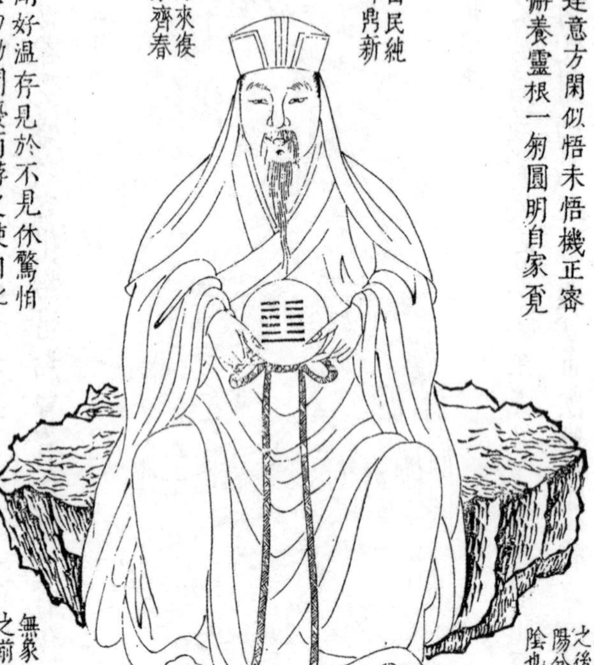

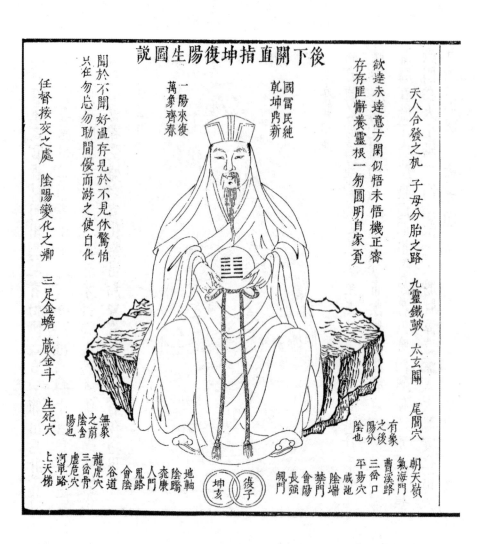

是圖彙諸名諱於此下竅而稽究各家微辭曾未說出實際處抑恐泄機尨耶徒令來學岐路亡羊余誠心癢不忍其隱諛悉遵圭旨剖露底裏使修者易於精進成果耳原夫此竅是任督二脈之綱領今挽爲之樞紐乃後三關第一緊要之門戶爲周身精氣還還之主司殊不詰是則何以謂之一陽來復何以謂之下德有爲何以謂之添油接命何以謂之還精補腦何以謂之天根月窟何以謂之陰平陽秘何以謂之地天交泰何以謂之水火既濟何以謂之提挈天地何以謂之把握陰陽是皆下德修士有爲喫緊工夫在兌巽二宮即入藥鏡隱語曰上鵲橋下鵲橋天應星地應潮意所到皆可爲之不間斷者是矣蓋夫

鍊丹必要藥無藥不成丹悟眞篇曰鼎內若無眞種子猶將水火煮空鐺又曰要知產藥川源處只在西南是本鄉試問丹藥果何物也曰非物也凡有形質可稱謂物夫丹藥與理數同眹兆皆虛空立體理數則着物而萬物莫逃乎數矣丹藥則從性而智性原產於藥也第丹藥能生天生地生人生萬物即達磨師之淨智妙圓體自空寂如是功德不以世求殊非天地間寰宇之所能有水陸之所能生非金非石非草非木非禽非獸畢竟是何影響而名之爲藥也盖上古未有名而命之曰藥者乃修丹之士託名強謂之辭也是藥粤天地未生先已有之矣輙吾身太極前之無極而極者也天地以此陰陽交媾而生萬物

吾身以此陰陽交媾而生大藥大藥之生於身與天地生物不異總只是陰陽二氣一施一化而玄黄相交一稟一受而上下相接混而爲一故曰混沌混沌乃天地之郛郭竅冥亦是大藥之胞胎也南華經云至道之精窈窈冥冥道德經云窈兮冥兮其中有精其精甚眞惟此眞精乃吾身中之眞種子是也以其入於混沌故名太極以其爲一身造化之始故名先天以其陰陽未分故名一氣又名黄芽又名玄珠又名眞鉛又名陽精此精若凝結於天地之間或爲金或爲石歷千百年而不朽人能反身而求之於自己陽精凝結成實則與天地相爲無窮金石奚足比哉然此陽精不容易得盖人之一身徹上徹下凡屬有

形者無非陰邪滓濁之物故雲房真人曰四大一身皆屬陰不知何物是陽精緣督子曰一點陽精秘在形山不在心腎而在乎玄關一竅趙中一曰一身內外盡皆陰莫把陽精裏面尋丘長春曰陽精雖是房中得之而非御女之術內非父母所生之軀外非山林所產之寶但着在形體上模索皆不是亦不可離形體而向外尋求若此等語何異水中撈月鏡裏尋花真正智過顏閔實難強猜是以祖師罕言之而世人罕知之不獨今之爲然古人亦有難知之語如王鼎真人云五行四象坎和離詩訣分明說與伊藥生下手功夫處幾人會得幾人知紫陽真人云此箇非世間稀豈是等閑人得知杏林真人云神氣歸根處

身心復命時這些些眞孔竅料得少人知伯陽眞人云
一者以掩蔽世人莫知之一者何物也就是那箇太
極之前就是那未發之中不二之一卽前所謂先天
一氣是也翠虛篇云大藥須憑神氣精採來一處結
交成丹頭只是先天氣煉作黃芽發玉英復命篇云
採二儀未判之氣奪龍虎始媾之精閃入黃房煆成
至寶崇正篇云寒淵萬丈驪龍頷下藏珠燗燗紅
謹密不驚方採得更依時日法神功蓋採者以不採
而採之取者以不取而取之在於靜定中有非動作
可爲也昔黃帝遺其玄珠使知索使離朱索使喫詬
索索之皆不得乃使罔象罔象得之罔象者忘形之
謂也必忘形罔象然後先天一氣可得擊壤集先天

吟云一片先天號太虛當其無事見眞腴又云若問先天一字無後天方要着工夫何謂先天寂然不動窈窈冥冥太極未判之時是也何謂後天感而遂通恍恍惚惚太極已判之時是也混元寶章云寂然不動感而遍通窺見陰陽造化功信乎寂然不動則心與天通而造化可奪也翠虛篇云莫向腎中求造化却須心裏覓先天當其喜怒未發之時覩聞不及之地河海靜默山嶽藏煙日月停景璇璣不行八脉歸源呼吸俱泯既深入於窈冥之中竟不知天之爲蓋地之爲輿亦不知世之有人已之有軀少焉三宮氣滿機動籟鳴則一劍鑿開混沌兩手擘裂鴻濛是謂無中生有寗玄子詩云不在塵勞不在山直須求到窈

寘端。何謂窮寘端。虛極靜篤之時也。心中無物爲虛。
念頭不起爲靜。致虛而至於極。守靜而至於篤。陰陽
自然交媾。陰陽一交。而陽精產矣。故陳圖南曰。留得
陽精。神仙現成。盖陽精日日發生。但世人不知翕聚。
以致散而爲周身之氣。至人以法追攝聚而結一黍
之珠。釋氏呼爲菩提。儒家名曰眞種。脩性者若不識
這箇菩提子。即圓覺經所謂種性外道是也。修命者
若不識這箇眞種子。即玉華經所謂枯坐傍門是也。
張紫陽曰。大道脩之有易難。也知由我也由天。若
不知藥生。不知採取。不知烹煉。但見其難。不見其易。
誠知藥生時候。採取口訣。烹煉功夫。但見其易。不見
其難。此兩者在人遇師與不遇師耳。故曰。月之圓存

乎口訣時之子妙在心傳然時之子却有兩說有箇本子時有箇正子時昔聞尹師曰欲求大藥爲丹本須認身中活子時又偈曰因讀金丹序方知玄牝竅因讀入藥鏡又知意所到大道有陰陽陰陽隨動靜靜則入窈冥動則恍惚應眞土分戊巳戊巳不同時巳到但自然戊到有作爲烹煉坎中鉛配合離中汞鉛汞結丹砂身心方入定曰動靜曰窈冥曰眞土皆是發明活子時之口訣也云何謂之動靜曰寂然不動返本復靜坤之時也吾則靜以待之靜極而動陽氣潛萌復之時也吾則動以應之當動而或雜之以靜當靜而或間之以動或助長於其先或怠失於其後則皆非動靜之常矣夫古之至人其動也天行其

靜也淵默當動則動當靜則靜自有常法今之學者不知丹法之動靜有常或專主乎動或專主乎靜其所謂動者乃行氣之動其所謂靜者乃禪定之靜二者胥失之矣指玄篇不云乎人人氣血本通流榮衛陰陽百刻周豈在閉門學行氣正如頭上又安頭曷嘗以行氣爲動哉翠虛篇不云乎惟此乾坤眞運用不必兀兀徒無言無心無念神已昏安得凝聚成胎仙豈以禪定爲靜哉凡人動極而靜自然入於窈冥窈冥即是寐時雖入於無天無地無我無人境界却不涉於夢境若一涉夢境即有喜怒驚恐煩惱悲歡愛慾種種情况與晝間無異且與窈冥時無天無地無我無人景象絕不相似窈窈冥冥惟晝間動極思

靜有此景象若夜間酣熟必生夢境安得有此晝間每有窈冥時候人多以紛華念慮害之而求其將入窈冥者蓋亦鮮矣崔公入藥鏡云一日內十二時意所到皆可爲一日之內意到不止一次則採藥亦不止一次張平叔所謂一粒復一粒從微而至著是也大抵藥物當以眞意求之故曰好把眞鉛着意尋又曰但向華池着意尋蓋人身眞意是爲眞土眞土之生有時不由感觸自然發生雖與中馬上一切喧鬧之地不能禁止故曰眞土眞土有二戊巳是也土既有二則意亦有二必矣所謂二者一陽一陰是也謂之眞者無一毫强僞若有一毫强與僞卽是用心揆度謀慮便屬虛假非眞意也有此眞意眞鉛方生何

謂有此眞意眞鉛方生盖動極而静眞意一到則入窈冥此意屬陰是爲巳土陰陽交媾正當一陽爻動之時自覺心花發現煖氣冲融陰陽乍交眞精自生眞精即是眞鉛所謂水鄉鉛只一味是也陰陽交罷將判未判恍恍惚惚乃是静極而動此意屬陽是爲戊土此時眞鉛微露藥苗新嫩此乃有物有象之時眞平旦幾希一般撥動關棙急忙用功採取則窈冥所生眞精方無走失所謂採取功夫即達磨祖師形解訣海蟾祖師初乘訣二訣大畧相同不外乎吸舐撮閉四字純陽祖師云窈窈冥冥生恍惚恍恍惚惚結成團正是此訣雖則是有爲之法然非眞土一生何以施功是以採鉛由於眞土生也故曰眞土擒眞

鉛鉛升與汞配合汞得鉛自不飛走故曰真鉛制真汞鉛汞既歸真土則身心自爾寂然不動而金丹大藥結矣是以一時之內自有一陽來復之機是機也不在冬至不在朔旦亦不在子時非深達天地陰陽洞曉身中造化者莫知活子時如是其秘也既曰一日十二時凡相媾處皆可爲而古仙必用半夜子陽初動之時者何也其時太陽正在地中而人身氣到尾閭關蓋與天地相應乃可以盜天地之機奪陰陽之妙煉魂魄而爲一合性命而雙脩惟此時乃坤復之間天地開闢於此時日月合璧於此時草木萌蘖於此時人身之陰陽交會於此時神仙於此時而採藥則內真外應若合符節乃天人合發之機至真至

妙者也陳泥丸云每當天地交合時盜取陰陽造化機陰符經曰食其時百骸理盜其機萬化安何者謂之機天根理極微今年初盡處明日起頭時此際易得意其間難下詞人能知此意何事不能知此際正是造化眞機妙處盡眞機之妙者周易也盡周易之妙者復卦也盡復卦之妙者初爻也故曰復其見天地之心乎蓋此時天地一陽來復而吾身之天地亦然內以採取吾身之陽外以盜取天地之陽則天地之陽有不悉歸於我之身中而爲我之藥物乎然而天地雖大造化雖妙亦不能越此發機之外矣此感彼應理之自然人若知此天人合發之機遂於中夜靜坐凝神聚氣收視返聽閉塞其兌築固靈株一念

不生萬緣頓息渾渾淪淪如太極之未分溟溟涬涬如兩儀之未兆湛兮獨存如淸淵之印月寂然不動如止水之無波內不覺其一身外不知其宇宙逮夫亥之末子之初天地之陽氣至則急採之未至則虛以待之不敢爲之先也屈原遠遊篇云道可受兮不可傳其小無外兮其大無垠毋滑而魂兮彼將自然一氣孔神兮於中夜存虛以待之兮無爲之先許旌陽三藥歌云存心絕慮候晶凝指玄篇云塞兌垂簾默默窺皆是藏器待時之謂也嗚呼時辰若至不勞心內自相交自結凝入室按時須等着一輪羲馭自騰昇豈可爲之先也哉夫金丹大藥孕於先天產於後天其妙在乎太極將判未判之間靜已極而未至

於動陽將復而未離乎陰斯時也冥冥兮如煙嵐之罩山濛濛兮如霧氣之籠水霏霏兮如冬雪之漸凝漸聚沉沉兮如漿水之漸矸漸清俄頃癢生毫竅肢體如綿心覺恍惚而陽物勃然舉矣此時陽氣通天信至則戞鍾一扣玉洞雙開時至氣化藥產神知地雷震動巽門開龍向東潭踴躍來此是玄關透露而精金出鑛之時矣邵康節云恍惚陰陽初變化絪縕天地乍回旋中間些子好光景安得功夫入語言白玉蟾云因看斗柄運周天頓語神仙妙訣一點眞陽生坎位補却離宮之缺自古乾坤這些離坎日日無休歇今年冬至梅花依舊凝雪先聖此日閉關不通來往皆爲羣生設物物總含生育意正在子初亥末

造物無聲水中火起妙在虛危穴如今識破金烏飛入蟾窟所謂虛危穴者即地戶禁門是也其穴言於任督二脈中間上通天谷下達湧泉故先聖有言天門常開地戶永閉盖精氣聚散常在此處水火發端也在此處陰陽變化也在此處有無交入也在此處子母分胎也在此處翠虛篇云有一子母分胎路妙在尾箕斗牛女此穴干涉最大係人生死岸頭故仙家名為生死窟參同契云築固靈株者此也拘畜禁門者此也黃庭經云閉塞命門保玉都者此也閉子精路可長活者此也盖真陽初生之時形如烈火狀似炎風斬關透路而出必由此穴經過因閉塞緊密攻擊不開只得驅回尾閭連空痟趕入天衢望上奔

一搷三關直透頂門得與眞汞配合結成丹砂非拘
畜禁門之功而誰歟○
無中出有還丹象陰裏生陽大道基此呂祖純陽文
集中之口訣也
極致沖虛守靜篤靜中一動陽來復此李清庵火候
歌中之口訣也
一點最初眞種子入得丹田萬古春此鍾離權破迷
正道歌口訣也
一陽纔動大丹成片餉功夫造化靈此白玉蟾萬法
歸一歌口訣也
虛極又虛元氣凝靜之又靜陽來復此瑩蟾子煉虛
歌中之口訣也

濛邈但撈水裏月分明只採鏡中花此劉海蟾還金篇中之口訣也

恍惚杳冥二氣精能生萬象合乾坤此許旌陽石函記中之口訣也

恍惚之中尋有象窈冥之內覓真精此張紫陽悟真篇中之口訣也

日精若與月華合自有真鉛出世來此還陽子見性篇中之口訣也

若問真鉛何物是蟾光終日照西川此張用成悟真篇中之口訣也

真鉛不產五金內生在窈冥天地先此諸真玄奧廣集中之口訣也

坎水中間一點眞急須取向離中輳此李道純原道歌中之口訣也

三物混融三性合一陽來復一陰消此李清庵中和集中之口訣也

些兒欲問天根處亥子中間得最眞此劉奉眞白龍洞中之口訣也

陰蹻泥丸一氣循環下穿地戸上撥天關此梅志仙採藥歌口訣也

萬籟風初起千山月乍圓急須行政令便可運周天此石杏林口訣也

可道非常道行功是外功些兒眞造化恍惚窈冥中此瑩蟾子口訣也

藥取先天氣火尋太陽精能知藥取火定裏見丹成
此石得之口訣也
要覓長生路除非認本元都來一味藥剛道數千般
此呂純陽口訣也
元君始煉汞神室含洞虛玄白生金公巍巍建始初
此金碧經口訣也
得訣歸來試煉看龍爭虎戰片時間九華天上人知
得一夜風雷撼萬山此彭鶴林口訣也
虎之爲物最難言尋得歸來玄又玄一陽初動癸生
處此際因名大易先此上陽子口訣也
半斤真汞半斤鉛隱在靈源太極先須趁子時當採
取煉成金液入丹田此陳泥丸口訣也

捉得金精固命基日魂東畔月華西於中鍊就長生藥服了還同天地齊此呂純陽口訣也

燦燦金華日月精溶溶玉液乾坤髓夜深天宇迥無塵惟有蟾光照神水此徐神翁口訣也

兑金萬寶正西成桂魄中秋倍樣明便好用功施採取虛中以待一陽生此陳默默口訣也

一泓神水滿華池夜夜池邊白雪飛雪裏有人擒玉兎趕教明月上寒枝此玄奧集口訣也

窈冥纔露一端倪恍惚未曾分彼此中間主宰這些兒便是世人眞種子此陳圖南口訣也

只取一味水中金收拾虛無造化窟促將百脉盡歸根脉住氣停丹始結此陳翠虛口訣也

先天一氣號眞鉛莫信迷徒妄指傳萬化滋張緣朕兆一靈飛走賴拘鈐此龍眉子口訣也
塞兊𡨋簾寂默窺溝空白雪亂參差慇懃收什無令失貯看孤輪月上時此鍾離權口訣也
無不爲之有以爲坎中有白要歸離水源初到極淸處一點靈光人不知此薛道光口訣也
莫惟瑤池消息稀只緣人事隔天機若人尋得水中火有一黄童上太微此呂洞賓口訣也
玄關欲透做工夫妙在一陽來復天癸纔生忙下手採處切須虔篤此瑩蟾子李翁口訣也
忽然夜半一聲雷萬戶千門次第開若識無中含有象許君親見伏羲來此邵康節口訣也

元來一味坎中金未得師傳枉用心忽爾打開多寶藏木非土也不成林此上陽子口訣也

父精母血結胎成尚有他形似我形身內認爲眞父母方纔捉得五行精此陳翠虛口訣也

西南路上月華明大藥還從此處生記得古人詩一句曲江之上鵲橋橫此陳泥丸口訣也

煉丹仔細辨功夫晝夜慇懃守藥爐若遇一陽纔起復嫩時須採老時枯此玄奧集中口訣

佛印指出虛而覺丹陽訣破無中有捉住元初那點眞萬古千秋身不朽此張三峯口訣也

水鄉鉛只一味不是精神不是氣元來即是性命根隱在先天心坎內此珠玉集中口訣也

恰恰相當絶妙奇中秋天上月圓時陽生急採無令
緩進火功夫要慮危此上陽子口訣也
離坎名爲水火精本是乾坤二卦成但取坎精點離
穴純乾便可攝飛瓊此陳泥丸口訣也
恍惚之中有至精龍吟虎嘯最堪聽玄珠飛趂崑崙
去晝夜河車不暫停此玄奥集口訣也
乹乹相從響發時不從他得豁然知桔槔説盡無生
曲井底泥蛇舞拓枝此薛紫賢口訣也
返本還元已到乾能升能降號飛仙一陽生是奥功
日九轉周爲得道年此許宣平口訣也
日烏月兔兩輪圓根在先天採取難月夜望中能採
取天魂地魄結靈丹此陳翠虛口訣也

一氣團成五物眞五物團成一物靈奪得乾坤眞種
子子生孫兮又生孫此金丹最要口訣
精神氣血歸三要南北東西共一家天地變通飛白
雪陰陽和合產金華此回谷子口訣也
精氣神藥最親以此脩丹尚未眞脩丹只要乾坤髓
乾坤髓即坎離仁此王果齋之口訣也
鉛汞相傳世所稀硃砂爲質雪爲衣朦朧只在君家
舍日日君看君不知此陳泥丸口訣也
先天至理妙難窮鉛產西方汞產東水火二途分上
下玄關一竅在當中此李清庵口訣也
閑觀物態皆生意靜悟天機入窈冥道在險夷隨地
樂心忘魚鳥自流行此王陽明口訣也

天心復處是無心心到無時無處尋若謂無心便無事水中何故却生金此邵康節口訣也

錬汞烹鉛本没時學人當向定中推客塵欲染心無着天癸纔生神自知性寂金來歸性本精凝坎去補南離兩般靈物交併後陰盡陽純道可期此李清庵中和集中之口訣也

火符容易藥非遥天癸生如大海潮兩種汞鉛知採取一齊物欲盡涓消撳翻萬有三元合煉盡諸陰五氣朝十月脱胎丹道畢嬰兒形兆謁神霄此李道純中和集中之口訣也

奪取天機妙夜半看辰杓一些珠露阿誰運到稻花頭便向此中採取宛如碧蓮含蕋滴破玉池秋萬籟

風初起明月一泓鷗此陳楠口訣也已上皆諸真得藥口義各引數言以便印證者長白居士曰闕直指坤復陽生之吉即悟真詩曰要知産藥川源處只在西南是本鄉盖陽雖從復生而實産於坤也盧極靜篤五行不到處父母未生前窈窈冥冥一炁在先天虛無中恍恍惚惚來矣故金碧經曰造化泉窟陽炁從坤第非有形有質之物然必從物中來却又在有形中得似金非世金似水非凡水亦有內藥亦有外藥也。得一道人曰外藥求坎中先天眞一之水水中取先天未擾之鉛鉛中採先天太一之炁此炁即陰中陽也悟真曰取將坎位中心實是也鉛乘銀剛虎性屬金金能生水顛倒取之母隱子胎乃虎向水中生也內藥求離中先天靈一之液液中行先天久積之砂砂中運先天至真之汞此汞陽中陰也悟真曰點化離宮腹內陰是也砂陽汞陰龍性屬木木能生火顛倒取之母隱子胎乃龍從火裏出也

憑羊車鹿車牛車白牛車皆載金華而高升彼岸

河車遡洄圖

金滿三車奪聖機
衝開九竅過曹溪
迢迢運入崑崙頂
萬道霞光射紫微

莫回頭往上
行教女媧補
天平

此方浩然
號曰河車
載金上升
度我還家

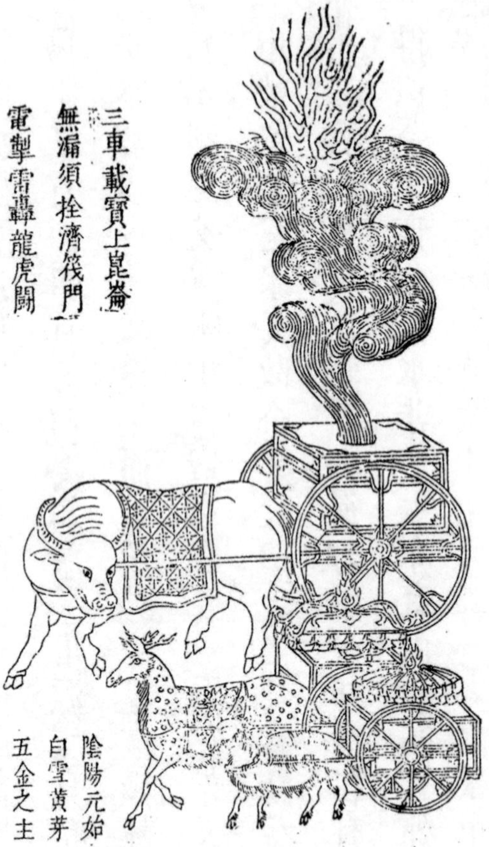

三車載寶上崑崙
無漏須拴濟筏門
電掣雷轟龍虎鬬
急收甘雨潤乾坤

陰陽元始
白雪黃芽
五金之主
一六玄華

從下乘中乘上乘最上乘成度法寶而直入涅槃

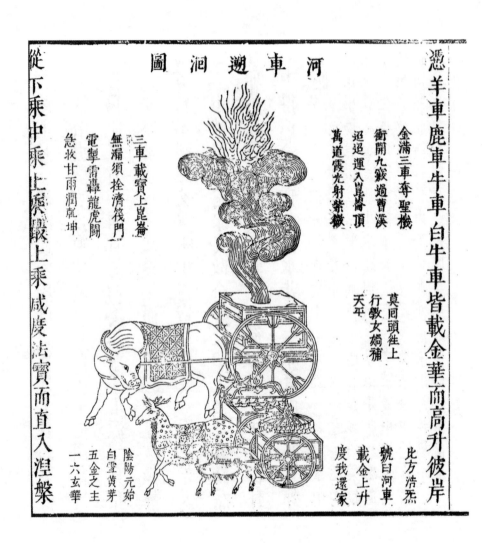

艮其背不獲其身　聖人以此洗心退藏於密

洗心明德圖

紅紅白白水中蓮
山汚泥中色轉鮮
莖直藕空盖又實
脩行妙理恰如然

時時漑灌常教玉
樹氣回根
日月栽培不使金
花精脫蔕

道乃天地心
愚癡不解尋
破衣要綻補
須用水磨針

一條直路少人尋
尋到山根始入門
坐定更如行烝主
真人之息自深深

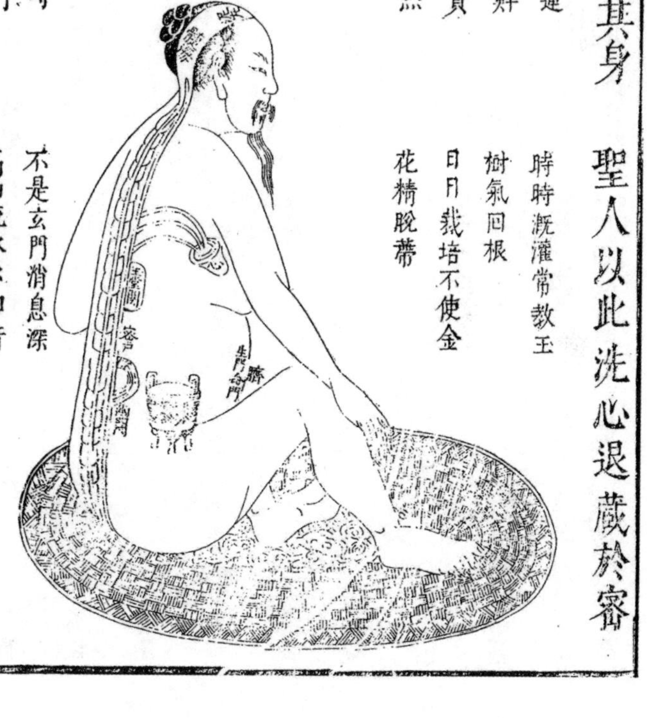

不是玄門消息深
高山流水少知音
若能尋着來時路
赤子依然混沌心

行其庭不見其人　聖人以此齋戒神明其德

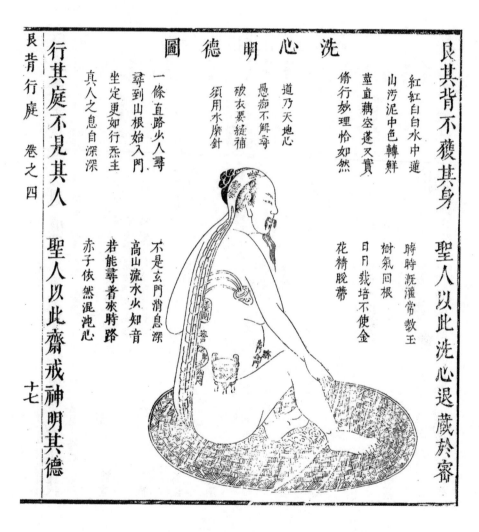

聚火載金按七政週躔運三車高塡髓海而步舒碧漢

腦戶 舌橫 厭舌 瘖門 陶道 神道 至陽 神宗 脊中 命門 屬累 膂柱 陰都 翳處

後頂

大羽 後自長强升

後項 至百會止

三陽

巔上 上星 神庭 面正 水溝 斷交

囟門

泥丸 順逆兩相

前頂 循天根月

百會 竅頻萬緣

頂蓋 升息處上

髓海 下鵲橋新

顖會 神堂 印堂 素髎 人中 兌端

天滿

五會

交衝 前自百會降至斷交止

强間

枕骨

合顱 風府 舌本 瘖門 大椎 身柱 靈臺 筋縮 脊俞 懸樞 腰俞 膂戶 撅骨

後中關直指艮背行庭圖說

河車滚滚過三關搬運現

花莫放開補滿泥丸旋地

軸逍遙仍上玉京山

圖說集者

撞透三關奪聖机衡開九

竅上天梯黃河倒捲無凝

滯一對金蟬上下飛

星餘尚始

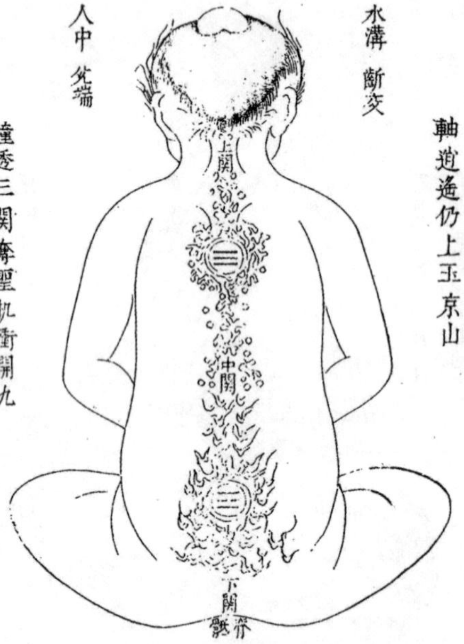

下極 前陰 會陰 長强 篡間 後陰 下陰 屏翳

洗心明德升一陽滯涸從二氣逵過鵲橋而深落黃庭

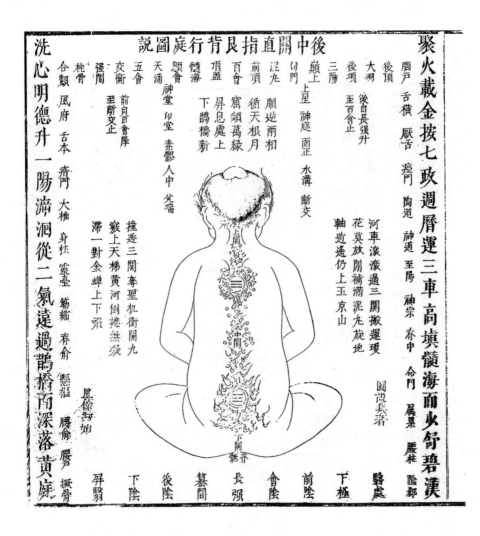

是圖各丹經及圭旨皆無名諱列如斯或因其原非停泊留駐之所是以惟指夾脊雙關一名而已不耑設衆名位於茲乎今乃輯集所謂行庭之義不可缺者蓋前三三與後三三者即前三田後三關也此後中關是配前中田爲體用耳知此動而行之無間則兩儀得以爲之合一三陽得以爲之開泰艮皆得以爲之行庭洗心得以爲之退藏陰陽得以爲之升降榮衛得以爲之和平乾坤得以爲之交媾日月得以爲之合璧山澤得以爲之通氣火候得以爲之周天是皆承前下德有爲之事但舉中關非特指夾脊雙關一處而言凡下關聯至上關合總而言之庶俾學人洞悉周天一身前後金丹要路而無遺矣起先是

運南方離宮之火以鍊北方水中之金是爲以紅投黑則凝神入坤臍而生藥嗣後承前如今是運北方水中之金以制南方火中之木是爲以黑見紅則凝神入乾頂而成丹故紫陽悟眞篇云依他坤位生成體種在乾家交感宮崔公入藥鏡云產在坤種在乾乾居上爲鼎坤居下爲爐非猛烹極煅則藥不能出爐非倒行逆旋則藥不能升鼎鉛者其性沉重之物也若不得火何由而飛汞者其性飛揚之物也若不得鉛何由而結是以聚火之法最爲緊要也何謂聚火之法此法即達磨海蟾二祖師吸舐撮閉四字訣是也吸者鼻中吸氣以接先天也舐者舌拄上腭以迎甘露也撮者緊撮谷道內中提明月輝輝頂上飛

也閉者塞兌垂簾兼逆聽久而神水落黃庭也故翠湖云下不閉則火不聚而金不升上不閉則藥不凝而丹不結是以聚火之法乃採取烹煉之先務也其恍恍惚惚是採取時候猛烹極煉是採取功夫吸舐撮閉又是烹煉之的旨也夫採取之法貴乎知時不可太早太早則藥嫩易升亦不可太遲太遲則藥老成質必伺乎鉛華吐白玄珠成象方是採取時節張紫陽云鉛遇癸生須急採金逢望遠不堪嘗張三峰云電光爍處尋真種風信來時覓本宗電光爍處則窈冥之後恍惚之間一陽爻動之時珠落華池之際此時即用參同契拘畜禁門訣緊塞太玄閉任開督即怴鼓之以橐籥吹之以巽風煆之以猛火火熾則

水沸水沸則駕動河車載金上升泥丸與真汞配合汞得鉛降亦不飛走如此漸漸抽添漸漸凝結自然鉛日減汞日添久之鉛盡汞自乾陰盡陽自純至此則金丹大藥成矣鍊此大藥別無他術只是採取先天一點祖炁以爲金丹之母耳受之師曰鍊大梵之祖炁飛肘後之金晶存帝一之妙相返三素於黄庭此是口訣中之口訣也學者徒知以鉛汞交結爲丹而不知採取抽添烹煉火候各有次序法度盖採取以作其始抽添以成其終於中調停全仗火候所以紫陽云縱識朱砂及黑鉛不知火候也如閑朱晦翁云神仙不作叅同契火候工夫那得知薛道光云聖人傳藥不傳火從來火候少人知莫將大道爲兒戲

須共神仙仔細推火候之法有文有武不可一律齊也靜中陽動金離礦地下雷轟火逼金此下關坤復一陽生之火候也幾回抖擻上崑崙運動璇璣造化分此中關艮背行庭之火候也陽文陰武無令失進退抽添有馭持此上關去鑛留金之火候也謹守藥爐看火候但安神息任天然此前中田温養胎之火候也成性存存者儒家之火候也綿綿若存者道家之火候也不得勤不得怠者釋家之火候也三月不違者顏子之火候也吾日三省者曾子之火候也日知其所亡月無忘其所能者子夏之火候也戒慎乎其所不覩恐懼乎其所不聞子思之火候也必有事焉而勿正心勿忘勿助長者孟子之火候也發憤忘

食孔子之武火也樂以忘憂孔子之文火也不知老之將至云爾者至誠無息而火候純也火候純大丹成而作聖之功畢矣但此中關火候運築前中田之義即中和集有云兩儀肇判分三極乾以直專坤闢翕天地中間玄牝門其動愈出靜愈入又云乾坤闔闢無休息離坎升沉有合離我爲諸君明指出念頭復處立丹基又水雲集云陰居於上陽居下陽氣先升陰氣隨配合龍虎交媾處此時如過小橋時又大丹訣云學人若要覓黃芽兩處根源共一家七返九還須識主工夫毫髮不容差又昌老秘訣云自曉谷神通此道誰能理性欲修眞明明說向中黃路霹靂聲中自得神諸眞可謂直指兩箇三三而無遺矣

復臨泰壯夬乾兮六陽從下而上轉

大道分明見此員璇璣南北法天然
由中達外中同外自後推前後即前

璇璣玉衡圖

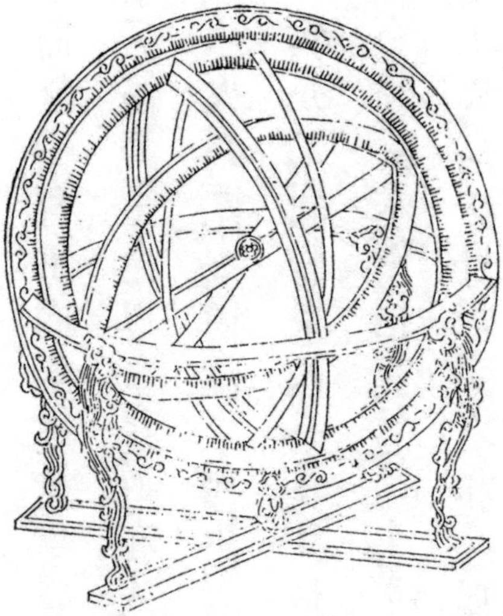

陽火進來從後轉陰符退去往前旋
霎時火候周天畢煉顆明珠似月圓

上圖外層之赤道者。天度也。下層之黃道者。日度也。赤道乃宗動天左旋之健極而帶動日月五星之動。其不得不右旋者。如人行勢急則衣袂鬢髮自然向後飄颻。謂之右旋矣。火候至卯酉謂之刑德。洗心滌慮。是爲沐浴。明德無爲而治。觀空身外自有身。不必頭上又安頭。但立前中丹田玄牝之根基者。全在後中關行庭之運築耳。

姤遯否觀剝坤兮六陰自上而下旋

火候篇中列璇璣玉衡圖者倣周天循環無端之義故魏伯陽云循據璇璣升降上下周流六爻難以察覩然世人只知有周天火候而不知其機在目是猶有車而無輪有舟而無舵欲望遠載其可得乎故還元篇云輪廻玉兎與金鷄道在人身人自迷滿目盡知調水火到頭幾箇識東西東者木性也西者金情也一物分二間隔東西今得斗柄之機斡旋則木性愛金金情戀木兩相交結而金木交併矣金木交併方成水火全功丹經謂之和合四象者此也故張全一鉛火秘訣云大藥之生有時節亥末子初正半夜精神相媾合光華恍恍惚惚生明月媾罷流下噴泡然一陽來復休輕泄急須閉住太玄關火逼藥過尾

間究採時用目守泥丸垂下又上且凝歇謂之聽理腦升玄前邊放下後復折六六數畢藥升乾陽極陰生往返遷須開關門以退火目光下矚守坤田後上前下方凝往三八數了一周天此是天然眞火候自然升降自抽添自然弦望與晦朔自然沐浴共長篇異名剪除譬喻掃只斯數句是眞詮其法雖乾坤交媾後行之又行則所結金丹不致耗散也先以法器頂住太玄關口次以行氣主宰下照坤臍良久徐徐從後上照乾頂少停從前降下坤臍是爲一度又從坤臍而升上乾頂又從乾頂而降下坤臍如此三十六轉是爲進陽火三十六度畢開關以退火亦用下照坤臍從後上至乾頂前邊放下坤臍是爲一度如

此二十四轉是爲退陰符二十四度畢爲一周天也
故張紫陽云斗極建四時八節無不順斗極實兀然
魁杓自移動只要兩眼皎上下交相送須向靜中行
莫向忙裏送所以用兩眼皎者何也蓋眼者陽竅也
人之一身皆屬陰惟有這點陽耳我以這一點之陽
從下至上從前至後轉而又轉戰退群陰則陽道日
長陰道日消故易曰龍戰於野其血玄黃又能使眞
氣上下循環如天河之流轉其眼之功可謂大矣蓋
人初結胎時天一生水先生黑睛而有瞳人屬腎地
二生火而有兩眥屬心天三生木而有黑珠屬肝地
四生金而有白珠屬肺天五生土而有上下胞胎屬
脾由此觀之則五臟精華皆發於目也因師指竅之

後見婦人小産牛馬落胎併抱鷄之蛋俱先生雙目而臟腑皆未成形乎始知目乃先天之靈元神所遊之宅也皇極經世書云天之神棲於日人之神發於目大矣哉人之神發於目也生身處此物先天地生沒身處此物先天地沒水火木金土之五行攢簇於此肝心脾肺腎之五臟鍾靈於此唾涕精津氣血液之七物結秀於此其大也天地可容其小也纖毫不納茲非吾一身中之大寶也歟

內指通玄訣云含光便是長生藥變骨成金上品仙

上陽子云玄微妙訣無多言只在眼前人不顧

崇正篇云撥運有功連晝夜斡旋至妙體璇璣

火候歌云欲透玄玄須謹獨謹獨工夫機在目

陳泥丸云眞陰眞陽是眞道只在眼前何遠討
薛道光云分明只在眼睛前自是時人不見天
劉海蟾云下降上升循轂軸左旋右覆合樞機
王子眞云昨宵姹女啓靈扉窺見神仙會紫微北斗
南辰前後布兩輪日月往來飛
蕭紫虛云如龍養珠常自顧如鷄伏卵常自抱金液
還丹在眼前迷者多而悟者少
陳翠虛云不是燈光日月星藥靈自有異常明垂簾
久視光明處一顆堂堂現本眞
翠虛篇云莫謂金丹事等閑切須勤苦力鑽研慇懃
好與師資論不在他途在目前
玄奧集云青牛人去幾多年此道分明在目前欲識

目前眞的處一堂風冷月嬋娟
陳泥丸云大道分明在眼前時人不會悮歸泉黃芽
本是乾坤氣神水根基與汞連
玄學統宗云幾囘抖擻上崑崙運動璇璣造化分晝
夜周而還復始嬰兒從此命長存
觀吾判惑歌云這骨董大奧妙妙在常有觀其竅此
竅分明在目前下士聞之即大笑
金丹賦云龍呼虎吸魂吞魄吐南北交媾於水火夘
酉輪還於子午揔括乾坤之策優游變化之主母子
包羅於匡廓育養因依於冎釜
群仙珠玉云覺中覺了悟中悟一點靈光無遮護放
開烈焰照婆娑法界縱横獨顯露這些消息甚幽微

本入遙指白雲歸此箇玄關口難說目前見得便忘機○南谷子云至道不透兮恒在目前竊天地之機兮脩成胎仙○純陽子云有人問我修行法遙指天邊日月輪棲雲翁云人身有三斗三升火不得風不著得一道人曰風之一字今未聞人有言者而况行之乎第風寒暑濕燥火皆一炁流行自然因亢而有丹家之用乃表搖空而得風之謂歟味之味之已上諸仙雅言皆發明行氣主宰之義也盖此工夫承前接後端如貫珠採取藥物於曲江之下聚火載之而上升於乾乾坤交媾於九宮之上周天運之而凝結於鼎紫陽云都來片餉工夫永保無窮逸樂輕清者凝於泥丸重濁者流歸氣穴逐日如此抽添如此交媾汞漸多鉛漸少久則鉛將盡汞亦乾結成一顆摩尼是爲金液大還丹也故馬宜甫云收得水中

金採得菩提子。運得崑崙風。長壽無生死。盖坎中之鉛原是父之真精。離中之汞原是母之真血。始因乾體一破。二物遂分兩弦。是以常人日離日分。分盡而死。所以至人法乾坤之體。效坎離之用。奪神功。改天命。求坎中之鉛。制離中之汞。取坎之中陽。填離之中陰。陰盡陽純。復成乾元本體。故張紫陽云。取將坎位中心實。點化離宮腹內陰。自此變成乾健體。潛藏飛躍盡由心。長白居士曰。谷神玄牝。艮背行庭。是聖人有爲而無爲之治。如人之顱骨齒牙膝盖。皆是自生乃能成立。修行藉此。諸丹經諄諄乎此。而未直指若斯透徹。可謂補前人之未發。貫串兩箇三三一。擔擔矣。便知綿綿若存。用之不勤者。是我立之根基也。

牛鹿羊車路
三關仔細行
崎嶇分嶺界
驅使務精明
崑崙
雙關
羊氣在閭尾鹿
脈萃脊端牛扼
頼項力三車理
用叅
尾閭
陰向鼻端藏
陽從眼裏生
這般仙路近
凡須自辨行
氣海

不動纖毫過玉關關頭自有玉京山能於山內遍來往風攪九天霜雪寒
誰識周天造化功於今變在片時中只將鉛汞入真土煉出金花滿鼎紅

下手立丹基休將
子午推靜中種一
動便是發生時

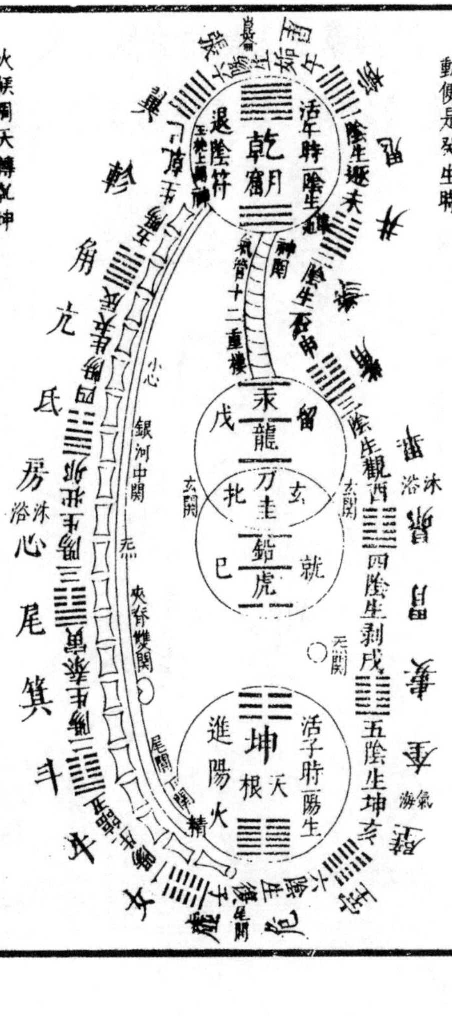

星餘增集

火候周天轉乾坤
合道成陰陽隨泰
盜晝夜始分明

提將百脉倒歸源自會天然汞見鉛大地山河皆至寶誰知身內覓先天
甲龍庚虎鎮相隨鉛汞同爐始可爲會取地天交泰事自然交媾坎和離

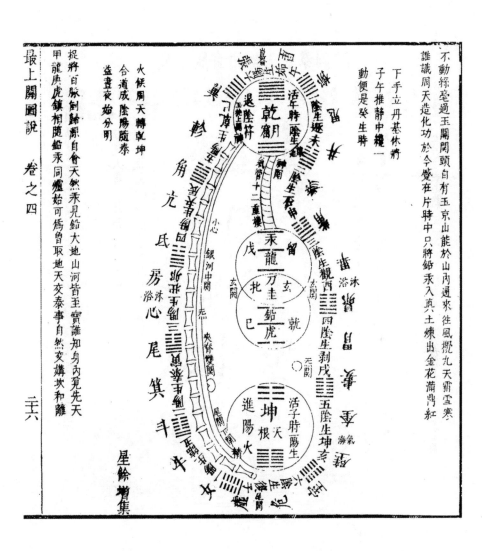

最上關直指地天交泰圖説

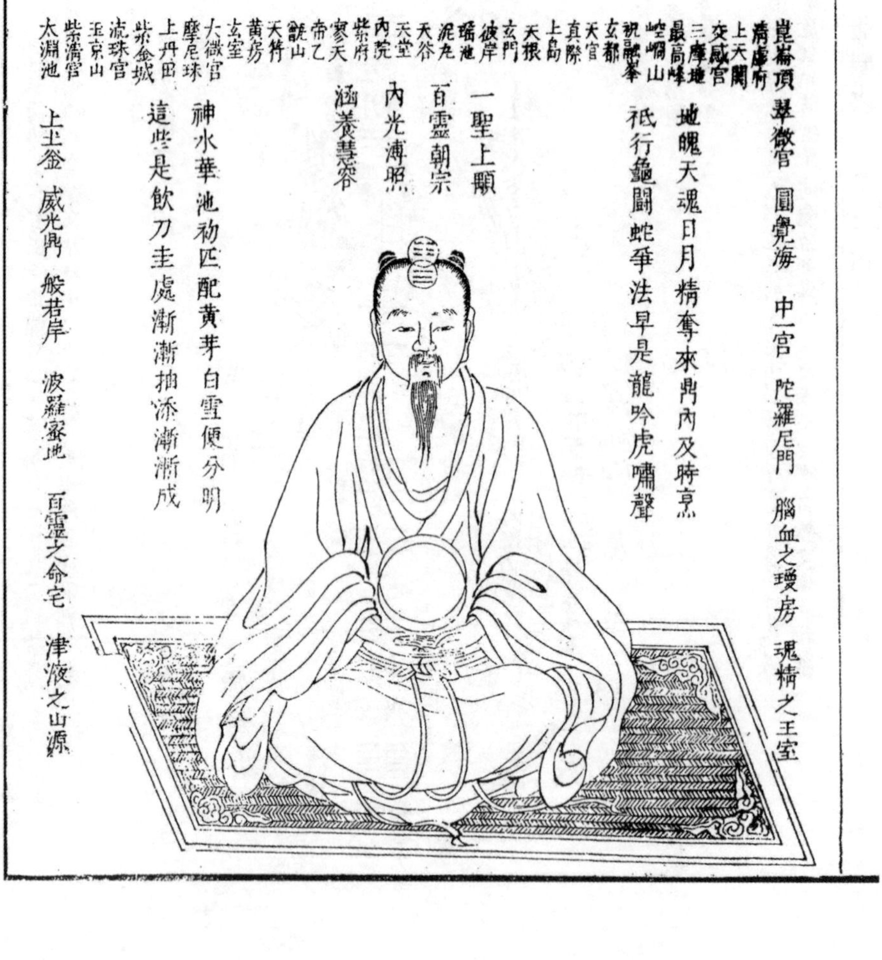

是圖悉遵圭旨集諸丹經而無遺矣今名最上關直指地天交泰者蓋統前後三關最上一乘之大義也是合易之乾卦三陽爻之在下而坤卦三陰爻之在上也又合丹之三車在河也但後三關之上關在脊骨二十一椎之第一節穴名大椎者是也此關極難開導故丹家指戊土爲河車是有守疆界之說指巳土爲牛車是有定規矩之妙至此易牛車以其力能進冒蘂過椳紐其骨三節其名天柱實如天塹僅一竅入腦戸故又爲之天關誠泥丸宮之鎖鑰也河車羊在下取能登峻壁立直上之義鹿居中取能囷聚仙獸多壽之義前下關煉精中關化炁上關養神者此也後三關取坎塡離成乾者此也津液山源務修

崑崙者此也抽鉛添汞還精補腦者此也金晶灌頂去鑛留金者此也鉛汞交結玄珠成象者此也魂精玉室腦血瓊房者此也萬法歸根方圓一寸者此也元神所居百靈朝拱者此也鬱羅蕭臺玉山上京者此也華蓋絳宮北極太淵者此也玄中之玄天中之天者此也摩頂授記拔宅飛昇者此也夫三陰爻之在上者耳與目鼻皆偶竅屬陰也三陽爻之在下者口與大小便皆奇竅屬陽也故口之上鼻之下水溝穴爲之人中者正所謂地天之中也夫易之道乃天人合發萬化定基之理陰上陽下則地天泰風雷益水火既濟澤山咸矣陽在上陰在下則天地否雷風恒火水未濟山澤損矣故曰順則生

人生物逆則成仙成佛金丹大道雅顛倒之用黄帝曰人發殺機天地反復海蟾曰從無入有皆如是從有入無能幾人又曰坎離反復顛倒顛天地日月皆廻旋顛倒自有數說有顛倒陰陽顛倒坎離顛倒男女顛倒鉛汞顛倒五行顛倒採取顛倒主賓宜在精通深曉不可妄意猜臆又不可以一槩而論今總以悟真發明之如云自知顛倒由離坎又云日居離位翻爲女坎配蟾宮却是男此言陰陽坎離男女之顛倒無名子曰日離屬陽返是女月坎屬陰返是男此二物顛倒而生丹却以此丹點巳之汞而結聖胎又云金翁本是東家子送向西隣寄體生認得喚來歸舍養配將姹女作親情又云震龍汞自出離鄉兑虎

鉛生在坎方二物總因兒產母五行全要入中央此鉛汞五行震兌龍虎兒母之顛倒也無名子曰汞爲震龍屬木木爲火母火爲木子此常道之順五行也然朱砂屬火爲離木汞自砂中生却是火返生木故曰兒產母此五行之顛倒也鉛爲兌虎屬金金爲水母水爲金子此常道之順五行也然黑鉛屬水爲坎銀自鉛中生却是水中生金故曰兒產母此五行之顛倒也如云金鼎欲留朱裹汞玉池先下水中銀又云丼霧降時天地合黃芽生處坎離交此言顛倒採取大修行人須看玉池先下之義丼霧降時之妙故真一子曰此句正應得顛倒之語是以易之泰卦曰小往大來子曰後以裁成天地之道輔相天地之宜

以左右民要在於斯不宜鹵莽如云誰是浮沉認主賔又云饒他爲主我爲賔此言主賔之顛倒也盖鉛沉汞浮沉者爲主浮者爲賔無名子曰陽精是眞一之精至陽之炁號曰陽丹巳之眞炁屬陰爲一身之主以養百骸及陽精自外來却制巳之陰汞則爲丹返爲主而巳汞返爲賔矣上陽子曰顛倒者何謂也曰廻旋也逆取也返陰陽也轉天地也何謂轉天地猶如易曰地天泰是也翼曰地在天上泰此即轉天地隃如火之炎上者理也顛倒者則欲火之就下其火豈能就下哉正陽翁曰君火民火本煉形搬運可以燒丹而使火下進故必有其道矣水之就下者理也顛倒者則欲其水之炎上水豈能炎上哉正陽老

仙曰玉液金液本還丹搬運可以煉形而使水上行是必有其道矣此即返陰陽者也又如居家者則爲主外來者則爲賓顛倒者返以外來底爲主居家者乃爲賓亦如女之嫁夫者理也顛倒者反以夫而嫁於女故曰入贅且名之曰養老之郎也夫乃外來底而却爲主矣此之謂逆取是大修行人成仙作佛之旨今之世人不知身外有身壽敝天地無有終時惟重此行骸之身而已矣美衣美食以奉養此身也功名富貴以尊崇此身也如此而生如此而死自以爲得矣而子思之所謂天命之性者非惟不能知亦且不願知也而其所以不願知者豈非孟子所謂不可以已而失其本心者乎若能知所以反而求之以復

還我太虛一氣之之本初一點靈光之舊物者非此金丹大道不可也然而金丹大道之秘秘在性命兩字性者天也常潛於頂故頂者性之根也命者海也常潛於臍故臍者命之蒂也經云性在天邊命沉海底是也蓋天中之竅圓而藏性能通於地中之竅故其貫也則自上而下直養而無害也地中之竅方而藏命能通於天中之竅故其貫也則自下而上直養而無害也孔子曰智者動天圓之象也仁者靜地方之象也天圓者何圓陀之義也乃性之所寄爲命之根矣地方者何方寸之義也乃命之所係爲性之樞矣性命混成實非有兩潛天而天潛地而地優優洋洋無體無方在眼曰見在耳曰聞在鼻辨香在口談

論在手執捉在足運奔悟者知是佛性迷者喚作精魂盖佛性者本性也而所謂本性者豈非是我本來之所自有之真性歟真性者天命之性也以其不落邊際故謂之中以其一真無妄故謂之誠以其與物同體故謂之仁以其至尊無對故謂之獨混淪一箇無欠無餘及乎太極一判兩儀始分則輕清者騰而在上重濁者沉而在下於是坎宮有鉛離宮有汞而向之所謂一物者至此分而爲二矣故薛紫賢復命篇云一物分爲二能知二者名這二者之名丹經不敢漏洩巧喻多端萬字千名不可勝計如論頂中之性者喻之曰汞也龍也火也根也日也魂也離也乾也己也天也君也虛也兎也無也主也浮也朱砂也

扶桑也姹女也崑崙也如論臍中之命者喻之曰鉛也虎也水也蒂也月也魄也坎也坤也戊也地也臣也實也烏也有也賓也沉也水銀也華嶽也嬰兒也曲江也至於陰中含陽陽中藏陰千言萬論不過引喻二者之名耳故元皇訣曰鉛汞鼎中居煉成無價珠都來兩箇字了盡萬家書鍾離翁曰除却汞鉛兩味藥其他都是誑愚迷高象先曰夢謁西華到九天眞人授我指玄篇其中簡易無多子只要教人煉汞鉛馬丹陽曰鉛汞是水火水火是龍虎龍虎是神氣神氣是性命摠來只是這兩箇字兩箇字元只是一箇理故盲修者岐而二之若眞脩者合而一之合一者煉炁而凝神盡性而至命烹鉛而乾汞取坎而填

離盖離中靈物號曰流珠寓神則營營而亂思寓精則持盈而難保所以葛仙翁作流珠歌嘆其難馭而易失也豈不覩魏伯陽云乎太陽流珠常欲去人卒得金華轉而相因又曰河上姹女靈而最神將欲制之黃芽爲根曰金華曰黃芽皆指眞鉛而言眞鉛者乃太陰之精也曰流珠曰姹女皆指靈汞而言靈汞者乃太陽之氣也然此靈汞其性猛烈見火則飛走無踪不得眞鉛何以制伏故紫陽曰要須制伏覔金公金公者鉛字也盖鉛自曲江而來穿夾脊徹玉京斡旋沂流直上泥丸雖名抽鉛添汞實是還精補腦丹經云欲得不老還精補腦翠虛篇云天有七星地七寶人有七竅權歸腦太古集云金丹運至泥丸穴

名姓先將記玉都法寶遺珠云識得本來真面目始
知生死在泥丸黃庭經云泥丸百節皆有神又云腦
神精根字泥丸又云一面之神宗泥丸泥丸丸真皆
有房方圓一寸處此中但思一部壽無窮所謂方圓
一寸者即釋迦摩頂授記之處也此處乃玄中之玄
天中之天鬱羅蕭臺玉山上京腦血之瓊房魂精之
玉室曰靈之命宅津液之山源此正在兩耳交通之
穴前明堂後玉枕上華蓋下絳宮北極太淵之中乃
真一元神所居之室也昔黃帝往峩嵋山見天真皇
人於玉堂請問真一之道皇人曰此道家之至重真
經上帝秘在崑崙五城之內藏以玉函刻以金札封
以紫泥印以中章吾聞之經云一在北極太淵之中

前有明堂後有玉枕上有華蓋下有絳宮巍巍華盖金樓穹窿左罡右魁激波揚空紫芝被崖朱草蒙蘢白玉嵯峩日月垂光歷火過水經玄涉黄城闕交錯帷帳琳琅龍虎列衛神人在傍不施不與一安其所不遲不疾一安其室能暇能預一乃不去守一存眞一乃通神少欲約食一乃留息白刄臨頭思一得生知一不難難在於終守之不失可以無窮此眞一秘旨之畧也故道德經曰天得一以清地得一以寧神得一以靈谷得一以盈萬物得一以生王侯得一以爲天下正所謂神以知來知以藏往也所謂大而化之之謂聖聖而不可知之之謂神也分之爲二陰陽之根柢也分之爲五五行之樞紐也又分之爲八八

八六十四而爲河圖之數也又分之爲九九九八十一而爲洛書之數也又散之爲萬生生化化萬物之綱維也羲文得其一而周易興焉禹箕得其一而洪範疇焉周茂叔得其一而太極圖焉邵堯夫得其一而經世作焉老子得其一而萬事畢焉釋迦得其一而萬法歸焉歸根者歸此也復命者復此也西昇經曰人能守一一亦守人思一至饑一與之糧思一至渴一與之漿靈樞經曰天谷元神守之自眞又曰子欲長生抱一當明又曰抱一守眞神自通靈人能屋神守一於本宮則眞炁自昇眞息自定眞精自朝靈苗自長天門自開元神自現頂竅開而竅竅齊開不神居而神神聽命神旣居其竅而不散則人安得而

死乎即黃庭經所謂子欲不死修崑崙是也故丘處機云久視崑崙守眞一守得摩尼圓又赤清虛浩曠陀羅門萬佛千仙從此出還元篇云悟道顯然明廓落閑閑端坐運天關此是根本功夫頭腦學問撥天關之手段脫死籍之靈章此道上著所秘古今仙佛皆不敢明言眞所謂千人萬人中一人兩人知者也玄哉玄哉更有言不盡底口訣再一可嚀嘗其眞鉛入鼎之時須要驅除雜念奮速精神目視頂門用志不分霎時龍虎交戰造化爭馳雷轟電掣撼動乾坤百脉悚然九宮透徹金晶灌頂銀浪衝天紫陽所謂以黑而變紅一鼎雲氣濃少頃玉鼎湯溫金爐火散黃芽遍地白雪漫天夫唱婦隨龍吟虎嘯陰戀陽魂

陽抱陰魄鉛精汞髓凝結如珠玉蟾所謂夫婦老相逢恩情自留戀此際玄珠成象鑛去金存而一點金液復落於黄庭舊處矣斯時也溶溶然如山雲之騰太虛霏霏然似膏雨之遍原野淫淫然若春雨之滿澤液液然像河氷之將釋百脉冲和而暢乎四體眞箇是拍拍滿懷都是春也見此効驗急行周天進陽火退陰符則四象五行攢簇一鼎混百靈於天谷理五炁於泥丸也

高象先云玄珠飛到崑崙上子若求之憑罔象

河車歌云兩物擒來共一爐一泓神水結眞酥

指玄篇云必知會合東西路切在冲和上下田

陳泥丸云白虎自茲相見後流珠那肯不相從

段眞人云四象五行攢簇處乾坤日月自然歸
漸悟集云因燒丹藥火炎下故使黄河水逆流
純粹吟云子午爐前分進退乾坤𨵿内列浮沉
玄奥集云金情木性相交合黒汞紅鉛自感通
雲房眞人云驅回斗柄玄關理斡轉天關萬象通片
餉虎龍頻鬭罷二物相交頃刻中
指玄篇云奔歸氣海名朱驥飛入泥丸是白鴉昨夜
虎龍爭戰罷雪中微見月鈎斜
醒眼詩云木金間隔各西東雲起龍吟虎嘯風二物
寥寥天地迥幸因戊已會雌雄
陳泥丸云子時氣到尾閭關夾脊河車透頂山一顆
水晶入爐内赤龍含汞上泥丸

翠虛篇云醉倒酣眠夢熟時滿船載寶過曹溪一纔
識破丹基後放去收來總是伊
古仙歌云水銀一味是仙藥從上流傳伏火難若遇
河車成紫粉粉霜一吐化金丹
玄奥集云移將北斗過南辰兩手雙擎日月輪飛趂
崑崙山上去須臾化作一天雲
陰長生云夜深龍吟虎嘯時急駕河車無暫歇飛精
運上崑崙頂進火玉爐烹似雪
張元化云泝流一直上蓬萊散在甘泉潤九垓從此
丹田沾潤澤黄芽遍地一齊開
原道歌云妙運丹田須上下須知一體合西東幾回
笑指崑山上夾脊分明有路通

玄奥集云獨步崑崙望窈冥龍吟虎嘯甚分明玉池
常滴陰陽髓金鼎時烹日月精
金丹集云河車搬運上崑山不動纖毫到玉關妙在
八門牢閉鎖陰陽一氣自循環
無一歌云到此得一復忘一可與元化同出没設若
執一不能忘大似痴猫守空窟
白玉蟾云汞心煉神赤龍性鉛身凝氣白虎命内外
渾無一點陰萬象光中玉清鏡
純陽文集云盜得乾坤祖陰陽是本宗天魂生白虎
地魄産青龍運寶泥丸住搬精入上宫有人明此法
萬載貌如童
抱一子顯道圖云造道元來本不難工夫只在定中

間陰陽上下常升降金水周流自返還紫府青龍交白虎玄宮地軸合天關雲收雨散神胎就男子生兒不等閑

玄奥集云要識玄關端的處兒女笑指最高峰最高峰秀且奇彼岸濛濛生紫芝只此便是長生藥無限脩行人不知

許宣平玄珠歌云天上日頭地下轉海底嬋娟天上飛乾坤日月無停運且看斗柄轉其機人心若與天心合顛倒陰陽止片時虎龍戰罷三田靜拾取玄珠種在泥

群仙珠玉云點丹陰陽事迴別須向坎中求赤血提來離位制陰精配合調和有時節

羣仙珠玉歌云鉛思汞汞思鉛奪得乾坤造化權性命都來兩箇字隱在丹經千萬篇

心日居士曰天如卵白地如黃太極中分陰與陽天即是身心是地自然交泰地天長天關地軸頻廻轉玉液金漿款段行復命歸根精氣足自然神壯體長生

長白居士曰順則生人逆則仙如何覿面不叅玄眼前交泰陰陽體豈是無師識地天謾分羊鹿牛車界自有河源統濟洄脉脉時勤過玉嶺津津露浥長靈胎

五梅道人曰認得五行顛倒顛修爲便是大羅仙識神自占聰明主下士聞玄笑醉顛金光透體遍身香杳冥青娥已嫁郎從此兎雞冥沐浴調和十月聖胎康

築基圖　卷之四　三七

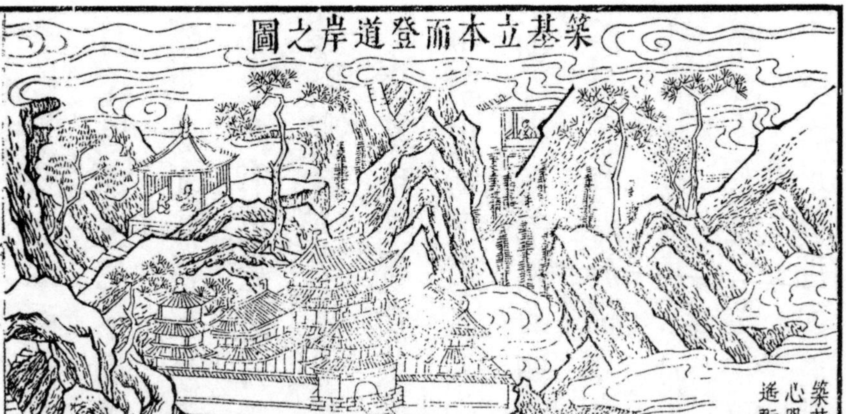
築基立本而登道岸之圖
築基宮殿穩屏念道
心明習慣無纖翳逍
遥証太清
識神非智不諳涅
槃無寂滅
人性有靈須知彼
岸是長生

築基立本而登道岸法則

自至道源流已至周身前後三三者皆闡明三教諸聖奥義而無遺矣今夫築基煉已乃次第入道緊着工夫凡有志於道者必先掃除世事世事漸減則道基漸實自可漸進也築基二字乃譬喻造屋亦必先築實基址然後能載牆墉柱棟以成內外宮殿也彼市朝中初向道之人知利名牽擾恩愛纏縛務令漸漸屏事漸漸積功即如龐居士張無盡等俱在家成道何嘗有碍於佛事也况佛法無邊尊莫過於維摩詰者且道築基如何築基者乃收神固精裕炁俾一身四肢炁血充足骨髓堅強是謂之民安國富方可入室而求還丹大道也但修士要心明如鏡應事隨

消對景忘情形去無着當人眞下不染痕跡滌念絕
慾以致心死神活只除妄念不除眞念將此眞念攝
歸竅內使精炁神交合一處久而自靜是然清虛恬
澹眞炁從之人心一虛道自來歸若念不止則基址
不固倘神不清則修爲何益經曰因一念而有我身
借一念而煉我形形神俱妙與道合眞而成丹也凡
人未生之先父母相見時情意感動兆以立其萌矣
媾合儲精形以立其基矣十月胎完形骸俱備氣足
而降剪斷臍帶一點天元眞炁著於炁穴鼻吸目攝
天賦之性也賦此天性曰居二目藏於泥丸夜潛兩
腎蓄於丹竅乳以養其五臟炁則冲乎六腑骨弱如
綿肉滑如飴精之至也視而不瞬嗁而不嗄和之至

也此乃赤子渾然純靜無爲屬陰䷁坤卦自一歲至三歲長養元炁六十四銖一陽生乎䷗復卦至五歲又長元炁六十四銖二陽生乎䷒臨卦至八歲又長元炁六十四銖三陽生乎䷊泰卦至十歲又長元炁六十四銖四陽生乎䷡壯卦至十三歲又長元炁六十四銖五陽生乎䷪夬卦至十六歲又長元炁六十四銖六陽是爲䷀乾卦盜天地三百六十銖之正炁原父母二十四銖之祖炁共得三百八十四銖以全周天之造化而爲一斤之數也此時純陽旣備微陰未萌精炁充足如得師指脩煉性命立可成功矣故曰上德無爲不以察求者是也原男子二八眞精通女子二七天癸生自此以後慾情一動乾宮眞陽走

入坤宮是女得內陽成坎反為中男矣是男失內陽變離反成中女矣嗣後若不禁忌貪縱無已而陽漸消陰漸長由十六至二十四歲耗散元炁六十四銖應乎䷫姤卦一陰生矣品物咸章淳澆朴散去本雖未遠履霜之戒已見於初爻若能修煉可謂易乎復者矣至三十二歲仍耗元炁六十四銖應乎䷠遯卦二陰生矣陰氣浸長陽德漸消欲慮蜂起真源流蕩然而血炁方剛志力果敢若能修煉則建立丹基用力不難至四十歲仍耗元炁六十四銖應乎䷋否卦三陰生矣天地不交二炁各復其所陰用事於內陽失位於外若能修煉則危者可安亡者可保至四十八歲仍耗元炁六十四銖應乎䷓觀卦四陰生矣二

陽在外而陽德微重陰上行而陰氣盛腎漸竭髮漸白若能修煉尚可抑方盛之陰柔而扶向微之陽德至五十六歲仍耗元炁六十四銖應乎䷖剥卦五陰生矣五陰並升乎上一陽將反乎下陰盛横潰陽微僅存肝衰腎憊眼昏步遲若能修煉如添油於將盡之燈布雨於乖槁之苗至六十四歲仍耗元氣六十四銖應乎䷁坤卦六陰盡矣卦炁已周所得父母天地之元炁三百八十四銖而爲一斤之數耗散已盡純陰用事氣血衰鬢髮白骨髓竭容貌槁體重無力苟得其壽惟藉穀氣以培後天之精氣無復有先天之元炁矣倘遇至人指示返還之道精誠修煉仙尚可期但是年邁修此必用龍虎衣固濟外腎升谷道

母使走散元炁每日每夜候身中外腎陽舉此卽後天活子時也急須下手名曰鉛遇癸生須急採速以戊巳取離火迎腎水緊撮谷道恊起小腹竪直脊梁從坤復起火提氣運河車游艮背昇泥丸以目旋轉三十六次取眞炁入腦而化爲髓隨卽行周天火候一度以合天樞也上之口訣曰舉日採時煉時烹如是惚言絶念垂簾閉兌終日如愚專氣致柔採補百日得元炁六十四銖以應乎復卦䷗生其一陽也如枯木逢春仍如前採補百日又增元炁六十四銖以應乎臨卦䷒生其二陽也痼疾漸消復加精進百日又增元氣六十四銖以應乎泰卦䷊生其三陽也萬籟同春步履輕快照前進功百日又增元炁六十四

銖以應乎壯卦䷡生其四陽也肌膚光潤髮白返黑又加工夫百日又增元炁六十四銖以應乎夬卦䷪生其五陽也如巨室之家金玉無處不有到此不怠愈加精鋭工夫百日補足元炁三百八十四銖復奪天地日月精華周天造化而返乾健之體䷀故曰下德爲之其用不休是也名曰肘後飛金晶也悟眞篇曰始於有作人難見及至無爲衆始知但見無爲爲要妙豈知有作是根基參同契云聽理腦定昇玄黄庭經云子欲不死修崑崙正謂此也依此築基補完乾體心如赤子方可入室下手而求還丹易於反掌耳故曰屋破修容易藥枯生不難但知歸復法金玉積如山誠哉至言也壯年若能行之成仙實不難也

衰老之人必須還精補腦築固靈銖務要飲食豐美或以人乳培養九藥充補或千日千五百日自然精炁神完足然後求玉液金液坎離抽添地天交泰之還丹始得玄珠罔象太一含真矣第人事與夫君仁臣忠父慈子孝濟困扶危敬老憐貧皆築基之功行也㞢

無常迅速生死事大苦海無邊回頭是岸毋任輪廻輕縱塵刼上承諸聖普度之德下繼是編纂輯之志故曰此身不向今身度更向何生度此身也

心日居士曰築基還返建蕭臺破屋更新寶殿開重整乾坤多變化始知本立道生來

長白居士曰大道平夷世不行崎嶇險路苦迷爭分緣自是雲泥隔幾見凡夫步太淸

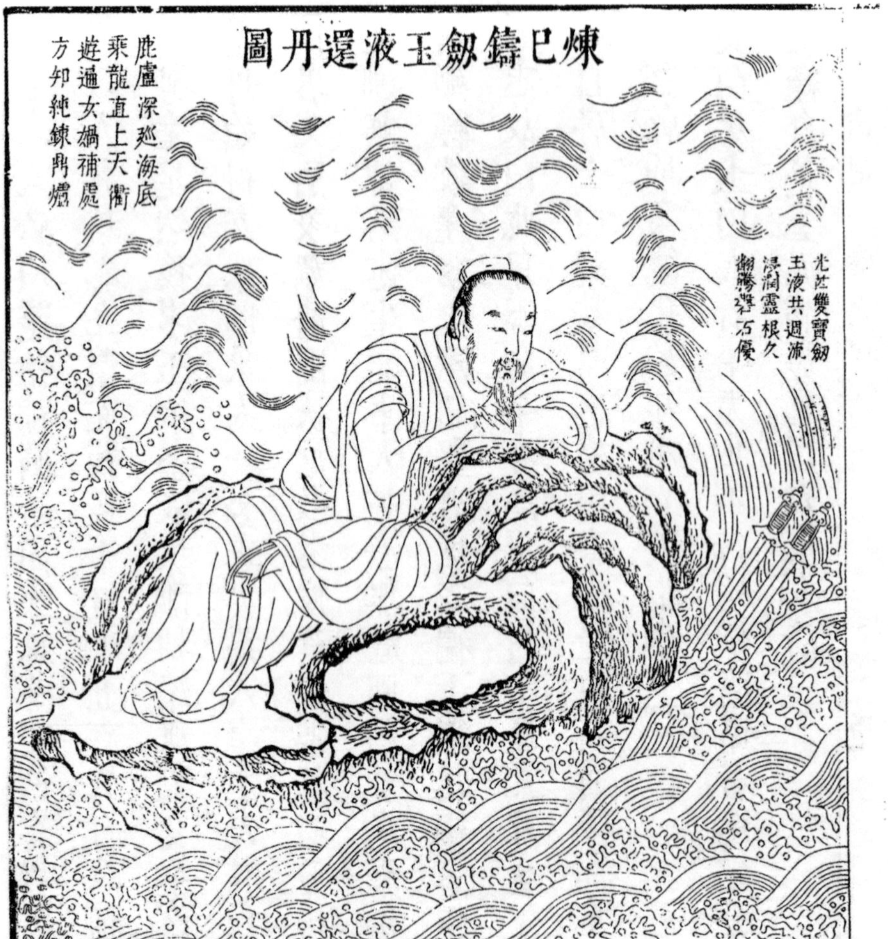

煉已鑄劍玉液還丹圖
鹿盧深延海底
乘龍直上天衢
遊遍女媧補處
方知純鍊丹爐
光芒雙寶劍
玉液共週流
浸潤靈根久
翻騰礬石優

夫煉巳鑄劍者喻鑄錬自巳本來之元神性智堅剛獨明毫不許識神擅事被外物七情聲色勢慾所誘如岳武穆之軍令泰山可撼岳家兵不可撼惟嵩意致誠在一念必取必勝之謂也而玉液還丹者即自家精血自交媾也先要究父母精血注於何處是根蒂也前對臍輪後對腎中間有個黃金鼎由如太陰之形純黑借陽光生至十六純陽圓滿交坤索得陰晦尽交陰交陽即此也正中玄關虛無竅太中極神氣穴庚辛室灝氣門琫玉房六合之內宇宙之間上柱天下柱地只這個是箇鼎器此竅非凡竅乾坤共合成名爲神氣穴內有坎離精隱秘玄關論云歸根自有歸根竅伏命還尋伏命關金丹大要云內鼎者

前赤後黑左青右白坤上乾下太中極者下丹田也爲精血之庫若蚌內守若石中藏此說者由暗中而射棃也異名衆多止不過玄關一孔竅三關要路頭忽然輕運動神水自周流神氣相攝從於虛無○藥物在此胎結在此神化在此生人生佛俱在此矣玉蟾云結精於爐聚炁於室妙哉即玄牝也○道德經云玄牝之門是謂天地根綿綿若存用之不勤呂眞人云時人若知眞玄牝不在心兮不在腎窮取生身受氣初莫怪天機都泄盡正陽云生我之門死我戶幾箇惺惺幾箇悟夜來鐵漢細思量長生不死由人做若能參得此竅即一也先賢秘之不泄既得造化窟○者須是下箇工夫做將去如何是做將去須是

將心中造化放在深淵便是悟眞篇云虛心實腹義俱深只爲虛心要識心不若煉鉛先實腹且教守取滿堂金苦志之士行工於靜室正心端坐曲膝盤手握固目垂簾齒相對鼻息均神氣安身筆直而氣易升降冎身方正一意收歸玄牝◎萬慮俱忘心目相一凝神於玄關立志於虛無非虛無也須是文武火候煆煉眞空若是心空無動念似有似無彷彿太淵綿綿若存守之文火也假如舊念撓動心君便用眞神如石墜下竅中卽武火也火藥論云順元神妙用以爲火聚先天一炁以爲藥守玄關一竅以爲冎達磨云有人捉住虛空不覩頭頭覩破是一念也廣成子云毋勞爾形毋搖爾精愼汝內閉汝外多知爲敗

虛無極也。抱神以靜。太上云。歛視歛聽歛言歛鼻。金丹四百字云。凝耳韻。減舌氣。調鼻息。含眼光。攢簇四象。放於此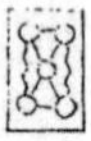也。丹陽翁云。鬧裡煉神。靜中養氣。坐則調息綿綿。睡則抱臍下之珠。行則措足於坦途。住則凝神於太虛。玉蟾云。用志不分。炁凝於神。灰心冥冥。金丹內成。儒書云。養鷄犬而知收拾。豈可人心而不知收拾乎。只要心在腔子裏。呂祖云。若欲端坐。先煉其心。既煉其心。先伏其氣。既伏其氣。終睡而道在其中矣。豈專在坐乎。又云。伏炁不服氣。服炁須伏炁。魏元君云。神若去。便收來。神返身中氣自回。如此朝朝幷暮暮。自然赤子結真胎。復命篇云。昔日遇師真口訣。只要凝神入氣穴。胎息經云。胎從伏氣而結。氣

從有胎而息氣入身來爲之生神去離形謂之死丘
眞人云常耕清淨田三段獨守瑠璃舍一間醉思鄉
云行此眞常妙傾心訖眞空道德經云知白守黒神
明自來心印經云聖日聖月炤耀金庭回風混合百
日功靈還元篇云攢簇雙睛在目燒燒成便可点金
身金集章云雙瞳守定洞門立三島眞人任往還參
同契云三光陸沉温養子珠陰符經云天有五賊見
之者昌五賊在心施行於天悟眞篇云先且觀天明
五賊次須察地以安民數般異名止不過用神清靜
歸於玄歸於竅⊙者也正陽云陰丹須得先天炁常
以性根固命蒂胎息經云神氣相注固守虛無悟眞
篇云始於有作人難見及至無爲衆始知俞眞人云

進火於後天有爲今直露玄機坐則用神凝守於此處或耳聽聲音即凝於此處鼻聞香臭即守於此處目視物即凝於此處心念動亦守於此處若無視無聽無聞一念不動之際只要似有似無守於此處不可持着而守不可枯坐灰心久久守之神入氣氣戀神神炁相抱金木不相間隔也金丹大成書云胎不得息則不得成息不得胎則不得住心動則炁不入神身動則神不戀炁正謂此也莊子云眞人之息以踵常人之息以喉得此眞息之道心靈神慧未事先覺不可垂目下觀恐出陰神難成造化若是神氣相注於踵息鼻息微微丹田氤氳初則如風之擺水浪向前進步次則如螢光之放明現於下極自然見之

向前進功猶陽燧之珠得陽光圓圓爍爍光明現形不爲大事青華秘文云有一物或明或暗到此方是初禪定也是一身之內所積之陽精精氣神三家聚而精華現非內非外方知有功全得靜定中來呼吸歸臍到此實是前築基事業正謂精滿不思婬氣滿不思食神滿不思睡上陽子云要知玉池之水銀先積離已之珠砂黃庭云仙人道士非有神積精累氣以爲真中和云思慮神住呼吸氣住交感精住交感而能生真精呼吸而能生真氣思慮而能生至神紫陽云煉精者非婬泆之精乃天地之元晶煉氣者非呼吸之氣乃元始之祖炁煉神者非思慮之神乃不壞之元神也三家混合精氣歸一形體混化不知天

之爲盖地之爲載人我俱忘六祖云本來無一物何處惹塵埃正是澄澄湛湛之處此無中只覺一箇念不着於頑空也此際之內或耳聽聲音响動即是氣發泄目前有光彩即神露也大靜三百日中靜二百日小靜一百日先試小靜不過月餘百靈集耳神光時顯須有此驗莫爲異事化書云穴蟻若牛鬧耳中聲我自聞目中花我自見是此小功小驗最宜忌之切不可視聽有泄神氣青華秘文云耳聽清音從耳露也眼觀光彩從眼漏也有廢前功惟只可守於下極南華經云先王至日閉關商旅不行竟不可外視只待造化將來正靜定之中忽然臍下一縷煖氣直沖心王以意順之火符刀圭云耿耿直上冲心王便

命以意順此沉於下極兩腎之氣向前一輳齊入臍中三火所聚正紫陽所謂心中意臍中咼腎中爐三中之理輻輳歸一內腎之炁爲龍虎二弦之氣即內玄牝也會於意成於黃婆又有造化生焉丹田如火煖兩腎似湯煎臍帶如氷寒金丹四百字云四肢如山石絳宮似明月泥丸若風生此真境也非譬喻也不覺丹田之內時息三跳若孕婦之懷胎外腎吸縮如回一縷熱氣直下而奔徑透尾閭用神閉息緊撮谷道提過九竅此時一舉三時兩腎之間覺之如失汞之狀便要鼓動巽風徹開爐韝飛神海底火逼金行真陽出坎正謂追攝之道易云初九復卦臨子潛龍勿用九二臨卦在丑見龍在田九三終日乾乾寅

位升陽於中天泰卦其中造化陽炁出坤大响一聲似雷振地也真炁所行猶如烈火迅風又云萬籟風初起千山月乍圓急須行正令便可運過天又云綫電光中扶赤子皷鼙聲裏用將軍吕祖云明明說向中黄路霹靂聲中自得神又云一串金鈴响上來三關九竅一齊開又云白雲朝頂上普化一聲雷又云天皷鼕鼕振地來又云地雷振動山頭雨太子謂射九重鐵皷白真人云氣是天年藥心爲使氣神若知行氣主便是得仙人多般異名止不過是積氣開關一氣冲和之訣須氣出尾閭正當調停水火均平先得金半斤正是陰中陽半訣要沐浴二月臨德榆錢墜落生中有殺九四雷天大壯洗心滌慮底心下意

正氣流行由人君申令方得烝塞六合有聲如雨洒
芭蕉風撼萬籟一身如亟之行不時氣至銀河夾脊
升上玉枕至須彌爵羅蕭臺升乾位九五飛龍在天
遍遊九宮頭如火烘亦如巔巒之重也歸元宮神霄
之中陽極陰生上九亢龍有晦以陽姤陰陰陽會合
二氣相交泥丸如螻蟻之遊行滿面如蜘蛛之放絲
意守造化防危慮險待交片時用意引下明堂注雙
目過雀橋入華池先則温氣而降次則一點甘露滴
滴而下如酥蜜之甘似薄荷之凉均於滿口自然而
嚥不時又降滿口而來二口之津送下重樓入肺腧
透心經丹至降宮八月臨刑殺中變生洗心滌慮依
訣沐浴陽中陰半水火均平得水半斤須是徐徐送

歸土釜便以姹女匹配黃婆打合守城封固同入洞房夫婦團圓如男女之媾精似沐浴之乍起片時方惺正謂玉液流行升降上下週而復始李清虛眞人云初關煉精化氣之理玄宮升降而至天谷此進陽火三十六候天衢降至泓水此退陰符二十四氣正謂七返硃砂反本参同契云下士有爲其用不休也道光眞人云煉鉛無記此般造化是一身累積陰精正謂涕唾津精氣血液也離此造化何有林屋眞人云須是七般陰物殊不知借此而爲助道之梯航也香從臭裡出甜向苦中來借假修眞正謂此也務將前功不可須臾離也亦不可有貪世事須要擺脫塵網若是造化今日午時得後邊造化於明日午時來

餘時放此此般造化與天地陰陽週天度數一般一毫不得差遲若有差遲不成造化其造化將來之際小腹內熱時忽一跳便用飛神墜下此氣就便運行不比小功使然之術安樂之法金丹之道自然造化氣行於前神隨於後傍門出於使然金丹出於自然也此功行之久久純熟之際意到皆可爲亦不可急性正要綿綿若存用之不勤得此玉液宿疾普消斑痕皆除玄關謹閉心死神活若是永鎮下田便是長生久視仙人之道也可謂住世丈夫假如要做出世之仙急急常行玉液七返九還之道勿鎮下田常運流行行此工夫數盡自然虛室生白暗合天度默會神機金液附體神丹增輝方得造化自外而來上陽

子云煉已稍缺神明不來此段造化正謂姹女遊行自有方金蟾子云未得金液先伏至藥未伏至藥先明火候火候爲至藥之筌蹄至藥爲金丹之鄞鄂此段工夫火候至藥已明慧劍已靈務宜精進臾寶劍輝騰魍魎藏從茲有路到天堂恁須着意行將去早向尋仙索桂漿

有閱玉液還丹而疑異者弁執紫陽眞人神水華池說而詰之曰據云元氣衰微精元枯竭必藉華池中神水以爲丹本也夫華池以穀氣生精而降於腎者氣壯則精多而用之有餘氣凋則精元槁矣雖穀氣所歸不過産一等飮歠之水流歸腎府而大藥三品已欠其一矣故教之於陽生未採之時先在華池中

引其水以意斡歸尾閭自夾脊直透至泥丸就精穴用精自然隨氣上升至午宮遇衆陽融之則精可用然後降至於心就心取汞依然下至黃庭精則落乎其中却用一意封固綿綿若存以養之二者自相吞啗等說我所以疑者華池既在氣穴之下兩腎之中其神水上達於玄膺爲太和之津液如井之有水焉而其升提之理乃出於自然而然也今逆而反之撥於尾閭濟於艮背冲風府貫天谷而復落於黃庭不抑牽强之辭乎五梅道人曰子誠以管窺豹僅得一斑而未見其全章耶盖修丹之士自有次第故欲入其門者必先曰築基築基不實則大業難就夫築仙佛之基者如建國立都深宮廣殿乃帝王之洪業基

積歲月而可望其成豈若庶民之房屋朝營而暮廢也是集之青首以上丹田者即築基之地乃明心見性也明心見性則玄牝立矣玄牝立則息歸根矣息歸根則大藥生矣大藥生非河車不能運周天運周天則地天泰矣故陰符經曰觀天之道執天之行盡矣是矣且人身亦一大塊也氣之所充塞而爲生焉其榮衛者即陰陽也其呼吸者即潮汐也其耳目者即日月也其頭腹者即山海也較黃河之水從天上來而川流不息與夫陰陽之往來潮汐之長落日月之升沉皆循環無端盡在周天火候者也是以至人提挈天地把握陰陽故能壽敝天地無有終時此其道生也者常人之所不能悉自有疑焉故悟眞篇曰

人人本有長生藥自是迷徒枉擺拋甘露降時天地合黃芽生處坎離交井蛙應謂無龍窟籬鷃爭知有鳳巢丹熟自然金滿屋何須尋草學燒茅謂於是矣長白居士聞而喟然歎曰惜乎迷人於大道之難知也抑未悉天地之神水耶如吾鄉泰山之巔於甲戌年秋衆目所視兩瓶抵觸於懸崖之上俄頃煙捲雲騰數十丈之洪水從空而降奔瀾浩漫駕空洶湧所過數百里凡遇州縣村落拔樹漂屋洗蕩罄盡且無岸而不旁涯憑高而能直激此豈非天地之神水乎其初瓶觸雲騰與我身之河車抑何以異乎經曰人知其神之神不知不神之所以神迷悟在此而分矣故經又曰愚人以天地文理聖我以時物文理哲人

以愚虞聖我以不愚虞聖人以奇其聖我以不奇其聖正斯之謂歟

易圖丹鏡五卷土集目錄

五卷土集目錄終

彡圖丹鏡五卷上集

天都張星餘澹初甫集著

於陵李化熙五紘甫叅訂

五卷小紀

余三十年前與喬伯圭將軍友善每從事於邊塞鞍馬閒各言其志彼亦深造此與惜其身殉國難嗣後寥寥竟不復有其人矣適長白居士開府津門於王事鞅掌外每留心性命闡發禪玄聞是刻偶而不偶遂折節下問索閱研究弁出道書全集性命圭旨互相印證叅以詩詞攷覈終帙覓梓構工乃復題之曰此即三墳五典篇太初何處覓禪玄若論大道無言句要悉虛靈有汞鉛未去識神終是鬼元來本性恰爲仙已知法法非經贅只在常行日用邊斯之謂也

火候盜機週天度數之圖

金鼎蒙蒙長紫芝神水須時勤灌溉

從來真火本天然何事迷徒妄指傳若將方木投圓竅醜姹爭教得少年

靄靄騰
雲氣
濛濛長
玉芝
時時勤
灌溉
刻刻保
傾危

真汞篇　真鉛爐　無中有　有中無

玉爐煉就長生藥

元始天尊霜

太上老君樱

金鼎燒成不死丹

火候足　莫傷丹　天地靈　造化慳

有象有爻皆是妄無盈無昃亦成空試且爲君通一線看看月出嶺東紅

玉爐靄靄騰黃霧藥苗按候採栽培

火候盜機周天度數心法

盖丹者○八此也即身中之一物也此物即夫子云格物而後知致知致而後意誠又云人與天地萬物而爲一體此體即萬物之中而各具一靈也此靈又即是性也故老子云本來眞性即金丹四假爲爐煉作團不染不着除妄想自然飛入老君壇此皆口訣中之直指也又性即良知也如鷄知抱卵龍知養珠鱉知睽卵螟蛉之兒子此等微物無師傳授而天然自知皆天知即良知也修金丹之士要知一箇先天炁後天炁先天炁即未有天地先有此炁此炁化生天地萬物萬物之中得紅而紅得黃而黃得紫而紫得白而白得青而青得黑而黑異緑奇黄豈假染哉

皆先天太和元炁之所變化者也後天者旣太和元炁化生天地而天地覆載萬物含蓄長養而內有陰陽二炁化育成形故有淸有濁淸者聖賢濁者愚頑因天地陰陽父母氣血使太和元炁紐合而凝以成人類而中含眞性即天性良知是也因得此良知眞性萬物之中爲最靈最貴者此良知即天之性爲天、之心稟合三才故此知拆天補地移山倒嶽有經緯天地之謀推策陰陽萬物成度之機而無違毫末之差忒也奇哉人之大者也此知即性此性即神此神即意故意屬土土能生萬物土能載萬物土者太和元炁之靈是戊土天地日月之靈是己土人之戊土眞土紫陽云眞土製眞鉛眞鉛擒眞汞鉛汞歸眞土身心寂不動大哉真口訣中之玄言密句也真土者意也真鉛者先天真一之炁即虎之弦炁也真汞者玄體神水之玉液也即龍之弦氣也丹書有云真鉛真汞真土真龍只是箇築基煉已積精累氣精盈氣足神全而神明自來以意領氣開關而得神水灌溉三田薰蒸四體而住世延年之訣也若要修七返九還金液大丹須用箇周天火候日行不缺奪盡天地日月陰陽刼運之數奪盡萬物四時生殺之數奪盡卦爻銖兩之數數足通靈方得造化比前玉液小丹小功小法大有不同此一着工夫實是拆天補地移山倒岳經天緯地之大神通須得法財侶地始能行持操就要鑿開混沌劈破天心僅得黍米凝空玄珠

有象非可忽忽而爲也其法自子至巳乃六陽之數即進陽火也訣曰乾九陽數也乾九初陽起於坤之初六乾之策三十有六共計二百一十有六自午至亥爲六陰之數即退陰符也訣曰坤六陰數也坤六初陰起於乾之初九坤之策二十有四共計一百四十四陽火陰符總計三百六十度火候外除五息以應五行前降後昇鉛汞平均共吞玉露十六口成刀圭三百八十四銖合爲一斤之數配兩弦之期得藥於二八也名曰月之圓存乎口訣時之子妙在心傳周天息數微微數玉露寒聲滴滴符此眞人口口相傳之密旨也號曰四候別有妙用大抵眞息從氣穴所發即龍之弦炁乃眞火也即汞也橐籥也常人口

中華池神水從舌下二竅湧出至人甘津玉露從腎
經過尾閭夾脊入泥丸注明堂而降舌端即虎之
弦炁乃真水也即鉛也丹藥也人之二炁存則生二
炁竭則死乃一身真水火真丹藥之大根本也巳上
口訣遇身中子時時至採藥送歸土釜以神會息行
之一度攢簇陰陽煅煉丹藥須是數息有作若不行
此火候難奪周天造化何以為觀天之道執天之行
採藥無此難結黍米之珠近有一等築基未實煉巳
未純妄自執此常行以為火功燒竭元炁反恩為害
是以聖人傳藥不傳火從來火候少人知乃諸聖不
泄之竹帛名曰天符也實而行之永為天仙忽而失
之永為地鬼學者珍重珍重一年二八月一月初八

二十三日一日卯酉二時此皆不行火候以沐浴爲
期惟洗心滌念順其自然渾於無何有之鄉是矣今
將火候用天文武鉛汞銖兩配合温養沐浴細微直
指口訣細開於後火計六百篇篇篇相似再無二法
也其訣始則用意久則自然天關在手左指統十二
支地軸由心以神馭炁數其息也下德爲之其用
不休是矣
子時復卦主事鼻呼出身之濁炁以意統二目爲雌
雄二劍微吸天之清炁入於坤復之間緊撮谷道
運河車穿夾脊昇泥丸火停呼注明堂過雀橋下
重樓送歸土釜如此一吸一呼則爲一息循環無
端先十八息文火後十八息武火文火順其自然

武火聊緊大此○後昇前降共三十六息足得華池
神水一口嚥送玄宮澆溉靈根是得藥一兩也
丑時臨卦主事熠前先文十八息後武十八息吸過
尾閭滌艮背上天谷而呼下玄牝過而復始三十
六息足呑嚥玉露一口入玄宮乃得藥二兩也
寅時泰卦主事呼吸三十六度首尾武中間又先行
武火十二息用意聊緊些次行文火六息共十八
息吞送神水一口至玄宮是得藥三兩也又行文
火六息武火十二息共三十六息又嚥華池神水
一口入玄宮是爲得藥四兩也
卯時壯卦主事榆莢落生中有殺不行火候洗心滌
慮只宜温養聚焉盈溢不致耗損爲之沐浴靜坐

總念以待玉露滿口送下玄宮是得藥五兩也
辰時夬卦行事熠前先十八文後十八武意守日行
隨呼而昇而降昇則吸上降則呼下在內循環不
出於外得玉露一口送歸玄宮是得藥六兩也
巳時乾卦主事熠寅位首尾武中間文當中十八息
嚥玉露一口送歸玄宮是得藥七兩也又十八息
又嚥玉露一口送入玄宮是連前共得藥八兩也
是進陽火三十六也
午時姤卦行事爲之退陰符仍以意統月爲雌雄二
斂後昇前降爲一小周天先行十二武火畧用意
緊些次行文火十二息順其自然其武文火二十
四呼吸吞華池神水一口熠陽火送歸玄宮是得

藥一兩也
未時遯卦主事焰午位行十二武十二文共二十四息送神水一口入玄宮是得藥二兩也
申時否卦用事乃西南鄉藥生之地火候以首尾文中間武先行文火八息次行武火四息共十二息即送神水一口入玄宮乃得藥三兩也又行武火四息再行文火八息共二十四息俱焰前自坤復起火緊撮尾閭運河車串夾脊透玉枕昇天谷頂刻逾明堂蘸玉津度雀橋降重樓順肺腧下降宮注於造化窩是爲一小周天得藥四兩也
酉時觀卦主事金精旺酉氣肅爲刑此時麥生殺中有恩焰前陽火卯位守靜宜當防危慮險注意歸

中溫養沐浴以待玉露生滿太和宮即嚥送入玄
宮是得藥五兩也
戌時剝卦用事仍依午位行工十二武十二文共二
十四息送神水一口至玄宮爲得藥六兩也
亥時坤卦用事依申位行工首尾文火十六息中間
武火八息先文八息次武四息共十二息嚥神水
一口送玄宮得藥七兩也又四息武八息文共十
二息送神水一口於玄宮是連前共得藥八兩也
是退陰符二十四也陽鉛龍陰汞虎鉛乃金公之義
悟眞云金公本是東家子送在西鄰寄體生認得喚
來歸舍養配將姹女作親情汞乃姹女之義是爲有
功之水此水號天一至精悟眞云姹女遊行自有方

前行須短後須長又云嫁箇金公作老郎者鉛即無
根樹下羡金華是也汞即分明一味水中金是也故
火候之說云神仙傳藥不傳火從來火候少人知又
云藥即是火火即是藥修眞之士仔細看將去從頭
做出來此箇造化亦非眼看耳聽手搏足躡之造化
乃無中之妙有水底撈明月火內種金蓮非神仙之
徒豈凡人而可得之者哉又呼吸之玅呼者主乎出
乃吐出一身陰濁之物而使五臟六腑受太虛之眞
土變化一身之氣而爲陽也吸者主乎入也吸太虛
先天眞一之陽精而變化爲純陽之體也得此眞訣
勤而行之奚但益壽延年至於天地神人鬼五仙大
小隨功行而得自由有志之士學仙須是學天仙也

金液還丹萬法歸一之圖

認得東君舊兒子喚回家裡作生涯風雷不變情歸性猿馬無爭心放花
紫極潭中龍隱蟄水晶簾底月生華澄澄一泒秋江靜還許仙人穩泛槎
黍米分明透恍幃主人枎劔任施爲舉心要
捉南山鳳下手先擒北海龜一片閒雲
飄鶴羽半濤新月露蛾眉金精奪
得歸來晚自把無腔管慢吹
定裏分明用巳工吹開孔
竅賴靈風日沉潭底烹
金虎月下山
頭走玉龍
只用三周
神火候煉成
一顆寶珠紅雲夜雨散
常空靜笑指蓬萊第一峯
獨處塵寰萬象全靈源寂寂
湛壺天玄黃交姤纏周數神炁冲
和巳注頷龍爲養珠常容容鶴因抱卵
自綿綿九年功滿神胎就一舉飛昇象帝先
蹺軌功成歷作塵蹤番造化顯全真腥臊穢質皆靈質清淨元身即法身
從此永爲仙聖客自今不作夢魂人無生無滅無榮辱隱現逍遙不記春

金液還丹萬法歸一直指總訣

夫金液還丹者在虛無之端杳冥之中先天造化元始之根太極之蒂天地之祖佛得之號曰摩尼寶珠老祖得之號曰黍米玄珠因珠而言丹丹者土也土者意也正謂真土無位真意無形真火無候神哉神哉正謂虛無杳冥先天造化自虛無中來此箇造化天上尚且無地下豈得有既然天上地下俱無從何而得哉爽早知燈是火飯熟已多時豈不聞釋教禪師云騎牛覓牛踏破鐵鞋無覓處得來全不費工夫定出於己身己身二字必有分別無錯認之己者此也身者彼也彼此龍虎也即夫婦也即乾坤也即坎離也即陰陽也若究得這箇真陰真陽須是下箇死

工夫於死裡求活方可這箇工夫非是手拿指抵的工夫止不過用箇真神真息真意工夫方得內外二丹內陰陽交合外五行攢簇內五行攢簇若何這箇造化須是前功不斷常常運行或百日二百日三百日前數以盡泥丸云言語不同非眷屬工夫不到不方圓若是玉液停機又得六根大定便有大用現前法度與前不同自然有形氣化太虛同體內外如水晶搭子相似玉蟾云鉛汞不在身中取龍虎當於意外求曉得這些真造化何愁不會煉丹頭丘祖云一靜之中不覺有天有地兩忘之內方知無我無人玉芝書云八脈不行呼吸俱無斗柄停機璇璣不動日月停輪度人經云璇璣玉衡七日七夜一時停輪七

日郎七呼七夜郎七吸是也南華經鴻濛云將謀報混沌之德日鑿一竅七日而混沌死正謂大靜造化

澤山感應

參同契云氣索命將絕休死忘魂魄正入於無何有之鄉只覺渾渾默默恍恍惚惚神潛太淵蟄伏青龍而弗顛調製白虎而不狂神意外視如寄霧之鎖虛空似烟塵之障宇宙若是造化將來之頃其中景象猶如細雨寄露白雲飄飄黃花亂舞瑞氣

千條紫霧萬道正陽翁云垂簾塞兌寂然窺滿腔白雪亂參差慇懃收拾勿令失貯看孤輪月上時邵子云恍惚陰陽初變化氤氳天地乍回旋中間些子好光景安得工夫入語言是也參同契云眞人潛深淵浮遊守規中中者造化窟窟者即外腎也金丹大要云外腎者一名天谷玄關萬神之鄉衆竅之祖也產眞一之先天為大道之根基數般說者猶如聾人而聽管樂也正要眞人潛深淵劔飛月窟其前景象俱隱靈無初現庚象漸漸生圓如中秋之皎月月者丹也凡此者也懸於中天此眞陰之象亦是眞鉛之影也杳杳冥冥其中有精又云恍惚之中尋有象此者是也已之所積內之英靈碧紫之氣而浮於上透

於外非在外也實於形忘氣化之中呂祖云正一陽初動温温鉛鼎光透簾幃詩云騎龍遠出遊三島夜久無人翫月華又云月圓自覺離天網功滿方知出地羅大道歌云徑上南樓翫月華五輪五彩霞光月紫陽云山頭月白藥苗新金丹四百字云夜深月正圓天地一輪鏡道光云月之圓存乎口訣時之子妙在師傳呂祖云見曲江上月華瑩淨有箇烏飛此箇月象即火候也初則搖撓而不定只要用意存守下極之處降住巳之青龍白虎自然伏矣正謂西山白虎正猖狂若是青白圓徹獨露皎月澄澄湛湛勿搖勿動之際正謂初則爲人必有所求謙寂然不動感而遂通若不得符應之訣正謂外火須動内符不應

水火不接。鉛汞異爐。嬰姹迸亡。凝冬而爲大暑。盛夏
變作濃霜。有天逆地裂之患。損神傷氣之憂。有費前
功。邵子云玄黃若也無交感。爭得陽從坎下生。非此
訣者難以製伏。卽使飛神沉下。鼓動巽風。自巳下元
之處。瓊鍾一叩、玉洞雙開。巳之真炁於下丹田之項。
驗然一轃。如風浪之勇。徑奔入月窟之中。二氣混化
不分。用意守定。待他造化發生。切不可起絲毫念頭。
有喪天真。入藥鏡云。天應星。地應潮、鼎器歌云。陰在
上。陽下奔。是也。此手段者。正謂龍虎之韁易解。刀圭
之鑛難開。雖是把我人。我山推倒。急將龍虎穴冲開。
參同契云。知磁石引鐵。隔碍潛通。如琥珀取草。似蠏
黃召鼠。正謂陰陽合璧。陰招陽之道。正謂南辰移入

北辰位太陽走在月明中又云姤青之下月與日兩件同升合爲一又云騰倒兩般日月精攢蔟陰陽走神鬼又云取將坎位中心實点化離宮腹內陰似此造化其前二氣混化不分似太陰受太陽搏蝕相争其中現出一塊紅光初則似曉日出海之狀搖搖而不定次則如當午之陽光現形澄澄而無霞爍爍紫金五色燦爛紅黃雲氣只要眞意謹固勿動神感恐有纖毫之差有廢前工經云恍惚之中尋有物杳冥之內覓眞精俞眞人云沉歸海底去抱出日頭來指玄篇云渺邈但撈水底月分明只採鏡中花目可觀而不可手把也又云潭底日紅陰怪滅山頭月白藥苗新又云滔滔海底太陽紅張三峯眞人云萬般景

界皆非類一箇紅光是至眞這箇景象正是汞之影也內之一身所積鉛之英靈碧潔之氣結而外也實在內出又云早晨蜃氣出樓閣免得世人語是非又云丹有形無形可得見既無形如何見之心見意聞而已不見中親見又云釋迦粘花示衆五千人退席惟迦葉微笑佛將花付與爾正謂黙識心通而已又始經云言道如言夢思之如縷塵觀之如吹影又云坎離鉛汞却在內安爐立鼎却在外須從外還從已身而發正陽眞人云精從內守丹從外來此箇紅光是陰得陽而變化神鬼莫測眞陰眞陽交混成一塊又云刀圭之鎖難開又云龍虎爭馳進火工夫牛斗危須二土難分務要箇匠手鑿開混沌的訣法必是

口傳心受而得金丹大藥云採以不採爲之採合以不合爲之合煉以不煉爲之煉只要劈破鴻濛見太極之橐籥始鑿混沌得天地之根源又云採藥於先天無爲又云及至無爲衆始知但見無爲爲要妙之句始知者非外人知之丹歸身中一身陰神皆化爲陽神盡皆外也又云無限龍神盡失驚其中造化神冎增輝光生五彩目前金絲亂墜虛中神光映日紫霞籠冎黃光四迸霞光電掣金花漫天五色正氣變化千般初則如飛揚之霧雪次則似射日之窓塵只要固守神王保護心君泰定自然五炁所聚萬化得一丹光收歛結而成珠○度人經云元始懸一寶珠大如黍米在空懸之中去地五丈天眞發引俱入珠

口紫陽云須要洞曉陰陽深達造化方能追二氣於
黄道會三性於元宮攢簇五行和合四象龍吟虎嘯
夫唱婦隨玉鼎湯煎金爐火熾始得玄珠有象太一
含眞都來片餉工夫永保無窮逸樂經云恍兮惚其
中有物惚兮恍其中有象象者丹也道光云黍米之
珠懸於北海之中紫色烜赫竅運於內謂地藏發泄
金玉露形獨露玄珠徐貞人云遠似葡萄近如黍米
又云中懸一点先天藥遠似葡萄近似金古德云眉
藏火電非他說手種金蓮不自誇又云一粒黍中藏
世界又云陽丹須認先天炁中有五色包至道老祖
云一物含五彩永作仙人藥又云大如彈丸黄似橘
金丹色身上事若要造化得之正好用工修二八一

時辰內管丹成須言一時還不在一時而得攢年簇
月攢月簇日攢日簇時一時有六候二候結丹四候
別有妙用又云符訣丹單此也一時有三符得丹還
不過一符之頃而造化也吾若有功於前大定之中
異景奇祥千變萬化自然見之罔不細陳只言黍米
之珠獨露於玄虛正謂二候結丹自然六合朗清四
無雲翳便用鑽天入地神威觀心吸神妙訣云鑽天
入地憑誰力妙用通靈却是神又云金烏半夜徹天
飛却知日午打三更又云黑兎金烏事有期神仙只
此泄天機本人半夜穿靴去石女天明帶帽歸泥裡
推盪土塊五五不離二十五信這幾句已泄盡天機
採之歸來倏忽飛下明堂天一至精號曰還丹降臨

華池○如薄荷之凉○酥蜜之甘○送下重樓○入肺腧○若霧散○若雲開似澤之解氷○翠虛篇云○渺茫二氣透三關○三關之上透泥丸○泥丸之上紫金闕○紫金闕內紫金團○化玉漿○流入口○味甘甜○遍舌端○慢慢送下重樓○蔣於崑山之闕○藥苗新嫩也○乍真光○而不定又升起至陽位而現形○愈採愈來○行盡周天度數○陰陽之數○奪盡龍虎之數○萬物之成數○奪盡六十四卦○三百八十四爻○二八一斤之數○奪盡作一身之主宰○萬物之統機○正謂四候別有妙用○此天機口訣○秤不敢泄於竹帛○實乃心傳口授○諸祖真人之口訣○吾泄之天寶○願人人有志而為仙也○是予之誓○此結丹得丹○二候四候一時之工○謂一粒金丹吞入腹○始知我命不由天○

又云將來掌上看不得吞入腹中莫與人未見如何想得成以無入有皆如是以有入無能幾人又云乾坤交媾罷一點落黃庭一身之氣候攢在一時辰之內又於一時辰作六候只於二候之中運火煆煉立得真一之氣結成一粒而在北海中得大如黍米光耀之明四候言之正謂一粒吞入腹從微而至住又曰撥開頂門關捩子自運河車幾百遭指南篇云天上日頭地下轉地下蟾蜍天上飛又云匠手鑿開玉蓮蓬萬粿珍珠逆攢七十二候於要津輻輳鼎內盗三百八十四銖於生殺逆姿胎中搬六十四卦於橐籥鼓二十四氣於陰陽真鉛旣渡雀橋之東就行便處一點真汞迎之又云送歸土釜牢封固次入流珠

厮配當。又云雪山一味好醍壺。傾入東洋造化爐。又
云金公本是東家子。送在西鄰寄體生。又云太陰太
陽天上藥。人服之時跨鸞鶴。又云一點至藥紫金色。
倏然透出形軀外。神哉神哉。郎郭將來吞之。身輕出
三界。又云兩手捉來令死鬥。化成一塊紫金霜。又云
左手捉住青龍頭。右手拿住白虎尾。一時將來入口
吞。思量此物甚井美。弃來只是水中。金鈔達機微真
要理。此言外丹是也。又云一顆靈光永不離。正謂有
無互相吞啖。變化莫測。又云無因有激之而有象。有
因無感之而通靈。故得玄珠成象。黍米懸空。霞光耀
日。此中造化。誰知音。莫箇我般人也。直下承當。正謂
採藥於九重之上。得之而下入黃庭。抽鉛於曲江之

下得之而上升內院君火民火本煉形搬運而使水上升丹從乾戶而發持入赤色之門入藥鏡云產在坤種在乾但至誠法自然上鵲橋下雀橋天應星地應潮是也

前論二候結丹之訣又曰不刻時中分子午無爻卦內定乾坤復言四候妙用正謂肘後飛金晶後升前

[illegible]壽盡氣數。三要云。三三搬運。九九提升是也。圭液
金液。真金液須共神仙仔細推。金液點化玉液體。夫
婦和合入洞房。是歸根復命。注於黃庭土釜。須賴十
月火工溫養。不可間斷。全要拋却世事。不可舊念掛
心。若撓動心王。恐有烟氣滿寥穴之嘆。可不廢前功
萬苦千辛。正謂火發七戶。審牢關。休教燒破河車路。
丹灶河車休矻矻。鶴胎龜息自綿綿。如雞抱卵。如龍
養珠。又云。男兒今也會懷胎。怪事教人笑幾回。自家
精血自交結。身裏夫妻是妙哉。又云。藥重一斤須二
八。調停火候托陰陽。如何是托陰陽。若是得此造化。
綿綿若存。固守胎息。純一無雜。內護金丹。須得朝屯
暮蒙。滋育聖胎。似婦人懷胎。如絕月事。借陰血而育

方有生意丹法必得箇潮候方成造化若是丹之還行閉目內視五臟如金燭之明外視似虛空同體造化從下元升起自尾閭有聲瀝瀝然渡過銀河夾脊升上乾鼎天衢從上腭下雀橋降入心經凉如冰散入經絡如煖風塞宇宙退之歸於臍穴祖云朝用這個暮用那鼎升降上下日行二卦十月數足卦氣以周移胎換鼎火計六百篇篇相似以陽火煉之化爲陽氣以陰符養之則化爲陰精既未能得金汞返還之道又豈能回陽換骨白日而升天哉抽鉛添汞鉛消汞乾只是一味純乾造化其二八不行火候然有沐浴秘在前篇或已懷胎金氣所行渾身似火燒之狀就便靜心安坐卽存天目神光天目者兩眉中

是也在虛中如黑漆毬一圓提回中宮其熱自退此
爲天一眞水澆灌之法也既是丹之運化於外變化
異境奇魔即當搬眞火焚身眞火者即是沉歸海底
追丹上下運行之訣如在百日視丹之驗用吉日良
辰晴明無雲翳之日或夜光星朗之時坐罡氣皆破
軍之星盤膝而坐或先預備金銀器皿盤盒或磁盞
亦可聽用待丹光所現邀丹而行尾閭夾脊雙關玉
枕泥丸降下顆顆如雀卵抵腭而至太和宮經云口
爲太和宮此丹含在吐於前器之內頂禮北斗此丹
造化如蜂蜜之色若卵黄之樣似炎天而結氷見此
之狀吞入口中寒凉之甚輕輕嚥下凉凉入於降宮
霧散若風雲似煖氣而噓寒發陽和而布宇宙此丹

之驗再不可以爲常作恐罡風浩氣而傷丹被精邪
妖怪而奪氣有廢神功亦要記其年月日時得丹丹
足十月日時滿足專心候嬰兒脫胎忽然下丹田玄
胎居內猶如孵生小兒真神猛然湧出直至天谷之
內用意存住不可放出又云霹靂一聲從地起乾戶
劈開光萬里番身跳出太玄關這箇力是真仙子造
化將來忽然形忘氣化內外皎潔虛白晃耀丹之餘
氣化爲天魔幢旛寶蓋金童玉女仙佛神人玉詔仙
符或接或迎怪異百端切宜記之不可認此魔軍是
自己一身陰神所化爲諸般異相誘引吾之陽神離
此本宮入於天魔神王之內不復本軀有負天仙之
職只可一意守定陽神保護真種其前景象慮而退

之別有玆訣看四正煉五炁所聚那一方敢出眞神
如何煉五炁彭眞人云存肝出青氣存肺出白氣存
腎出黑氣存心出赤氣存脾出黃氣五氣所現聚而
結爲華盖浮遊於上忽然空中紫紅雲氣結爲金光
大似車輪即將眞神射入光內其光化爲一寸二分
名紫橘之丹包一身之純粹即用意提回中宮或時
返出化爲眞神立現於前似自己形象無異純陽圖
論云張子正坐之間倏然風生黃光四迸一人立於
目前與張無異異言刼前之事議同規中勦捕賊盜
即此陽神變化只言九轉火候工夫是也正呂祖所
云返體對體一升一降毫髮無差金丹可望前言金
輪者玉樞經云斗口內復有尊帝二星大如車輪者

人見之壽可千歲在世長年稱仙既顯真神便不可輕放出一時神出見自己尸殼猶如一堆糞上穢污真神嬾疑恐慎有失宗位嬰兒幼小入於陰魔化爲靈鬼入陰道授陰神之職廢却一生修行之事若要老成復還正宗須是面壁九年火工純陽數足方可坐脫立亡千變萬化之威儀隱顯莫測之神通又云孩兒幼小未成人須藉娘娘養育恩九載三年人事絶縱橫天地不由心又云九年火候都經過倏爾天門頂中破真人出現神通廣從此天仙來相賀伯陽云紅爐上面走一遭退却娘生骨與毛金谷歌云轉制分胎三次後却嬾宗祖是囂塵即此脫胎超凡入聖之訣若是調神出殼之時要尋僻靜告地山青水

緑之處靜坐踵息一法天陰雷雨殺日罡氣車馬勿放陽神出殼天氣朗晴用真神撞破天門放行一步二步三步宜可炤顧舊形軀即時收來還歸本宮逐日演習十步百步亦如前法一里二里十里百里徑出西方後東方再南方又北方上下亦如前煉習日久神純無碍勿嫌形體但展背千里萬里即時而至神往而往神復而復聚而成形散而爲炁入金石而無碍步日月而無影玉符保神金液煉形形神俱妙與道合真千變萬化又云一載生箇兒箇箇會騎鶴或跨鸞鶴而歸洞府或乘火龍而入海島或乘風雲而入蓬瀛或隱仙跡而歸中洲或化貧賤而居中國使世人莫測以道術救困以道術祈禱雨澤而救黎

民以法力而降伏妖怪自得道之後積功累行報宿世之愆荅父母養育之恩或屍解以捲世或脫殼以寄形此爲功成名遂之大丈夫也噫一脚踏倒無根樹透出玄元顯太眞本來一性赤灑灑去時元不沾點塵

金經萬刼容無變丹即心爲萬物靈神仙是自金丹造九轉工夫煉後惺○第一轉採藥尋眞煉大丹調停水火最難關六窓從此牢拴定不許閑人着眼看○第二轉說得分明又未眞何須鉛汞自氤氳溫溫文火時時進煉出西乾月半痕○第三轉月下鉾鍍似有聲靈砂恍惚照人明須教武火爲鞭策爐裡須臾一片紅○第四轉丹頭漸結似嬰兒此是金丹四轉時奪得神功歸造化靈臺深處誇三屍○第五轉陽烏海底似騰輝浴罷扶桑翥翹飛傾郭變爲金色象一天灝氣朗輝燁○第六轉煉得金丹九轉功從他火候任屯蒙赤龍豬沐歸金鼎手握神珠照眼紅○第七轉陽極陰消丹已成眞人許我上神京送歸土釜牢封閉養就還身體自輕○第八轉一粒丹頭指日成神光烜赫耀金庭自從服得靈砂後獨步崑崙頂上行○第九轉無丹無火亦無金踏破鉾爐沒處尋跳出九重天外看凌空式听步虛吟

長養聖胎圖

若雙脩性命者必須重開混沌再立胞胎而自造化此性命也夫性命旣造化矣則於父母性命中而自然養出一點性命如在母腹而爲我之性命也夫旣爲我之性命矣則又自然於我之性命中而還我於無而爲我之太虛也夫旣爲我之太虛矣則又自然於我之虛空中再造乾坤而爲我之真性命也夫旣爲我之真性命矣則又自然於我真性命中露出端倪而爲我本來之元神也

小小房兒藏舍利些些芥子納須彌迎來煉個無生體後去知渠有所歸

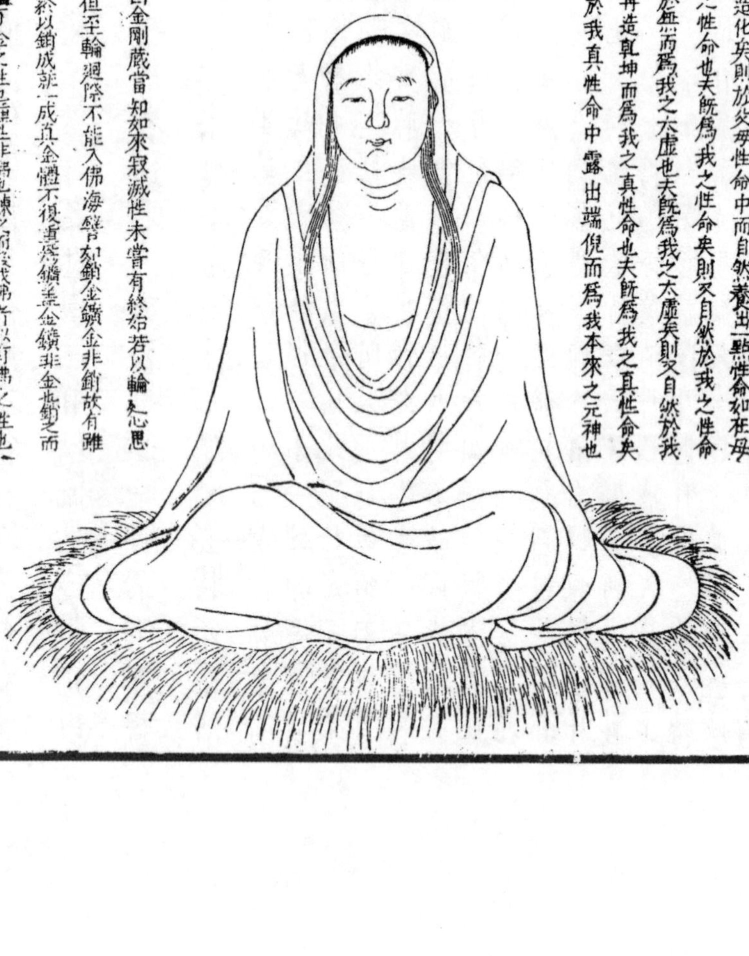

圓覺經偈曰金剛藏當知如來寂滅性未嘗有終始若以輪迴心思惟即旋復但至輪迴際不能入佛海譬如銷金鑛金非銷故有雖復本來金終以銷成就一成真金體不復重爲鑛無金鑛非金也銷之而後成金者[illegible]有金之性也猶性非鑛也鍊之而後成佛者以有佛之性也

長養聖胎調護要訣

我先那點元金渾然在鑛因火所逼遂上乾宮漸採漸積以烹以鎔損之又損煉之又煉直至煙消火滅鑛盡金純方纔補足我向虧之元陽漸成此一粒龍虎金丹圓陀陀活潑潑如露如電非霧非煙輝煌閃爍光耀崑崙放則迸開天地竅歸兮隱入翠微宮五炁俱朝於上三華皆聚於頂精完氣足丹熟珠靈紫陽翁曰羣陰剝盡丹成熟跳出樊籠壽萬年是以唐宋之尸解諸仙多於此處分路隨意生身出沒自由不肯於百尺竿頭再進一步故有七趣之譏落空之誚蓋爲不知重立我之性命再造我之乾坤變種性爲佛性化識神爲元神自造自化之妙也若命宗人

不知所以自爲造化就是枯坐旁門而道非其道也若性宗人不知所以自爲造化就是頑空外道而釋非其釋也此法乃仙眞佛祖之所深秘實近世之所罕知者獨尹師曰鼎中有寶非眞寶重結靈胎是聖胎然而眞種在北海何由得至而結聖胎也必假神爐竊丹光眞火以炤映之則眞種之烝從虛無杳冥中如磁石吸鐵隔碍潛通應時滚滚而來吞入腹中直射丹扃一得永得正悟眞所謂送歸土釜牢封固也頃刻雲騰雨施電掣雷轟鏖戰片餉之間銷盡一身陰滓則百靈如輻之輳轂七寶若水之朝宗皆聚於此矣昔無上元君謂老子曰神丹入口壽無窮也故老子修之是爲道祖許宣平曰神居竅而千智生

丹入鼎而萬種化陳虛白曰我初凝結聖胎時百脈俱停氣不馳施肩吾曰天人同一炁彼此感而通陽自空中來抱我主人翁然我既得靈丹入鼎矣而內外交修煉之而復煉之必至於天地合德而太虛中自然有一點眞陽以與我之靈丹合而爲一蓋吾身之靈感天地之靈則內眞外應渾然混合到這工夫全以至靜爲主老子云人能常清靜天地悉皆歸當其兩陽乍合聖胎初凝必須常常覺炤謹謹護持如龍之養珠似女之懷孕牢關神室不可使之滲漏故太白眞人曰固濟胎不泄變化在須臾更於一切時中四威儀內頻頻炤顧念念在茲混混沌沌如在母胞終日如愚而不違不可須臾間斷也須藉文火以

養之養之之法節其寒溫消息是也故參同契曰候視加謹慎審察辯寒溫審其火之未燃也須藉巽風以吹之審其火之既燃也須資神水以沃之若太過則損之若不及則益之俾得中和而無火燥火寒之病矣蓋火之寒燥全在意念上發端陳虛白云念不可起念起則火燥意不可散意散則火冷惟只要一念不起一意不散含光默默真意綿綿圓明覺炤常自惺惺此長養聖胎之火候也故白玉蟾曰採藥物於不動之中行火候於無爲之內張三峯曰以默以柔存火性勿忘勿助養靈胎劉海蟾曰兀兀無爲融至寶微微文火養潛龍張紫陽曰自有天然真火育不須柴炭及吹噓又曰謾守藥爐看火候但安神息

任天然已上皆以天然眞火自然妙用而成無上至尊之道又何嘗泥象執爻而用卦爻斤兩年月日時者哉白紫清曰流俗淺識末學凡夫豈知元始天尊與天仙地仙日日採藥物而不少停藥物愈採愈多而無窮盡也又豈知山河大地與蠢動含靈時時行火候而無暫住火候愈行愈有而不歇息也神凝則精氣聚而百寶結者結胎之藥物也眞息往來而未嘗少有間斷者溫養之火候也陳虛白曰火候之要尤當於眞息求之丘長春曰一念不離方寸是眞空此養胎之眞火也夫眞火者我之神也而與天地之神虛空之神同其神也眞候者我之息也而與天地之息虛空之息同其息也左元放曰火候無爲合自

然自然眞火養胎仙但存神息居丹扃調爕先天接
後天王重陽曰聖胎既凝養以文火安神定息任其
自如此以神感彼以神應天機妙用自然而然乎於
是而知神息者火候也而孟子之所謂勿忘勿助老
氏之所謂綿綿若存釋氏之所謂不得勤不得怠者
是皆神息之自然火候之微旨也○葛仙翁曰息息
歸中無間斷天眞胎裏自凝堅○陳希夷曰邈無蹤
跡歸丹扃潛有機關結聖胎○薛紫賢曰四象包含
歸戊已辛勤十月產嬰孩○呂純陽曰天生一物變
三才交感陰陽結聖胎○白玉蟾曰雞能抱卵心常
聽蟬到成形殼始分○鍾離翁曰胎內嬰兒就勤加
温養功時時焰丹扃刻刻守黄中○陳抱一曰大道

無私感即來神仙此語豈虛哉苟非着意求鉛汞爭悟天機結聖胎○龍眉子曰形如雀卵團團大間似驪珠顆顆圓龍子脫胎吞入口此身已證陸行仙○白紫清曰秖將戊己作丹爐煉得紅丸化玉酥慢守火符三百日產成一顆夜明珠○黃元吉曰鼎內金丹燦爛光無由摘爾到黃房忽然夜半天風便吹送靈兒歸故鄉○白玉蟾曰怪事教人笑幾回男兒今也會懷胎自家精血自交媾身裏夫妻是妙哉○上陽子曰玉皇若也問丹材偃月爐中取下來馳騁英雄吞一粒男兒懷了一年胎○陳致虛曰饑餐渴飲困來眠大道分明體自然十月聖胎完就了一聲霹靂出丹田○至於釋教教人亦不外此如楞嚴經曰

行與佛同受佛氣分如中陰身自求父母陰信實通入如來種名生貴住旣遊道胎親奉覺胤如胎已成人相不缺名方便具足住容貌如佛心相亦同名正心住身心合成日益增長名不退住十身靈相一時具足名童眞住形成出胎親爲佛子名法王子住表以成人如國大王以諸國事分委太子彼刹利王世子長成陳列灌頂名灌頂住夫入如來種者以種性而爲如來之種子以自造化如來也故曰道胎又曰覺胤其與婦人之胤兒玄門之胎仙亦何以異及至形成出胎親爲佛子豈不是眞人出現大神通也

長白居士和長養聖胎詩云如雞抱卵蚌含珠晝夜溫溫火候符氣足丹靈形自聖縱身跳出玉葫蘆

嬰兒現形圖

此時丹熟更須慈母惜嬰兒

氣穴法名無盡藏
藏包於竅竅包空
我問空中誰氏子
他云是你主人翁

夫蠮螉之蟲孕螟蛉之子傳其情交其精混其氣和其神隨物大小俱得其真

潛龍今已化飛龍
變現神通不可窮
一朝跳出珠光外
湧身直到紫微宮

行住坐卧
抱雄守雌
綿綿若存
念茲在茲

神水溶液
漑灌根株
內外無塵
長養聖軀

他日雲飛方見真人朝上帝

嬰兒現形撫育要訣

前面火候已足。聖胎已圓。若果之必熟。兒之必生。彌歷十月。脫出其胞。釋氏以此謂之法身。又曰實相。玄門以此謂之赤子。又曰嬰兒。當移胎換鼎之時。躍然而出。潛居氣穴之間。又重開一混沌也。蓋此穴原是神仙長胎住息之鄉。赤子安身立命之處。因是熟境。順路而歸。嬰兒既宴坐靜室。安處道場。須藏以玄玄守以默默。始則藉坤母黃芽以育之。繼則聚天地生意以哺之。此感彼應。發邇見遠。其中自呼自吸。自闔自開。自動自靜。自由自在。若神仙逍遙於無何鄉。似如來禪定於寂滅海。既到此大安樂處。仍須寄守關元。無令外緣六塵魔賊所侵。內結煩惱奸臣所亂。若坐若卧常施瑩淨之功時止時行廣運修持之力遂得六門不漏一道常通眞體如如永固丹基者矣曰夕如此衛護如此保顧如龍養珠如母育子不可頃刻暫忘剎那失熖鍾離翁曰孩兒幼小未成人須藉坤娘養育恩又曰已証無爲自在心更須溫養保全眞李淸庵云丹從不煉煉中煉道向無爲爲處爲息念息緣調祖炁忘聞忘見養嬰兒呂純陽曰腹內嬰兒養以成且居廛市暫娛情無端指大剛饒舌却入白雲深處行盖溫養育嬰乃作仙之一大事若養育失調嬰兒就有棄殼離巢之變此時着實隄防不可輕蹤出去若一出則迷途遂失舍而忘歸故白玉蟾有重整釣魚竿再斫秋筠節之嘆上陽子云旣達返

還九與七此即木金三五一氣全神壯換胎時炤護
嬰兒休遠出防護之訣密固三要爲緊參同契曰耳
目口三寶閉塞勿發通眞人潛深淵浮遊守規中其
法只是以眼觀眼以耳聽耳以鼻調鼻以口緘口潛
藏飛躍在正一心則外無聲色臭味之牽內蓄無爲
隄防之意自然方寸虛明萬緣澄寂而我本來赤子
怡怡然安處其中矣雖然外固三要尤要內遣三害
三害者邪念煩惱嗔恚是也故道覺禪師曰修此戒
定慧斷彼貪嗔癡蓋貪癡易於制伏惟有嗔毒難降
聖胎訣云嗔恚之火一燃胎眞去如奔馬直待火滅
煙消方纔歸於廬舍宋儒亦曰忿火不懲必有燎原
之患慾水不窒豈無潰川之災圓覺道場修證儀云

一念瞋起具八萬障門今欲去瞋之法惟宗老子之日損周易之懲忿世尊之覺照高僧妙普曰瞋火正熾時我以覺照之猶如湯消氷了了無分別緣此瞋火非實有體皆從無明而來也是知從上若佛若祖若聖若仙皆因冥心息念而得妙道故尚書曰惟在克念作聖然克念之功須要躬行實踐方有進步不然一片太虛途路甚遠少一步定是到不得昔人所謂工夫不到不方圓工夫若做到極則處自然入於無念既得無念眞常則玄竅嬰兒寂寂然而無撓擾之患央劉虛谷云大功欲就三千日妙用無虧十二時陳朝元云含養胞胎須十月育嬰乳哺要千朝泥丸翁云片餉工夫修便現老成須是過三年三年工

夫已完温養事畢卽悟眞所謂一霎火熖飛眞人自出現眞人旣現必由太玄而升天谷再加冥心滅爐之功則有通靈變化之妙劉海蟾曰封行火候周天畢孕箇嬰兒鎮下田霹靂一聲從地起乾戶劈開光萬里翻身撞出太玄關這回方是眞仙子大抵温養卽是煉形無分彼此雖然在兩處發明其實是一箇道理內外兼修不相違背若千日工夫無間乃懸崖撒手時也自然言語道斷心思路絕能所兩忘色空俱泯無滯無碍不染不着身似翔鴻不可籠心如蓮華不着水光光淨淨瀟瀟灑灑騰騰任運任運騰騰做一箇無事無爲自然逍遥之散漢也此際嬰兒漸露其形與人無異愈要含華隱曜鎮靜心田若起憧

忻就着魔境如陣泥丸云我昔工夫行一年六脉已
息氣歸根有箇嬰兒在丹田與我形貌亦如然嬰兒
既長脉穴卑污自然裂竅而出飛升貫頂謂之脫胎
而移居於天谷正世尊寞心達磨面壁時也陰長生
曰無位眞人居上界空寂更無塵可碍有爲功就又
無爲無爲也有工夫在

長白居士頌嬰兒現形作萬年歡詞曰月滿形完漸
靈通光耀新霽初旭瑩潔肌膚似雪如銀膏浹相貌
驚黻衆目威儀異萬魔潛伏見冠履整整齊齊與修
同樣粧束○神全氣足幽閒在淸風皓月一般心曲
玉醴金漿火棗交梨頰服鶴駕鸞輿漫促待面壁工
夫純熟那時向閬苑蓬萊共仙眞醉醺醁

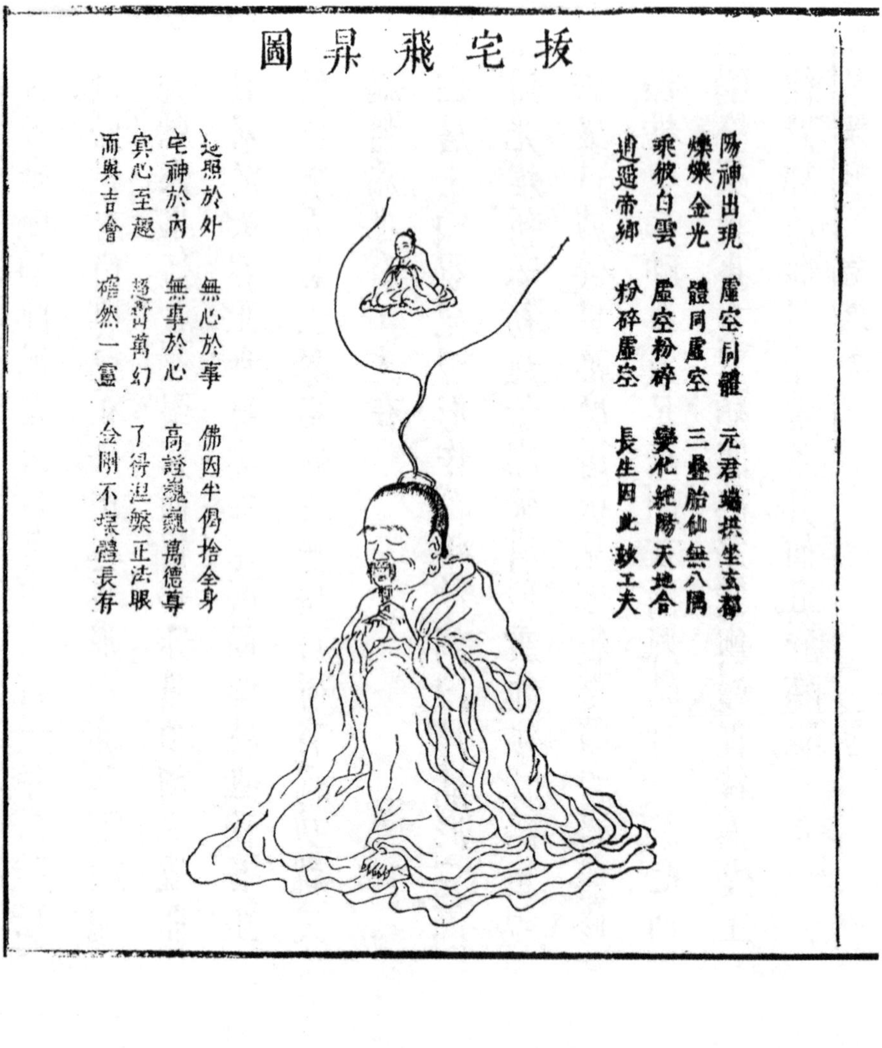
拔宅飛昇圖
陽神出現　虛空同體　元君端拱坐玄都
爍爍金光　體同虛空　三疊胎仙無八隅
乘彼白雲　虛空粉碎　變化純陽天地合
逍遙帝鄉　粉碎虛空　長生因此妙工夫
迴照於外　無心於事　佛因半偈捨全身
宅神於內　無事於心　高證巍巍萬德尊
冥心至趣　超出萬幻　了得涅槃正法眼
而與吉會　確然一靈　金剛不壞體長存

拔宅飛昇端拱冥心精義

夫真人居上界者即嬰兒脫胎移居天谷之時也端拱冥心者即呂祖向晦宴息冥心合道之法也施肩吾曰達磨面壁九年方超內院世尊冥心六載始脫樊籠夫冥心者深居靜室端拱默然一塵不染萬慮俱忘無思無爲任運自如無視無聽抱神以靜無內無外無將無迎離相離空離迷離妄體含虛寂常覺常明但冥此心萬法歸一則嬰兒安居於清靈之境棲止於不動之場色不得而礙之空不得而縛之體若虛空安然自在矣故達觀禪師云色不縛兮空不礙宴息冥心觀自在大千萬有總歸無世界壞時渠不壞譚長真云嬰兒移在上丹田端拱冥心合自然

脩到三千功行滿憑他作佛與昇仙此處是純一不
雜的工夫豈能容纖毫情想但起希仙作佛之心便
墮生死窠中不能得出所以關尹子云若有厭生死
心超生死心止名爲妖不名爲道蓋清淨體中空空
蕩蕩晃晃朗朗一無所有一切無住故心要訣云眞
心本乎無住無住心體圓融不測如金剛經云不應
住色生心不應住聲香味觸法生心應生無所住心
金剛齊菩薩云我不依有住而住不依無住而住如
是而住僧肇云聖人之心住無所住其住坐忘論云
不依一法而心常住了心經云心無所住住無所心
了無執着無住轉眞淨名經云一切法以無住爲本
安住無爲名之爲住住無方所故名無住無住心者

是爲眞心禪源集云夫言心者是心之名言知者是心之體荷澤云心體能知知卽是心心本空寂至虛至靈由空寂虛靈而知者先知也由空寂虛靈而覺者先覺也不慮而覺者謂之正覺不思而知者謂之眞知故祖師云空寂體上自有本智能知卽此空寂之知便是達磨所傳淸淨心也心常寂是自性體心常知是自性用所以六祖云一切萬法不離自性自性自知自性自見自性自悟自性自度悟性還易了心甚難故了心也者了此心也了心則心無其心矣無心之心是謂眞心是心眞性眞性是心太上云了心眞性了性眞心空無空處無處了眞此謂眞空不空空空無所空卽是了見本心也龎居士云十方同聚

會箇箇學無爲此是選佛傷心空及第歸與夫空覺極圓空所空滅卽是了見本性也華嚴經云法性本空寂無取亦無見性空卽是佛不可得思量原夫性體本空心體本定無空無無空卽名畢竟空無定無無定卽名眞如定雖修空不以空爲証不作空想卽是眞空也雖得定不以定爲証不作定想卽名眞定也空定銜極通達無礙一旦天機透露慧性靈通乍似蓮花開恍如睡夢覺惚然現出乾元境界充滿於上天下地而無盡藏也此是心性常明炯炯不昧晃朗宇宙炤徹古今變化無方神妙莫測雖具肉眼而開慧眼之光明匪易凡心便同佛心之知見乃是見性見到徹處脩行脩到客處故得一性圓明六通頓

足何謂六通按玉陽太師曰坐到靜時陡然心光發現內則洞見肺腑外則自見鬚眉智神踴躍日賦萬言說妙談玄無窮無極此是心境通也不出廬舍預知未來事情身處室中又能隔墻知物此是神境通也正坐之間霎時迷悶混沌不分少頃心竅豁然大開地理山河猶如掌上觀紋此是天眼通也能聞十方之音如耳邊音能憶生前之事如眼前事此是天耳通也或晝或夜入於大定上見天堂下見地獄觀透無數劫來宿命所更此是宿信通也神通變化出入自如洞鑒十方衆生知他心內隱微之事他雖意念頓起了了先知他雖意念將萌了了先覺此是他心通也子思曰心之精神之謂聖故心定而能慧心

寂而能感心靜而能知心空而能靈心誠而能明心虛而能覺四祖道信曰一切神通作用皆是自心感現瓔珞經曰神名天心通名慧性天然之慧徹炤無碍故名神通神通具足愈加黙耀韜光慧而不用若露圭角恐染邪魔古云道高一尺魔高一丈正定之時或聞種種善惡之聲或現種種違順之境總是魔障不可着他又須反觀一身四大俱是假合如夢如幻全體非眞但正此心魔自消滅古語云見怪不怪怪自亾見魔非魔魔自滅或腦中有霹靂之聲或眼內有金星燦爛或頂下紅霞繚繞或眉間湧出圓光此皆幻景心莫愛他但行工夫休證効驗所以古仙云頂下有光猶是幻雲生足下未爲仙又於靜中忽

見樓臺珠翠女樂笙簧異草奇花觸目如畫彼人不悟將謂寔到天宮不知自身內院認作真境因循而不出入此際須用虛空觀而擴充之則我天谷之神升入太虛合而爲一也其虛空觀者應觀自心心本不生自性成就本來空寂光明焜熠猶如虛空瑩徹清淨廓然周遍圓明皎潔成大月輪量等虛空浩然無際復應觀察自心則心之虛空而通於身之虛空身之虛空而通於天地之虛空天地之虛空而通於太虛之虛空虛虛相通共成一片豈不與太虛混之而爲一耶始而虛其心也旣而虛其身又旣而虛天地虛而無虛無虛而虛虛也不知無虛也不知則我陽神冲虛出入而無障礙矣然後方可與天地合德

太虛同體而爲混虛氏之人歟此處只言到太虛之階梯未曾造到太虛之實際謂之煉神則可謂之出神則未也欲要高奔帝境須當煉演谷神常以靈之寂炤爲心虛空不住爲觀把本還元復歸太虛由此進進不已及至無上可上玄之又玄無象可象不然而然則一靈之妙有遍法界而圓通貫雲漢以高躋與穹昊而俱合此天谷元神煉到至極至妙之處也故章思廉曰得太極全體見本來面目先天一點眞後天却是屋瑩蟾子曰煉陽神了出陽神自色界超無色界既然證成妙道須要混俗和光雖處塵凡而不同流俗雖居濁世而莫測行藏日唯銷隱慝積陰功開誠心施法乳汲引後學普度衆生上報佛恩下

資羣品金剛經曰所有一切衆生之數若卵生若胎生若濕生若化生若有色若無色若有想若無想若非有想非無想我皆令入無餘涅槃而滅度之如是滅度無量無數無邊衆生實無衆生得滅度者故世尊成道之旦發普度衆生之悲乃曰先度衆生然後作佛肇法師曰性本無生故亦無滅此實千聖同然之真心衆生度盡方入涅槃此亦千聖同歸之實際王方平曰鸞鶴來時乘紫霧玉皇有勅登仙路九玄七祖盡昇天度了羣生方自度噫試觀古佛高仙何等運心之普如今人有一法一訣者秘密珍藏猶恐漏泄較之古人可不愧死乎之無念也久矣但未得自度先要度人一念存心不能頓釋今之此作盡泄

天機惟末後一着尚未發明今再言之道書曰陰神能見人陽神使人見蓋獨修一物者所出乃陰神也陰神則有影無形世所謂鬼仙是也若雙脩性命者所出乃陽神也陽神則有影有形世所謂天仙是也故曰道本無相仙貴有形然而出神太早丹經之所深訶既得其母當返其始常留神於天谷復歸如嬰兒不識不知惟深惟寂陽光無漏則愈擴愈大彌遠彌光自然變化生神生之再生則生生而無盡化之又化則化化而無窮子又生孫百千萬億張紫陽曰一載生箇兒箇箇會騎鶴陳泥丸曰一載胎生一箇兒子又孫兮孫又枝白玉蟾曰一體遍多猶朗月而影分千水多身入一若明鏡而光涵萬形仙家謂之

分身佛氏謂之化身如世尊之不離菩提樹下而遍昇天宮說法又如善財之不出蔢羅林歷一百十城而變參諸友東華帝君曰法身剛大道天地眞性圓明貫古今若未頂門開具眼休教散影與分形分形散影非不妙也奈何還帶幻軀中尚未超脫而欲千變萬化豈不反傷於本體耶直到九載功完純一不已忽然跳出五行之外返於無極之初證實相妙之更妙得眞功全之又全成金剛不壞之體作萬年不死之人自覺覺他紹隆佛種三千功滿而白鶴來迎八百行圓而丹書宣詔飛昇金闕返佩帝鄉鍾離翁云九載功成人事盡縱橫天地不由親蕭紫虛云功成須是出神京內院繁華勿累身會取古仙超脫

法飄然跨鶴覲三清諸仙棄殼各有不同有從寳塔出者有從紅樓出者有看月而出者有對鏡而出者有衝頂門而出者所以玄奥集云塞斷黃泉路衝開紫府門如何海蟾子化鶴出泥丸中和集云成就頂門開一竅箇中別是一乾坤盖頂門一竅豈易開哉先發三昧火透之不通次聚太陽火衝之畧啓二火騰騰攻擊不已霎時紅光遍界紫焰彌天霹靂一聲頂門開也故吕純陽曰九年火候直經過忽爾天門頂中破眞人出現大神通從此天仙可相賀眞人出現乘雲氣御飛龍升玉京遊帝闕飄飄雲際翱翔太空鳳篆金書朝赴九陽之殿蟠桃玉液位登萬聖之筵適意則鸞輿前引登雲則龍駕前迎紫府鰲宫欲

云而頂中鶴舞丹臺瓊苑遨遊而足下雲生坎火洞燒我則優游於真如之境桑田變海我則逍遙於極樂之天聚則成形散則成氣隱顯莫測變化無窮入水火而不溺不焚步日月而無形無影刀兵不能害虎兕不能傷陰陽不能變遷五行不能陶鑄閻羅不能制其死帝釋不能宰其生縱橫自在出入自由瞬息千里逍遙九天閬苑蓬萊無所不往誠哉悟真篇所謂學仙須是學天仙惟有金丹最的端自是功成業就豈非得意之秋乎嗣今以後悟真又云從此衆仙相見後海田陵谷任遷移可謂逍遙自在也矣

長白居士和拔宅飛昇詩云陽神出頂步虛聲頂刻縱橫百萬程炤徹乾坤三界外逍遙去住顯靈明

千百億化身圖

百千億化身超出三界說

脫胎後惟李淸庵云還要練虛合道以盡造化之極若竟身外有身未爲奇特必至虛空粉碎方露全眞乃煉虛一着當於言外求之其見趣可謂超越諸仙矣又水丘子嘆曰打破虛空消億刼旣登彼崖捨舟揖閱盡丹經萬萬篇末後一句無人說盖此秘藏乃西天二十八祖至東土六祖皆佛佛授受祖祖相承今衣鉢久不傳矣閉塞諸佛辭有知者故曰七祖如今未有人直到吾師尹公出而以其夙植靈根更得教外別傳之旨忽一旦禪關參透豁然貫通而千佛秘藏又復開於今日矣故悟道偈曰把箇疑團打破時千佛心華盡在茲百尺竿頭重進步虛空直穿天

人師正所謂粉碎虛空方為了當何以故盖本體本虛空也若着虛空相便非本體虛空本粉碎也若有粉碎心便不虛空故不知有虛空然後方可以言太虛天地之本體不知有粉碎然後方可以言太虛天地之虛空究竟到此已曾窺破虛空之本體但未得安本體於虛空中即華嚴經云法性如虛空諸佛於中住到這裏自知道虛空是本體本體是虛空必須再加功而上上乘至進進不已直到水窮山盡轉身百尺竿頭至必至於不生不滅之根源終必終於不生不滅之覺岸於中方是極則處此處無他不過是返我於虛復我於無而已返復者囬機也故曰一念回機便同本得究竟人之本初原自虛無中來虛化

之爲神神化之爲氣氣化之爲形順則生人也今則
形復返之爲氣氣復返之爲神神復返之爲虛逆則
成仙道古德云何物高於天生天者是何物大於虛
空運虛空者是蓋大道乃虛空之父母虛空乃天地
之父母天地乃人物之父母天地廣大故能生萬物
虛空無際故能生天地空中不空故能生虛空而曰
生天地生萬物者皆空中不空者之有以主之也以
其空中不空故能深入萬物之性以主張萬物而方
便之汝毋謂空中不空能深入萬物之性以主張萬
物而方便之也抑亦能深入天地之性以主張天地
而方便之也汝毋謂空中不空能深入天地之性以
主張天地而方便之也抑亦能深入虛空之性以主

張虛空而方便之也夫空中不空者真空也真空者大道也今之煉神還虛者尤落在第二義未到老氏無上至真之道也煉虛合道者此聖諦第一義即是釋氏最上一乘之法也華嚴經云雖盡未來際遍遊諸佛刹不求此妙法終不成菩提此法只是復鍊陽神以歸還我毘盧性海耳所以將前面分形散影之神攝歸本體又將本體之神銷歸天谷又將天谷之神退藏於祖竅之中如龍養頷下之珠若鶴抱巢中之卵謹謹護持毋容再出併前所修所證者一齊泯向無生國裏依滅盡定而寂滅之似釋迦掩室於摩竭如淨名杜口於毘耶此其所以自然造化而復性命之而復虛空之之不可以已也而復性命而復虛

空至此已極變化矣變不盡變化不盡化遂通靈變化之至神也故神百煉而愈靈金百鍊而愈精鍊之而復鍊之則一空火燄燎虛空化作微塵萬頃氷壺焰世界大如黍米火焉神光滿穴暘燄騰空自內竅達於外竅外大竅九而九竅之中竅竅皆有神光也小竅八萬四千而八萬四千竅之中竅竅皆有神光也徹內徹外透頂透底在在皆有神光也如百千燈焰耀一室燈燈互焰光光相涉而人也物也莫不焰耀於神光之中矣是則是已尤非其至也然不能塞乎天地之間則未滿東魯聖人乾元統天之分量也又斂神發光銷歸祖竅之中一切不染依滅盡定而寂滅之寂滅既久則神光如雲發電從中竅而貫於

上竅大竅小竅竅竅皆有神光也光明洞耀炤徹十方上徹天界下徹地界中徹人界三界之內處處神光若秦鏡之互炤猶帝珠之相含重重交光歷歷齊現而神也鬼也莫不炤耀於神光之中矣妙則妙已尤非其至也然不能遍入塵沙法界則未滿西竺聖人毘盧遮那之分量也再又斂神發光銷歸祖竅之中一切不染依然盡定而寂滅之寂滅既久而六龍之變化全則神光化爲舍利光矣如赫赫日輪從祖竅之內一漏而出化爲萬萬道毫光直貫於九天之上若百千杲日放大光明普炤於三千大千世界而聖也賢也及森羅萬象莫不齊現於舍利光之中矣故大覺禪師云一顆舍利光燁燁炤盡億萬無窮劫

大千世界揔皈依三十三天咸統攝而舍利光既遍滿於三千大千界内尤未盡其分量又自三千大千界中復放無量寶光直充塞於極樂世界既而又升於袈裟幢界又升於音聲輪界復直冲於勝蓮華世界得與賢勝如來相會也自從無始分離今日方纔會面彼此舍利交光脗合一體如如自然廣無邊際所以經頌云諸佛似一大圓鏡我身猶若摩尼珠諸佛法身入我體我身常入諸佛軀五祖弘忍云一佛二佛千萬佛揔是自心無別物昔年親種善根來今日依然得渠力荷澤禪師云本來面目是眞如舍利光中認得渠萬刼迷頭今始悟方知自性自文殊自性清靜便是無垢佛自性如如便是自在佛自性不

昧便是光明佛自性堅固便是不壞佛各各諸佛自身俱有說亦不盡惟一性爾性即是心心即是佛新佛舊成曾無二體以報身就法身如出模之像像本舊成一體無異新成舊佛亦無二形以法身就報身如金成像昔未成像金故今成像竟諸佛如已成像之金仙衆生如未成像之金鑛成與未成似分前後則金體始終更無差別故圓覺經曰旣已成金不重爲鑛經無窮時金性不壞原此金性人人本有箇箇不無至於十方衆生皆我金剛佛性而天地萬物咸囿我如來之法身矣到此地位方知天地與我同根萬物與我一體遍法界是箇如來藏盡大地是箇法王身實際無差與三世佛而一時成道盡空平等共

十類生而同日涅槃法身其大也虛空且難籠其體
真心其妙也神鬼亦莫測其機窮未來際為一晝夜
盡為塵海為一剎那前乎古而後乎今無不是這箇
總持上乎天而下乎地無不是這箇充塞二祖慧可
曰囫囫圇圇成這箇世世生生不變遷太上所以云
天地有壞這箇不壞這箇纔是真我這箇纔是真如
這箇纔是真性命這箇纔是真本體這箇纔是真虛
空這箇纔是真實相這箇纔是菩提道場這箇纔是
涅槃實地這箇纔是不垢不淨這箇纔是非色非空
這箇纔是自覺聖智這箇纔是無上法輪這箇纔是
本性虛無虛無實體這箇纔是常住真心隨心自在
這箇纔是佛之妙用快樂無量這箇纔是煩惱業淨

本來空寂這箇纔是一切因果皆如夢幻這箇纔是生滅滅已寂滅爲樂這箇纔是金剛不變不壞之眞體這箇纔是無始不生不滅之元神這箇纔是不可量不可稱不可思議無邊功德這箇纔是清淨法身圓滿報身千百億化身這箇纔是超出三界靈眞聖佛身這箇纔是虛空粉碎獨現一身

易圖丹鏡道言後跋

大道無言何以言爲蓋言者乃不得已而爲道也者道也者不可須臾離也可離非道也至人憫世日鑿一竅七日而混沌死大道遂去日遠日疎愈失愈迷業識茫茫不知底止聖啓文字拯振此道於世此道於世非聰明富貴受用於世者也徵是則不諳生者

奇也死者歸也石火電光沉溺苦海無出頭時也此道要知生從何處來死從何處去不受生死纏縛苦樂自在來去自由始得超脫苦海而登彼岸也孔子所謂朝聞道夕死可矣黃帝曰上古真人提挈天地把握陰陽壽敝天地無有終時此其道生者也與夫大道者人人具足箇箇圓成賢者不加多愚者不減少而天地相與流通配合三才寔天地同體虛空厥性皓耀厥心不以日月星辰明暗爲易不以龍雷電雹震驚爲奇包容萬象品物流形任艸木之榮枯憑山海之變更我性恒恒自如亦不以善惡而生取捨亦不以妍醜而起愛憎融融蕩蕩如水面上之壺蘆不拘束於塵鎖皎皎亭亭如天心中之玉鏡無塁礙

於世綱混沌沌無邊無際圓陀陀無頭無尾一點光芒靈如麗日之明無物不炤隨機應變當體消滅當人直下不留痕跡影過鏡空是爲不空乃名真空漸頓功力精進悟徹存乎其心也然天地旣生我以人應完人事君仁臣忠父慈子孝兄愛弟敬友信物理夫婦生生不息如釋迦之妻子老氏之柱史孔子之周遊皆先盡人道而後成佛成仙成聖者也嗟乎始今文字柰何離本墮繆一至於如是乎何期儒史之經書今以功名而又文章者也何期佛藏之心印今以門路而又回互者也何期道藏之清淨今以夸毗而又爐鼎者也嗚呼痛哉大道無言何其言之多歟抑余又何言耶言之贅疣也苦哉苦哉蒼天蒼天

易圖丹鏡外篇贅序

余道遊南北世又年將十矣往往以藝識見知於世法賢良其間可爾莫逆者亦不爲火矣然就徑尋眞曾無一智以生死爲大事盡逐名利場中不諳三墳五典爲何書間有好談者亦不過葉公之畫龍耳是以鳥倦飛而知還借上林一枝擔荷二三仁者黽勉歲成其圖是集但三十年之難遇奚用紙上之空言耶盖舉世之聰明皆是以奴爲主認賊爲子不免暴殄天年余實憫然再竭拼挽之誠復贅此外篇者第恐寘前集於曲突徙薪無德澤耳焉忍肯焦頭爛額爲上客乎原於丹鏡之不得已也惟備陳於閒時不燒香者急時抱佛脚之所需或庶幾亦一有小補云

却病延年要旨

却病與修眞不同修眞要不睡却病要睡睡則精神復元矣

夫人禀二儀之氣成四大之形愚智貴賤則别養生惜命皆同貧乏者力微而不逮富貴者侮傲而難持庸愚者未悟於全生智識者或先於名利自非至眞之士何能達保養之機哉其有厚薄之倫亦有矯情冐俗口誦其事行已違矣設有行者不踰晦朔即希長壽此亦難之是以達人知富貴之矯傲故屈跡而于人知名利之敗身故割情而去欲知酒色之傷命故量事而撙節知喜怒之損性故豁情以寛心知思慮之銷神故拂情而自守知語煩之侵氣故閉口而忘言知哀樂之損壽故抑之而不有知情欲之竊命故忍之而不爲若再加之寒溫適時起居有節滋味

無奕調息有方精氣補於泥丸魂魄守於藏府和神調氣吐故納新嗜慾無以干其心邪淫不能惑其性此則持身之上品安有不延年而反生疾病者哉蓋疾病之興皆由七情所傷而元氣虛損則榮衛不調百節不得流通以致脈絡壅塞氣血凝滯而風寒暑濕燥火六淫之氣得以侵而襲之此通關蕩穢之法所不能免矣不惟却病是且延年此法先用行氣主宰焰在玄膺一竅此竅深通華池上連氣管即黄庭經所謂玄膺氣管受精符是也少頃則津液滿口如井水然微漱數遍嚥之徐徐以意合月光引下重樓漸達膻中鳩尾中脘神闕至氣海而至無病則焰此法行將去如臍腹之間胸隔已上有病在麽處即以

意注同日光旋繞於患處自內細圈漸大旋轉於外又從外大圈漸小旋轉於內先內左旋於外即外右轉於內如此爲之一次或行七次九次爲則然多多

法輪旋滯圖說

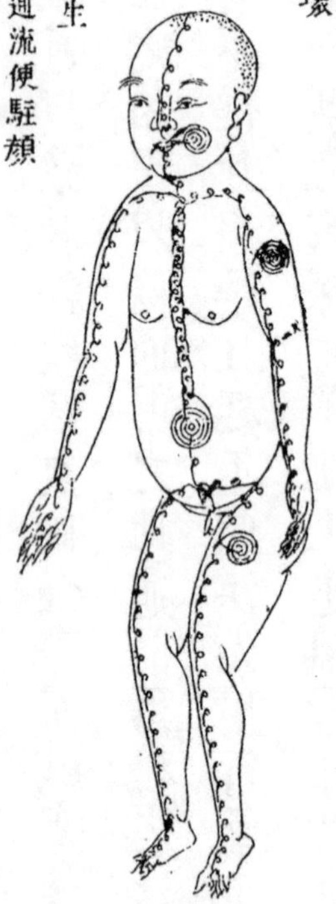

監善行畢仍引至氣海就從氣海分開兩路至左右大腿從膝至三里下脚背及大拇指又轉入湧泉穴卜圈旋轉數次而出由脚跟脚彎循大腿上至尾閭

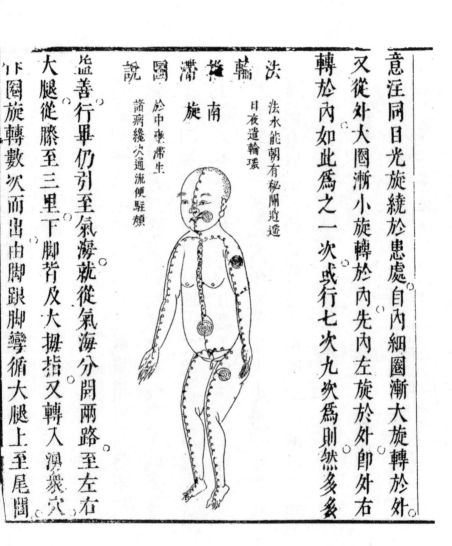

而止從前無病就依此而行若兩足一樣有病或在前或在後腿膝脚指等處即照童身圖式綵法直繞

通經活絡却病延年圖說

童圖療疾圖旋轉道式延年徑五行
久久工夫純熟後自然
體泰會長生

旋斗歷箕
廻度五常
法天之樞
仙壽萬億

週流天地混
元虛始得澄清合太初
從此玄禅皆可入道心惟一自如如

至患處如前腹仍自內細圈漸大旋轉於外即從外大圈漸小旋轉於內是爲一次或七次九次或多多

益善若有不便於雙行者或左足病而右足不病者竟可從左足单行過而又從右足单行過如過病處輒炤前打圈旋轉過仍引至尾閭穴合做一處過腎

法輪推滯圖說

北旋

撥動法輪旋日月須臾
海嶠起雲雷
風濤洶湧波
澄後散作甘泉潤九垓

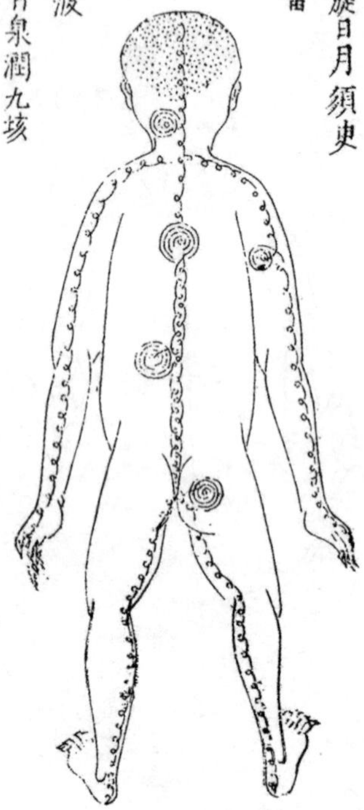

堂夾脊雙關分送兩肩兩膀兩臂至手背由中指轉手掌一齊旋廻過手腕由脇傍歷尻後從臍灌頂復下明堂上腭以舌迎之至玄膺而止若於其間或遇

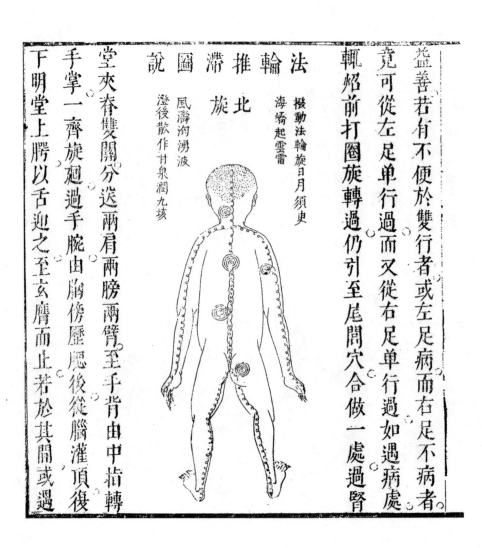

腰背肩膊手臂指節之處有病悉炤前邊足腹病處行功打圈旋轉過仍引到玄膺而止爲之一轉畢稍停又炤前行功則壅滯之處漸次疏通不惟貫串諸經亦能通達諸竅即心印經所謂七竅相通竅竅光明是也盖吾人靈明一竅六合而內六合而外本無不周本無不炤其不能然者爲形所礙耳直要鍊到形神俱妙方纔與道合真夫行氣用眼者何也故施肩吾曰氣是添年藥心爲使氣神若知行氣主便是得仙人昔人謂目之所至心亦至焉心之所至氣亦至焉斯言近之矣鍊形用液者何也道家謂之蕩穢玉液是津玉池是口黃庭內景云口爲玉池太和宮漱咽靈液灾不干體生光華炁香蘭却滅百邪玉鍊

顔審能脩之登廣寒盖液中有氣氣中有液液氣相生日充月盛爲金液之基作潤身之寶兄能穿關透節無處不到古歌曰華池神水頻吞嚥紫府元君直上奔常使氣通關節透自然精滿谷神存夫玄膺一竅乃是津液之海氣化之源溉灌一身皆本於此故太上云舌下玄膺生死岸子若遇之昇天漢法華經頌云白玉齒邊流舍利紅蓮舌上放毫光喉中甘露涓涓潤心內醍醐滴滴涼此乃小玉液煉形法也人之孔竅所以通乎其虛達乎其氣而周流於一身之內一或有所蔽塞則爲瘀痰爲壅血而一身脉絡不能相通便生疾病今以此法日行三五次但得氣血流通百脉和暢病旣去矣止而勿行雖是去情識實

除生滅心心無生滅身無生滅定矣欲除生滅心必自無念始無念之積習純熟足可致無夢無念之靜定純熟足可致無生無夢乃現在之大事也無念乃末後之大事也無生則不造無夢則不化不造不化即不生不滅也夫却病之人不患病不除惟患不勤苟能專精而勤未有病而不除也哉

夫存想者以意御氣之道自內而達外者也按摩者開關利氣之道自外而達內者也故醫家行之以佐宣通而攝生者貴之以洩壅滯凡有行者常在子後午前之時平坐東向以兩手大指按拭兩目過耳門使兩掌交會於項後如此三九遍次存想目中各有紫青絳三色氣如雲霞鬱浮出面前再依前按拭三

九遍復存想面前雲氣暉暉霍霍灌入童子咽嚥華
池之液二十口乃開目以爲常坐起皆可行之不必
拘時一年許耳目便聰明久爲之徹視數里聽於絶
响也面上常欲得兩手摩拭使熱則氣常流行作時
先將兩手摩熱然後以掌摩拭面目高下隨形皆使
極匝如此三五過却摩手於項後及兩鬢更互髮如
櫛頭之狀亦數十遍令人面有光澤皺斑不生髮不
白脉不浮外久行五年不輟色如少女所謂山澤通
氣常盈不涸而木石榮潤是也耳欲得數按仰其左
右令人聽徹鼻亦欲按其左右無數令人氣平又常
以兩手按鼻及兩目之背上下按之無數閉氣爲之
氣通則止完而復始亦三九遍能恒爲之鼻聞百步

眼乃洞觀黄庭經曰天中之嶽精謹修靈宅旣清玉帝遊通利道路無終休此之謂也凡人小有不快卽須按摩按捺令百節用力洩其邪氣凡人無問無事有事須日要一度令人自首至足但係關節處用手按捺各數十次目眦謂之大度關先百會穴次頭四周次兩眉外次目眦次鼻準次兩耳孔及耳後皆按之次風池次項左右皆揉之次兩肩胛次臂骨縫次腕次手十指皆撚之次脊背或按之或搥震之次腰及腎堂皆搓之次胸乳次腹皆揉之無數次骨搥之次兩膝次小腿次足踝次十指次足心皆兩手撚之若常能行此則風氣時去不住腠理是謂洩風又常向腎堂及兩月心臨卧時令童子用手捺摩各以熱

左手擺向後二十四此可以去兩肩俞之邪復以手向背上相促低身徐徐宛轉二十四此可以去兩脇之邪復以足相紐而行前進十數步後退十數步復高坐伸腿將兩足紐向內復紐向外各二十四以上二條可以去兩膝及兩足間風邪行此十六節訖復端坐閉目握固冥心以舌拄上齶攪取津液滿口漱三十六次作谷谷聲嚥之復閉氣想丹田火自下而上遍燒身體內外蒸熱乃止按老子導引二十四勢婆羅門導引十二勢赤松子導引法十八勢鍾離導引法十八勢胡見素五藏導引法十二勢在諸法中頗爲妙解然撮其切要無過於此矣學者能日行一二遍久久體健身輕百病皆除走及奔馬不復疲倦乃登仙之階級從斯發矣

外篇終

ISBN 978-7-5010-8510-1

9 787501 085101 >

定價：180.00圓